FRIEDRICH NIETZSCHE

快樂的知識

Die fröhliche Wissenschaft

尼采

萬壹遵 譯

對詩人和智者而言，所有東西都是友善的、被祝聖過的，所有體驗都是有用的。所有日子都是神聖的，所有人都是神性的。

——愛默生Emerson（一八八二年版本題詞）

目錄

第一卷

目錄

第二卷

目錄

目錄

第四卷

目錄

第五卷

目錄

附錄、《被放逐的王子之歌》

我住在自己的房子裡，
從來沒有模仿過任何人，
而且——我還嘲笑每位大師，
那些不曾嘲笑過自己的。

——掛在我的大門上（一八八七年版本題詞）

導讀

發現尼采，隱藏的英雄和傻瓜

黃哲翰

翻開一八八二年出版的《快樂的知識》，讀者將遭遇一位表面看起來幾乎煥然一新的尼采，他一改早年執著於追索來自深淵之狂喜體驗的陰鬱，在這裡，這位悲劇思想家將激情冷卻並嘗試與所有光亮、美好、有序、合邏輯的事物和解。儘管這樣的嘗試始終貫串著一種受傷野獸對一切輕柔與善意之虛偽的嘲諷——全書卷首引用愛默生「所有東西都是友善的……所有人都是神性的」之語作為題詞就是最狡獪的捉弄——然而，我們仍無可懷疑尼采努力和解的真心誠意，因為無處不在流露喜悅之情的《快樂的知識》，是一部切切實實來自無路可出之苦痛煎熬的作品，「只有持續受苦的人才有辦法想像得到這種幸福」（第一卷，四五）。

一八八一年夏，三十七歲的尼采剛住進他在瑞士西南部山區的希爾斯瑪麗亞（Sils Maria）所租下的房間，並開始振筆撰寫《快樂的知識》。那是個在狹窄山谷裡被兩座湖泊圍繞的小村，房間所在的小屋則坐落於村隅山麓的林地前。尼采因早年出版《悲劇的誕生》後遭受古典文獻學界的敵視與排擠，再加上偏頭痛、胃病、眼疾以及精神狀況接連惡化，讓他在兩年前辭掉巴塞爾大學古典文獻學教授之職，隨後帶著早衰的身體找到此地療養。折磨著他的不只是身體病痛，還有一場椎心的靈魂刺痛——不久前，尼采才和自己熱烈崇拜、視為精神救贖與親密盟友的歌劇大師華格納（Richard Wagner）翻臉決裂，在頓失支柱的抑鬱徬徨中推翻自己早年以來的思想計畫，並被迫重新為自己尋找精神解藥。

要理解尼采早年與華格納攜手從事的藝術與思想事業，必須從當時德意志人的時代處境來切入。十九世紀後半可以說是一個人類的一切都進步得太過分的時代：鐵路、郵政、電報、鍋爐、巨大工廠、都市公衛、疫苗、水壩、肥料、地貌改造、大型企業、國家資本，乃至於帝國殖民，以及讓這一切得以運轉的高效率現代國家與市民社會。德意志作為當時新興崛起、工業化與都市化進程急起直追的後進國家，上述這些現代化的「進步」事物又以高度濃縮的節奏密集上演著，而一八七一年德意志人在俾斯麥（Otto von Bismarck）的主持下完成民族統一並建立德意志帝國（Deutsches Kaiserreich），正是這場風起雲湧之劇變的總括。在經濟上，德國自此開始成為工業強權並打響了「Made in Germany」的商品實力。在社會上，伴隨著為數龐大的小市民中產階級與勞工無產階級的成形，大眾媒體與大眾品味也成為主流。在政治上，中產階級在國家崛起與經濟起飛的自豪中擁抱著現實的國家主義，甚至熱情的民族主義，與無產階級的社會主義針鋒相對，但兩者同樣都追求人人平等的普選，政治也朝向群眾化的方向推進。

政經社會等各方面的重商主義、物質主義、現實主義、世俗的愛國熱情，以及市民大眾文化，反映在精神面上，便使得原先十九世紀初浪漫主義與觀念論的德意志，在十九世紀末的帝國時代翻轉成了「除魅」的德意志：新康德主義與實證主義為人類的知識除魅，歷史主義為人類的自我敘事除魅，聖經批判為信仰價值除魅，追求「最多數人的最大幸福」的政治倫理學則為人類共同體的價值除魅。所有神祕、崇高、深沉、陰暗、偶然、無可奈何的命定事物，都被攤開在自然主義機械般計算的理性光照之下，成就了守序能幹樂觀漸進的小市民精神。同時，那也是一個不會再出現真正的智識貴族、歷史英雄、宗教聖哲的時代。隨著一代投入民族運動的浪漫主義者最終也被世俗的德意志帝國所收編，對尼采而言，這也就標誌著德意志精神的摧毀。

在這樣的時代裡，尼采看到了一種虛像般的雙面性與反諷性：除魅的精神一方面將知識強大的權力賦予人類，使其躍升為無神之世界中的主宰者；另一方面卻同時矮化了人類，使其成為在機械必然性的無垠時空中滾盪的塵埃，同時還得自行承擔創造意義與價值的重任，而這卻是其無可承受之重。如此的重擔，讓帝國的小市民世代說服自己，必須對一切現實之物感到滿意而不必再去追尋超越的善與美作為慰藉，然而這卻更像是一種自欺：儘管理性與邏輯的自律就是他們的道德，但他們卻也是性慾壓抑最深且偷情買春最為放縱的世代（此一時代背景不禁令人想到佛洛伊德的見解）——氾濫大流行的梅毒正是十九世紀末的標記。又儘管他們自豪地擁抱世俗社會而不再需要壯闊的史詩敘事來創造集體共鳴，但他們之間意識形態的仇恨對立卻也最為無可調解。除魅時代的雙面反諷，正是人性底層洶湧攪動之本能驅力所引發的病理反應。

關於德意志如此的時代精神，尼采最為痛心的是音樂藝術的境況。用尼采思想傳記作家薩弗蘭斯基（Rüdiger Safranski）開篇點題的話說：「真實的世界是音樂⋯⋯尼采的哲學源自聆聽賽倫女妖歌聲後的哀傷。」而他的整個思想生命「正是要在音樂終了以後讓自己活下去」。[1] 對他而言，賽倫女妖詠唱的是來自被哲學家叔本華稱為「生存意志」的、生命底層令人駭異的瘋狂本能，而真正的音樂則揭露了此一包覆萬物、既黑暗殘暴又崇高豐沛的存有真相。那是一種讓聽眾集體沉醉於音樂、在狂喜中接受深淵撕碎並成為悲劇英雄的出神體驗。這種音樂性展露在一切能「讓存有與世界證明自己」的審美事物裡，在華格納壯闊的歌劇舞台上，也在浪漫主義作家賀德林（Friedrich Hölderlin）的詩作裡，甚至還在血肉橫飛斷手殘足的戰爭裡——尼采在一八七〇到一八七一年之際以無國籍身分志願參加普法戰爭（亦即德意志帝國的建國之戰），作為普軍的醫療兵，在前線直面傷兵哀嚎苦痛的同時，狂喜地「讚美與昇華存有的殘酷與可怕」並且思索著悲劇的瘋狂。

1. 呂迪格・薩弗蘭斯基，《尼采：其人及其思想》（*Nietzsche: Biographie seines Denkens*）。商周出版：2014。

唯有英雄才堪承受的悲劇之瘋狂，才能作為除魅時代之藝術精神的救贖。在參戰後隔年出版之《悲劇的誕生》裡，尼采將人類的精神文化視為在酒神與日神之間醉與醒的兩極對抗，悲劇源自群眾在古希臘酒神祭上出神狂歡後不能自已，因而需要一種銜接酒神瘋狂暴亂之生命意志與世俗現實日常的過渡儀式，而悲劇中的英雄則在承受酒神與世俗現實的煎熬中接納深淵但不被深淵壓垮，並譜出了自身崇高磅礴的命運，作為觀劇群眾醒酒後失落的慰藉。面對酒神，人類除了接納並煎熬著之外，還試圖隔離並疏導之，於是乎訴諸日神，用清醒明亮的論理——即「邏各斯」（Logos）——所造出之合比例的形式與秩序來轉化酒神的生命意志，照亮並抑制其瘋狂暴亂，並使之能帶來功利效用。在尼采看來，蘇格拉底主義以論理作為指南針以追尋知識的對話術，就是日神文化的標的象徵，它製造出聊以慰藉的虛像，讓人們像哲學家康德（Immanuel Kant）那樣自願安居於知性踏實的小島上，不再願望出航於存有／物自身之黑暗汪洋的理由，也是在十九世紀使人類的悲劇精神以及德意志的浪漫主義雙雙曲終落幕的肇因。

然而，活在「音樂終了之世界」的悲觀主義者尼采，並非酒神的狂熱崇拜者，更絕非浪漫精神的懷舊者，詩歌與哲學、浪漫主義與觀念論對他來說不過也都是人類精神文明一幕一幕的虛像。事實上，他的悲觀主義毋寧更是一種狡獪並自我嘲諷著的「遊戲」態度：如果人性是一場在酒神狂醉的實在與日神清醒的虛像之間永恆的拉扯，那麼尼采所扮演的角色就是不成為任何一方的擁護者，保持距離卻又縱容自己陷溺，讓雙方的各種力量極端將自身撕扯，並將生命作為自我命運創作的舞台、成為自己生命的詩人：

我曾經默默地發現自己的體內流存著古時候的人性與獸性，甚至一切具有感受力的存在，他們的古老年代與過去全都在我的體內繼續創作、繼續愛著、繼續恨著、繼續邁向終點，我突然在夢裡醒來，卻只意識到自己正在做夢，而且為了不致毀滅，我必須把夢繼續做下去：就像夢遊的人必須繼續做夢才不會跌倒。（本書第一卷，五四）

這場既假戲真作又真戲假作、故意裝睡叫不醒的清醒者之夢，是為了一場場有如即興演奏、依託於命運際遇來彈動其生命之內在琴弦的遊戲，反覆推翻重彈一次次即興演奏出的旋律，甚至幾近自己與自己玩「左右互搏」的姿態：

A：……寫作對我來說是一種必需，就算只是用譬喻來談寫作，我還是會覺得很不舒服。B：但你為什麼還要寫作呢？A：對，親愛的，我私底下跟你說，我到現在還找不到其他方法可以擺脫我自己的想法。B：那你為什麼會想要擺脫自己的想法

呢？A：為什麼我想要？哪裡是我想要？是我必須要擺脫自己的想法。B：夠了！夠了！（本書第二卷，九三）

如尼采所願地，命運很快就給了他推翻重彈、擺脫自己的機會。華格納藝術天才式的高傲性格本就讓尼采在陶醉崇拜中又出於「衛生」理由而保持一定距離。一八七六年，華格納發起首屆「拜羅伊特音樂節」（Bayreuther Festspiele），尼采作為其心靈相契的盟友自認將扮演眾所矚目的要角，卻在這場盛會中發現自己只是備受冷落的龍套。當他見證華格納被俗氣的達官貴婦所簇擁、音樂節成為車水馬龍的名流交際場之時，原本渴望藉由天才的歌劇來震懾並翻轉除魅時代之世俗精神的尼采，此刻自己將自己給除魅了。他陰陽怪氣地在每一場不情願觀看的演出中提早離席，不久後也不再隱諱地將筆鋒直接針對華格納，兩人正式決裂。

悲劇的魔力是自欺欺人，酒神的文化已永遠棄我們而去——在幻滅中體認到這一點的尼采此刻變得更「樂觀」了。確切來說是：他開始加快嘗試與日神和解並抗衡酒神的腳步。此一思想轉折的段落被後世歸為尼采思想歷程的「中期」。在一八七八年《人性的，太人性的》中，尼采刻意用一種清晰冰冷之箴言集的形式，藉助製造虛像的科學邏輯來否定世界的虛像。接著在一八八一年的《朝霞》裡，自日神那裡借來的知識語言被挪用到對作者自身的情緒現象、內在驅力，以及自我意識的凝視。尼采很務實地借用這種擁抱知性之愉悅的思考方式，目的是為了用知識製造的痛苦來舒緩悲觀主義者的痛苦：

實際上，科學可以用來促成各種目標！現在的科學比較為人所知的也許是它有奪走人類快樂的力量，而且還會讓人變得更加冷酷、更加沒有生氣、更加斯多噶。但是，科學也可能是個偉大的痛苦製造者，只是尚待發現！也許人們同時會發現它的反作用力，它有極大的能力可以讓新的星空世界亮起快樂的光明！（本書第一卷，十二）

然而，這種「快樂的光明」對尼采而言更像是在刮著暴風雪的世界裡發現湖面上一層映著夏日陽光原野之虛像的透亮薄冰，他刻意踩踏在上面輕快起舞，並狡獪地期待冰層突然碎裂而讓自己再次墜落深淵的快感。他的快樂來自於隨時能夠再次崩潰並重返深淵，繼續成為被悲劇攫獲的英雄。於是《人性的，太人性的》出現了這樣語帶嘲諷的句子：「樂觀主義，以重建為目的，為了將來有一天可以再度成為悲觀主義者，這個你們懂嗎？」

為了重建自己、為了替這一天做準備，一八八一年夏季，諸病纏身的尼采來到了希爾斯瑪麗亞的山間小屋裡療養，並開始寫作《快樂的知識》。求知的歡快與身心的病痛對抗，讓這部作品成為了尼采中期思想的高峰。

書中神采飛揚且慧黠反諷的歡快姿態，來自兩項因素的共同運作——病痛與阿爾卑斯山區夏季宜人的天氣：「過於激昂的喜悅流露，因為連續有一個月的時間，我的頭上頂著一片無雲的天空。」連續整個月的無雲，在陰晴變換頻繁的阿爾卑斯山區相對少見，尼采就在攝氏十幾度日神慷慨而涼爽的光照裡漫步於石階小路與湍流間，熬著病痛在與山岩、草木、湍流、星空的對望下思考著機械運作般涼爽而冰冷的自然。正是此時此地，就像晴空下竟連續遭遇兩道雷擊，他驚喜地發現了一對思想的靈感，它們隱諱地貫串《快樂的知識》全書，也成為後人認識尼采哲學的標記：「永恆再臨」[2]與「上帝已死」。

八月六日，尼采沿著小屋附近的席爾瓦普拉納湖（Silvaplanersee）散步走過森林，遇見湖畔一塊裸露的大岩時突然靈感發作，「喜極而泣，淚如泉湧」，他從大自然的質量守恆上領悟到：若宇宙的力是有限且總量不變的，則有限之力與物質作用之所有可能的組態（亦即宇宙中一切的事件）也是有限的，且若宇宙的時間是無限的，那麼諸有限事件在無限的時間中發生，不可能只出現一次，而必定是重複無限多次，因此結論就是——宇宙間的每一件事物都必定以相同的樣貌在永恆的時空中重複無限多次，萬物都處於「永恆再臨」之中。此一藉助日神理性所達到的結論有如酒神深淵般深深震懾著尼采，它意味著一種比空無一物更令人絕望的處境：

2. 此思想雖最早出現於《快樂的知識》，但要到下一部作品《查拉圖斯特拉如是說》（於一八八三到一八八五年間分篇陸續出版）才被定名為「永恆再臨」（die Ewige Wiederkunft）。

你從以前到現在過的這種生活，你還必須再過一次、再過無數次；而且不會有什麼新的出現，每一次的痛苦、每一次的快樂、每一次的想法與嘆息、生命中所有說不盡的大小事物，這些你全都得再經歷一次，而且順序不會有所改變……存在的永恆沙漏會一遍又一遍地翻轉。你也是一樣，你是沙漏中的一粒塵埃！（本書第四卷，三四一）

如此「科學地」推理出的結論，刪除了宇宙一切崇高的目的與意義，正是知識和科學作為「痛苦製造者」的可畏之處，而作為懷抱著知識、永遠不斷被倒轉翻落的一粒塵埃，它也只能瘋子般地向世界叫喊著：

上帝到哪裡去了？我要告訴你們！我們把祂殺了，我和你們一起把祂殺了！我們全都是殺人犯！（本書第三卷，一二五）

然而就在這樣的悲觀絕望裡，尼采樂觀欣喜地發現，我們至少可以拒絕將宇宙理解為永恆的沙漏，假裝把它看成「永遠重複著自己曲調的音樂盒」（本書第三卷，一〇九）。宇宙就是一個既非沒心沒肺沒有道理、也非有血有淚充滿理性的音樂盒。在這個機械音樂盒永遠無神又無路可出的迴圈中，尼采也看見了人類永遠的自由——能繼續狡獪地當個裝睡叫不醒的夢遊者，當個機械音樂盒中旋轉跳舞的人偶，即興地手舞足蹈著，或像個在日光下自己和自己快樂玩耍的小孩，自我創作自己的生命樂曲，直到癲狂為止，然後再重頭來過這一切。

在寫完《快樂的知識》後，尼采幾乎每年夏天都重新回到希爾斯瑪麗亞小屋的房間療養，直到一八八九年他精神崩潰為止。一九〇〇年夏季，尼采在住所的房間裡被房東從鑰匙孔窺看到他全身赤裸地手舞足蹈，隨後即亡故。

作為一百多年後的讀者，我們該如何閱讀《快樂的知識》？如何理解尼采的這一切？

早年尼采期待透過華格納來召喚之對酒神狂暴的集體沉醉始終未曾在拜羅伊特實現，而是在尼采過世後的第三十三年，由另一位華格納的瘋狂劇迷希特勒（Adolf Hitler）以變奏的形式實現。人類集體經歷了如此令人駭異的深淵，二戰之後，世間或許已不會再出現第二個尼采。尼采哲學則也接受了一系列的除魅：學術正典化、小資文青化，甚至消費商品化（無論是作為學術商品或物質商品，例如印著尼采名言的潮T）。希爾斯瑪麗亞那棟小屋現在成為「尼采之屋博物館」，有興趣的讀者可以去瑞士朝聖，順便到附近去看那塊「尼采之石」，旅遊網站和部落格都有介紹，還有不少健行客會站在上面自拍。

我們就是這樣比十九世紀的德意志帝國更徹底除魅的時代，甚至連「除魅」這個概念本身都被頻繁使用到自我除魅了。如今的我們更有條件可以徹底除魅地去看待尼采，然後發現有些時候尼采也並不如他自己所想像的那麼慧黠靈動，他的創作也常常失敗，例如他那關於「永恆再臨」沾沾自喜地自詡為科學但實則彆腳的推論，又或《快樂的知識》並非每一個段落都擲地有聲，有些地方讀來只讓人覺得他自以為狡獪、實則演出尷尬——就像有一回他靈感乍現，在華格納面前彈奏鋼琴，即興表演來自酒神之力的生命樂曲，結果讓這位音樂大師禮貌性地強忍住笑、先行離場。

或許尼采的一段話很適合作為《快樂的知識》的閱讀指南：

> 對我們而言，只要把存在當作美學現象，那就會是可以忍受的；藝術能賦予我們眼睛和雙手，可以問心無愧地把自己變成美學現象。我們有時候也必須休息一下、不做自己，方法就是站在一個藝術家的距離，從更高的角度向下觀照自己，然後取笑我們自己，或是為我們自己哭泣；我們必須在自己對知識的熱情當中發現隱藏的英雄和傻瓜；我們有時候也必須為我們的愚蠢感到開心，這樣才能繼續為我們的智慧感到開心！（本書第二卷，一〇七）

而我們也可以站在一個遠距離，把尼采當成美學現象，進而發現他在自己身上所發現的隱藏的英雄和傻瓜，然後回想尼采在本書序幕裡給出的建議：

我說的話和作風很吸引你，
所以你追隨我，跟著我走？
你要忠於自己，跟自己走：
如此才是追隨我——慢慢來！慢慢來！（序幕，七）

如果你覺得前面那些用楷體來標示的書中引文、那些尼采在一八八一年輕快宜人的夏日裡所說的話和作風很吸引你，那麼作為導讀者我必須負責任地告訴你，你至此所瞥見的那年夏天那個情不自禁地自我揭露的、狡獪又傲嬌、時而英雄時而丑角的尼采，都是被萬壹遵老師的譯筆給生動地再現了。讀他的譯文，我們也領受到一種知識的快樂，讓自己得以用更輕快的腳步，跟著尼采去散步，也在自己的生命裡散步——以忠於我們身上那同樣也時而英雄時而丑角的姿態。

二〇二三年五月二十五日，寫於距離希爾斯瑪麗亞足夠遠的維也納

本文作者為德國海德堡大學哲學院博士畢業

前言

一、

這本書需要的也許不只是一篇前言；畢竟，我一直在懷疑，如果一個人沒有類似的**體驗**，前言有沒有辦法拉近他與這本書的距離？這本書的語言就像融雪的春風，充滿自負、不安、矛盾、反覆無常，所以人們在冬天來臨之前一直提醒冬天即將到來，現在則不斷提醒冬天即將結束，即將戰勝冬天，這場勝利即將來臨，一定來臨，也許已經來臨……感恩之情持續湧出，彷彿發生了什麼天底下最出乎意料的事情，復元之人的感恩——因為這件最出乎意料的事情就是**復元**。

「快樂的知識」：意思是精神上的農神節（Saturnalien），已經在可怕的壓力之下忍受了這麼久——忍耐、艱苦、冷酷，從未屈服，但也不曾有過希望——希望在這個時候突然降臨，健康的希望，復元帶來的**陶醉**。不意外，過程中出現了許多非理性的事情、傻乎乎的事情，許多肆無忌憚的柔情甚至還揮霍在披著扎人毛皮、不適合騙過來擼擼拍拍的問題上。這本書正是在長期的缺乏與無力之後出現的娛樂活動，歡呼著回歸的力量、重新甦醒的信仰、重新相信還有明天和後天、突然感受到未來、有預感未來即將來臨、即將到來的冒險、再次敞開的海洋、再次得到允許的、再次被相信的目標。從此之後，過往的一切全部被我拋諸腦後！那一丁點荒漠、精疲力盡、不信、年紀輕輕就對一切冷感、出現在不對位置的老人心態，用驕傲的暴行超越痛苦的暴行，藉此拒絕痛苦帶來的**結論**（而結論還是安慰），用這種極端的孤獨抵抗對人類的蔑視，這種蔑視已經病態到彷彿千里眼，並且徹底將自己限制在認知帶來的苦澀與痛苦之中，不然實在太**噁心**，不小心在精神上禁食到嬌慣了起來（人們稱此為浪漫派），漸漸就對人類感到噁心了。

哎，有誰能和我有同樣的感受！如果有人能夠和我有同樣的感受，肯定就不會覺得我在幹蠢事，而是能原諒我的放縱、「快樂的知識」，例如我這次在書裡附上了幾首詩歌，全都是一位詩人用來取笑所有詩人的作品，而且取笑的方式還難以叫人原諒。哎呀，這位重新復活的詩人肯定要把他的惡意發洩在那些詩人與他們美麗的「詩感」上，但他的目標不只那些詩人：誰曉得他在尋找什麼樣的下手對象，什麼樣的怪物題材將在不久之後激起他的諷刺模仿？「**悲劇**開始了」（incipit tragoedia）——這句話寫在這本既叫人懷疑又不啟人疑竇的書的結尾：要小心了！有一種極其糟糕、極其邪惡的東西即將宣告自己的來臨：**諷刺模仿**開始了（incipit parodia），不用懷疑……

二、

但是，尼采先生想做什麼，我們就隨他去吧：尼采先生復元了，又關我們什麼事？……心理學家不太曉得要怎麼去問一些有辦法吸引人的問題，比如健康與哲學之間的關係；假設他自己生病了，他會把學術方面的好奇心全都帶進自己的疾病裡。因為，只要是人，都必須有一套自己的哲學：但是這裡有一個很明顯的區別，其中一種哲學思考來自一個人的缺乏，另一種則來自他的財富與力量。前一種人**必須**要有一套自己的哲學，作為支持、鎮定、藥方、解救、提升、自我異化；對於後一種人來說，哲學只是一種美麗的奢侈品，頂多是勝利的感激之情所帶來的快感，這種快感到最後肯定還會用奇怪的大寫字母把各種概念寫到飛起來。

但反過來說，在比較常見的情況下，如果哲學思考是由各種危難狀態所驅動的（所有生了病的思想家都是這個情況；也許哲學史上大多都是有病的思想家）：在生病的**壓力**下，思考本身會變出什麼結果？這是心理學家關心的問題，在這裡也許可以做個實驗。就像旅行的人會做的事，告訴自己要在某個特定的時間點醒來，然後放心地安然入睡：假設我們哲學家病了，我們有時會在身心兩個方面都沉溺於疾病當中，彷彿閉上眼睛不去觀照自己。正如同旅行的人知道某個東西**不會**睡著，它會去算時間，然後把他叫起床，我們也知道，那個決定性的一刻會發現我們還醒著——然後會有某個東西跳出來，**當場**逮到我們的精神在幹的好事。我的意思是我們精神的虛弱、或倒錯、或投降、或鋼硬、或陰沉，就像所有人稱為病態的精神狀況，在健康的日子裡，這些狀況總是受到精神方面的**驕傲**所抵抗。（因為古老的短詩是這麼說的：「驕傲的精神、孔雀、馬是世界上最驕傲的三種動物。」）

在這種自我提問、自我探索之後，我們學會用更敏銳的眼光去觀照所有曾經被拿來進行哲學思考的事物；我們會比之前更容易猜得到我們的想法正在不由自主地愈走愈偏；我們是痛苦的思想家，正因為是痛苦的人，所以很容易被拐走，帶到旁邊的小巷、休息的地方、**陽光**璀璨之處；我們終於知道，生病的**肉體**和需求會無意識地對精神進行逼迫、推撞、引誘，叫他去尋求陽光、寧靜、溫和、忍耐、藥方、某種意義上的提神飲料。

每一種看重和平更甚於戰爭的哲學、每一種將幸福視為負面概念的倫理學、每一種通曉終極因和某種最終狀態的形上學與物理學，每一種美學或宗教方面對於置身事外的要求，或追求來世、或追求出世、或追求孤高自許，這一切都讓人合理懷疑，難道哲學家的靈感不是來自疾病嗎？生理方面的需求無意識地披上客觀的外衣，偽裝成概念上的、純粹精神的東西，簡直到了駭人的地步，而且我也常常問自己，大抵而言，從古至今的哲學會不會都只是一種肉體的解釋、一種**肉體的誤解**？

一直以來，思想史都以最高價值判斷作為行動的準則，但是在這些最高價值判斷後面隱藏著肉體性質的誤解，無論是個人的、階級的、還是整個種族的。我們可以先把那些形上學既大膽又瘋狂的想法統統看作是特定肉體的症狀，尤其是形上學對於存在（Dasein）的**價值**所做的回答；即使從學術的觀點來看，這種肯定或否定世界的方式都不具有半點意義，卻能給歷史學家和心理學家帶來更有價值的信號，就像前面說的，作為肉體的症狀，可以用來檢視肉體發展得好或不好，它在歷史中的富足、強大、獨斷獨行，或是它的障礙、疲憊、貧困、它對末日的預感、它想要結束一切的意志。

我一直都在期待，有哪位不平凡的哲學**醫生**——意思是要有本事探究總體的健康問題，包括民眾、時代、種族、人類等等的健康問題——會有勇氣將我的懷疑推向極限，敢把這些話說出來：過往的哲學思考完全不是為了「真理」，而是為了一些其他的東西，比如說：為了健康、未來、成長、力量、生命……

三、

人們大概猜得出來，我不想忘恩負義地告別那段久病不癒的時光，它帶來的好處至今仍然讓我受用無窮：在健康狀況好好壞壞的過程中，我非常清楚自己在哪方面勝過那些精神健壯的人。一個哲學家經歷過多少種不同的健康狀況（而且持續經歷中），他就經歷過多少種不同的哲學：他就是**能夠**把每一次的狀況都轉化成精神的形式與距離，這種轉化的藝術**就是**哲學。

我們哲學家沒辦法像一般民眾那樣隨意把靈魂和肉體分開來，更沒辦法隨意分開靈魂和精神。我們不是會思考的青蛙，不是帶著冷冰冰的內臟將想法具體化並記錄下來的機器，我們必須持續從痛苦中生出想法，像母親般給予它一切我們體內有的血液、心臟、火焰、慾望、熱情、痛苦、良心、命運、災厄。生命，對我們而言，意謂著把我們的一切以及我們遭遇的一切持續轉化成光明與火焰，除此之外，我們別無**可能**。至於疾病，我們不是都會不禁想問自己真的可以沒有它嗎？莫大的痛苦才是精神最終的解放者，它教導人要**強烈地猜疑**，它能把每個U都做成X，真真正正的X，最後一個字母前面倒數第二個字母……莫大的痛苦，漫長而緩慢的痛苦，不疾不徐，彷彿把我們放在新鮮的木材上慢慢焚燒，逼著我們哲學家進入自己最底層的內心深處，脫去一切的信賴、一切的好心、掩飾、溫和、中庸，這些也許都是我們先前的人性之所在。我很懷疑這樣的痛苦會不會帶來「改善」；但是我知道，它能使我們**有深度**。

無論我們學會用驕傲、嘲諷、意志力來對抗痛苦，就像印地安人，無論多麼糟糕、多麼痛苦，都能用惡毒的舌頭在讓他們痛苦的人身上討回來；還是我們選擇遁入東方那種虛無來面對痛苦（人們稱之為涅槃），進入又聾又啞又僵硬的聽天由命、自我遺忘、自我抹滅，這些都是危險的自我克制訓練，長期下來，人就會變得完全不一樣，多了一些問號，尤其會開始**想要**問得比之前更多、更深入、更嚴厲、更不留情、更邪惡、更平靜。從此不再信任生命：生命本身成了**問題**。但願人們不要相信人從此就會變得陰沉！還是有可能熱愛生命的，只是愛的方式不一樣了。我們愛上一個讓我們懷疑人生的女人……對於以精神為取向、過著精神生活的人來說，一切有問題的事物帶來的刺激太大了，X帶來的快樂太大了，所以這個快樂就能不斷像明亮的火焰般蓋過一切問題事物造成的危難、一切不安帶來的危險，甚至連愛人的醋意都蓋得過去。我們曉得什麼是另一種幸福……

四、

最後，為了不讓最重要的事情沒有被講到：經歷過這樣的深淵、經歷過嚴重的久病不癒、也經歷過久久無法消除的嚴重懷疑，一個人就能以**重生**的姿態歸來，蛻了一層皮，變得更敏感、更惡毒，有更細緻的品味可以體驗快樂，有更柔嫩的舌頭可以品嚐一切好東西，有更愉悅的感官，有第二次的、更加危險的純潔可以沉浸在快樂之中，既像孩童般天真，又比從前詭計多端數百倍。哎，從今以後，有些享受變得好讓人倒胃口，粗俗、乏味、了無生趣，就像那些享受的人、我們的「學者」、我們的有錢人和政府平常在做的享受！哎，我們現在的心態好惡毒，總是用這樣的心態去聽名利場上的敲鑼打鼓，在咚咚聲的伴奏之下，現今「受過教育的人」和城裡的人都會借助精神飲料，讓人透過藝術、書籍、音樂來強姦，被逼著要有「精神的享受」！現今那些劇場般的熱情吼叫吵得我們耳朵好痛，受過教育的烏合之眾都鍾愛那些浪漫的騷動與感官的混亂，追求崇高的事物、高尚的事物、古怪的事物，但這些統統都不再符合我們的品味！

不，假如我們這些復元的人對藝術總還是有需求的話，那麼肯定是**另外一種藝術**——一種嘲弄的、輕浮的、稍縱即逝的、不受凡間打攪的、不是凡間所造的藝術，就像明亮的火焰對著晴朗無雲的天空燃燒！尤其，這是一種藝術家的藝術，藝術家專屬！後來的我們更懂得**成就這種藝術**最先需要的是什麼，也就是開朗的心情，**各種開朗**，我的朋友們！就算身為藝術家也是如此：我想要證明這件事。現在的我們都太過知道一些事情了，我們都是知道的人。哎，從今以後，身為藝術家的我們有多麼需要學會好好忘掉，學會什麼叫作**不知道**才好！至於我們的未來：人們很難會再看到我們走在埃及年輕人的小道上，他們晚上都在神廟裡鬧事，擁抱高大的雕像，把那些有充分理由要蓋起來的東西全部打開，揭開它們的神祕面紗，想要把它們攤在光天化日之下。[1]「不，這種差勁的品味、追求真理的意志、「無論付出多大代價都要追求真理」，只有年輕人才會像這樣發了瘋似的熱愛真理；我們沒有這種興致，我們太有經驗了、太嚴肅了、太愉悅了、太老練了、太有深度了……我們不會再相信把面紗拿掉之後的

1. 譯註：指的是常年以面紗蓋起來的古埃及女神伊西斯（Isis）神像。啟蒙時期以後的德意志文人常用這個說法來比喻神祕的、自然的、不可知的化身。

真理還會是真理；我們也活到一定的歲數了，開始相信事實真的是如此。

對於現在的我們來說，恰當的做法應該是不要什麼都想看個明白，不要什麼都想參與，不要什麼都想理解，不要什麼都想「知道」。有個小女孩問她的母親說：「親愛的神無所不在，這件事是真的嗎？」她接著說：「但是我覺得好沒有禮貌。」這是給哲學家們的一個信號！人們應該給予大自然的**羞澀**多一點尊重，它總是躲在謎團與色彩繽紛的不確定性後面。說不定真理其實是個女人，有各種理由不讓人見到自己的裙底？說不定她的希臘文名字就叫作包玻（Baubo）？[2]……哎，這些希臘人！他們真的很懂得**生活**：想好好生活，就必須有勇氣停留在表面、皺褶、膚淺，就必須崇拜表象，相信外形、聲調、話語，相信整座表象的奧林帕斯（Olymp）！這些希臘人都很表面，這是他們的**深度**使然！話說回來，我們不正好就是如此嗎？我們都是精神莽撞的人，我們曾經爬上當今思想界最高、最危險的巔峰，從那裡環顧四周，在那裡**睥睨**一切。在這方面，我們不正好就是希臘人？不正好就是外形、聲調、話語的崇拜者？正因如此，我們不正好就是——藝術家？

熱那亞的盧塔（Ruta bei Genua）

一八八六年秋天

2. 譯註：希臘神話的人物，為了安慰失去女兒的大地女神狄密特（Demeter），成功用淫穢的笑話並露出自己的外陰逗女神開心。

玩笑、詭計、復仇[3]

——用德語短詩寫的序幕

3. 譯註：標題致敬德意志作家歌德（Johann Wolfgang von Goethe）創作的同名歌劇《玩笑、詭計、復仇》（*Scherz, List und Rache*）。

一、邀請

你們這些大胃王，來吃吃看我的伙食吧！
你們明天就會覺得它變得比較好吃
後天就會覺得它實在好吃！
如果你們還想繼續吃——那麼
把我舊有的隨身物品
全都變成新的勇氣吧。

二、我的幸福

自從我找累了，
就學會找到了。
自從一股風來跟我作對，
我就見著所有的風轉舵。

——三、不沮喪

你人在哪裡就在哪裡鑿井！
下面就是水源！
讓黑衣人自己在旁邊叫囂：
「下面都是——地獄！」

——四、對話

甲：我病了嗎？我復元了嗎？
我的醫生是誰？
我怎麼什麼都不記得！

乙：我現在終於相信你復元了：
因為會忘記才是健康的人。

五、致道德魔人

我們的道德也應該輕鬆地提起腳步：
必須像荷馬[4]的詩句一樣來來去去！

六、處世之道

不要就待在平地！
不要攀爬得太高！
站在一半的高度，
世界看起來最美。

七、跟我走，跟你走

我說的話和作風很吸引你，

4. 譯註：Homer，古希臘詩人。

所以你追隨我，跟著我走？
你要忠於自己，跟自己走：
如此才是追隨我——慢慢來！慢慢來！

八、第三次蛻皮

我的皮開始捲曲斷裂，
帶著迫不及待的渴望，
儘管它已經消化了這麼多泥土，
我體內的蛇還是渴望更多大地。
我已經匍匐在石堆和雜草之間，
饑餓地蜿蜒爬行，
吃我一直以來在吃的，
吃你，給蛇吃的，吃你，吃土！

九、我的玫瑰

是！我的幸運——它是會帶來幸福，
任何幸運的確都會帶來幸福！
你們想摘我的玫瑰嗎？
你們必須彎身躲藏
在岩石與荊棘之間，
時不時舔一下你們的小手指。
因為我的幸運——它喜歡捉弄人！
因為我的幸運——它喜歡搞點事！
你們想摘我的玫瑰嗎？

一〇、鄙視者

我讓很多東西掉到地上滾來滾去
所以你們把我叫作鄙視者，

喝酒的時候杯子裝得太滿，就
會讓很多東西掉到地上滾來滾去——
不要因此把酒看得這麼壞。

——一一、俗話說

尖銳又溫和，粗糙又細緻，
熟悉又奇怪，骯髒又純潔，
傻瓜與智者的約會：
這全都是我，什麼都想當，
既想當鴿子，也想當蛇、豬！

——一二、致一位光明的朋友

如果你不想讓眼睛和感官過度疲勞，

那麼也要在有遮蔭的地方追求太陽！

一三、對舞者而言

光滑的冰面，
天堂，
懂跳舞的人都懂。

一四、老實人

寧願和木頭當朋友，
也不要用漿糊黏起來的友情。

一五、生鏽

生鏽也是必需的：只有鋒芒還不夠！
不然人家會一直說你：「他還太年輕！」

一六、向上

「我要怎麼上山才好？」
爬上去就對了，不要想太多！

一七、暴力人的格言

拜託不要！不要在那邊哭！
拿啦！我拜託你，拿就對了！

一八、削瘦的靈魂

我最恨惡厭的就是削瘦的靈魂；
既沒有好的地方，也幾乎沒有不好的地方！

一九、非自願的誘拐者

他朝天空開了一句空話
殺時間——結果有個女人應聲倒下。

二〇、考慮一下

比起單一的痛苦，
雙重的痛苦會比較好承受：所以你敢嗎？

二一、反對盛氣凌人

不要在那邊吹：不然
輕輕刺一下你就會爆掉。

二二、男人和女人

「去把你喜歡的女人搶過來！」
男人這麼想；但女人不搶，女人會用偷的。

二三、詮釋

如果要自我解釋，我只會愈解愈複雜：
我沒辦法當自己的詮釋者。
但只要誰有辦法在自己的軌道上爬升，

就能把我的比喻帶到更亮的光照之下。

二四、悲觀主義者的藥方

你還在抱怨沒有好吃的東西？
朋友，還是一樣這麼難搞嗎？
我聽你在那邊鬧、惡意中傷、吐口水，
我的耐心和內心都要崩裂了。
我的朋友，你來！你自己下決定，
看要不要把胖蟾蜍吞下去，
快一點，不要看！
這有助於你擺脫消化不良！

二五、所求

我是曉得某些人的意義
但是我不知道自己是誰！
我的眼睛與我離得太近——
我不是自己曾經的看見。
如果可以離自己遠一點，
我想我會對自己有用些，
雖然沒有像敵人那麼遠！
但是摯友已經坐得太遠——
然而他和我之間是中線！
你們猜得出來我的心願？

二六、我的強硬

我必須往上走過好幾百階，

我必須往上，然後聽到你們大叫：
「你也踩得太強硬；當我們石頭做的喔？」
我必須往上走過好幾百階，
然後沒人想當台階。

——二七、健行者

「不要再走小路了！四周都是深淵、一片死寂！」
這就是你想要的！你的意志就是想逃避小路！
好，健行者，就這樣吧！你就冷靜地看個仔細！
你沒救了，如果你相信——有危險的話。

——二八、給初學者的安慰

你們看那個被豬叫包圍的孩子。

多麼無助，腳趾頭都糾在一起！
他可以哭，他也只能哭——
他有學會站起來走掉的時候嗎？
不要灰心！要我來說，不久之後，
你們就可以看到那個孩子在跳舞！
如果他先用雙腳站立，
他也可以用雙手倒立。

——二九、星星的自私

如果我這個圓形的滾桶
沒有不斷繞著自己滾動，
我要怎麼受得了，既不燒起來，
又跟著熾熱的太陽奔走？

三〇、身旁的人

我不喜歡有人離我太近：
叫他遠走高飛吧！
不然怎麼變成我的星星？

三一、喬裝打扮的聖人

為了讓自己的幸福不造成我們的壓力，
你披上惡魔的把戲，
惡魔的笑話，惡魔的大衣。
但還是沒用！你的目光中
依然透露出神聖性！

三二、不自由的人

甲：他站在那裡全神貫注地聽：有什麼讓他感到如此困惑？
有什麼在他耳邊嗡嗡作響？
有什麼曾經將他打趴在地？
乙：他就像所有戴過手銬的人，
走到哪裡——都會聽見手銬的聲音。

三三、孤單的人

我真的對跟隨和領導感到深惡痛絕。
聽話？不了！真的——治理也不了！
不害怕**自己**的人也沒辦法叫人害怕：
叫人害怕的人也沒有辦法領導別人。
光是領導自己就已經讓我深惡痛絕！
我喜歡像森林與海裡的動物，

可以短暫消失好一陣子，
蹲在美好的迷失中沉思，
從遠方把自己引回家鄉，
引誘——把自己帶回給自己。

三四、塞內卡[5]和他那樣的人

一寫再寫，那些智慧到
令人不堪的胡說八道，
彷彿重要的是先寫再說，
寫完再來做哲學思考。

三五、冰

是的！我偶然也會做冰：

5. 譯註：Seneca，古羅馬哲學家。

冰對消化很有幫助！
如果你們有很多要消化，
噢你們會有多愛我的冰！

——三六、青少年讀物

我智慧的阿爾法和奧米伽，
當時給我聽起來的感覺是：我都聽到了什麼！
現在的我聽起來不是這樣，
我只能聽見青少年的自己
永遠都在啊！和噢！

——三七、小心

那個地方現在不是很適合旅行；

如果你有才氣，那更要加倍小心！
人家會引誘你、愛你，直到把你粉身碎骨：
都是一群又一群的鬼：始終缺乏才氣！

三八、虔誠的人說

神愛世人，因為祂創造了我們！
「世人創造了神！」你們這些敏銳的人這麼說。
自己創造的，不該愛嗎？
因為是自己創造的，所以就該否認嗎？
這不太正常，見鬼了吧。

三九、夏天

我們應該帶著臉上的汗水

吃我們的麵包？
根據醫生判斷，
最好是不要帶著汗水吃飯。
天狼星的信號：還缺什麼？
火焰般的信號想表達什麼？
我們應該帶著臉上的汗水
喝我們的酒！

——四〇、不嫉妒

對，他的眼神裡沒有嫉妒：所以你們如此敬重他？
他對你們的敬重不屑一顧。
他看向遠方的鷹眼，
在眼裡看你們不見！
他看星星，也只看星星。

四一、赫拉克利特[6]的學說

世界上所有的幸運，
朋友們，都是鬥爭給的！
是的，為了成為朋友，
首先需要硝煙！
朋友會在三個方面成為一體：
面對苦難的兄弟，
面對敵人的同心，
面對死亡的——自由！

四二、過於敏銳之人的原則

寧願用腳趾頭走路，
也不要用四肢爬行！
寧願穿過門上的鑰匙孔，

6. 譯註：Heraklit，古希臘哲學家，認為鬥爭是世間萬物的起源。

也不要穿過敞開的大門！

——四三、鼓勵

你最在意的是名譽？
那要注意這個教訓：
要及時自願放棄
別人對你的尊敬！

——四四、徹底的人

我是個做研究的人？噢還是別了吧！
我只是重了一些——的確有幾兩重！
我掉下去，一直掉下去
最後就追根究柢了。

四五、永遠

「我今天會來，因為這對我有益」——
永遠會來的人都是這麼想。
世人攻擊的話語不痛不癢：
「你來得太早了！你來得太晚了！」

四六、疲倦之人的判斷

精疲力盡的人都會咒罵太陽；
對他們而言樹木的價值在於——蔽蔭。

四七、衰落

「他倒下了，他掉下去了」——你們來來回回開嘲諷；

真相是：他正要下去你們那裡！
他的太過幸福對他而言變成了煩膩，
他的太過光明正在追隨你們的陰影。

——四八、反定律

從今天開始我的脖子
一個時鐘掛在粗繩子：
從今天開始星星的軌跡
太陽雞啼陰影全都停止
時間曾經向我做的宣告，
現在變得又聾又啞又瞎：
定律與時間的滴答聲之中
每個自然都對我沉默不語。

四九、智者說

遠離民眾卻又對民眾有益，
我走的路一下太陽一下雲——
而且永遠都
高過這些民！

五〇、掉腦袋

她現在有精神了——是怎麼辦到的？
有個男人因為她失去了理智，
腦袋裝的都是消磨時間的事：
他的腦袋見鬼了——不！不！見那女人了！

五一、虔誠的願望

「但願所有的鑰匙
都能馬上消失不見，
在每個鑰匙孔上面
都有萬能鑰匙轉圈！」
每到一個期限都會有人這麼想，
每個人——萬能鑰匙都是這樣。

五二、用腳寫作

我不只用手寫作：
我的腳也想一起創作。
堅定、自由又勇敢地跑，
一下穿過原野，一下力透紙背。

——五三、《人性的，太人性的》一本書

憂鬱膽怯，只要你回頭看，
相信未來，只要你真的敢：
喔，要我把你這隻鳥算作老鷹？
難道密涅瓦[7]最愛的貓頭鷹是你？

——五四、給我的讀者

好牙口和好胃口——
我祝福你！
如果你能承受我的書，
你就一定能和我相處。

7. 譯註：Minerva，羅馬神話中的智慧女神。

——五五、現實主義畫家

「完全忠於自然！」——他怎麼著手的：
大自然什麼時候可以用畫**解決**了？
世界上最微小的東西都是無窮無盡的！
結果他到最後還不是都畫自己**喜歡**的。
所以他喜歡什麼？他**有能力**畫的！

——五六、詩人的自負

你們只要給我膠水就好：因為我
已經找到可以膠的木頭！
把意義放進四個沒有意義的韻腳
這是個——不小的驕傲！

——五七、懂得選的品味

如果讓我有選擇的自由，
我會想選個小地方，
就在天堂的正中央：
更希望——就在天堂的門口！

——五八、彎鼻子

鼻子頑抗地看向
大地，張大鼻孔——
無角的犀牛，所以你才會
驕傲的小人，一直撲向前！
這兩件事情正相關：
直直的驕傲鼻彎彎。

五九、筆尖亂寫

筆尖亂寫：去死吧！
難道我就得該死的一直亂寫？
所以我放肆地拿起墨水
用濃厚的墨河不斷地寫。
多麼順暢，多麼飽滿，多麼寬！
這樣的做法多美滿！
雖然寫得不清不楚——
又如何？我寫的東西誰會讀？

六〇、高人

這個人向上爬——應該稱讚他！
但那個人永遠都從上面來！
他的生命高過任何讚美，

因為他本來**就屬於**上面！

六一、懷疑論者說

你的命只剩下半條，
時針往前走，你的靈魂在顫抖！
四處漂蕩了那麼久
尋找卻未尋見——還在等什麼？
你的命只剩下半條：
錯誤與苦痛，曾經時時刻刻都！
你還在這裡找什麼？**為什麼**？
我就在找這個——理由和理由！

六二、瞧這個人

是的！我知道我來自哪裡！
就像火焰般無法滿足
不斷發光而自我耗竭。
抓住的都會發出亮光，
放掉的都會變成灰炭：
毫無疑問我就是火焰。

六三、星星的道德

先天注定要走星星這條路，
星星，黑暗與你有何相干？
有福地滾動穿越這個時代！
你不碰也不熟悉它的苦難！

你的光明屬於遠方的世界：
你若同情那就是你的罪孽！
只要遵從一道誡命——聖潔！

第一卷

一、關於存在目的的學說

不管我現在用友善的眼光還是惡毒的眼光看待人類，我都會發現他們有一個使命，無論是所有人還是單獨的個人：都在從事有益於人類存續的事情。而且不是出自對人類這個物種的愛，只不過是因為他們體內沒有任何比這個本能更古老、更強大、更無情、更無法克服的東西——因為這個本能正好就是我們這個物種與群體的**本質**。雖然人總是習慣用只有五步之遙的短淺目光將身旁的人乾淨俐落地區分成有用的人和有害的人、好人和壞人，但是，如果能從整體做考量、能多思考一些，就會對這種乾淨俐落的區分感到懷疑，知道它有個極限。就人類這個物種的存續而言，最有害的人也許也會是最最有用的人；因為他能維持自己內在的驅力，並且透過自己造成的影響去維持其他人內在的驅力，不然人類早就疲乏無力，甚至早就腐爛了。仇恨、幸災樂禍、掠奪慾、統治慾，以及一切其他被稱為邪惡的事情：這些全都屬於維持物種存續的絕妙手段，只不過代價非常高昂、非常揮霍，而且從整體來看也非常愚蠢；但是，**經過證實**，這些手段的確維持了我們這個物種的存續。

親愛的世人同胞們，我不知道你還有沒有**能力**用完全不利於我們這個物種的方式過生活，也就是「不理性」和「差勁」地活著；那些可能會對我們這個物種造成傷害的東西，也許早在幾千年前就已經滅絕了，現在連在神那裡都不可能出現。你儘管沉溺在自己最好或最壞的慾望裡面吧，尤其是：你就去自我毀滅吧！無論你怎麼做，你大概都會在某個方面促進人類的發展、為人類做好事，然後你就可以在身邊養一批稱讚你的人——還有嘲弄你的人。但是，作為個人的你，永遠也找不到懂得在你狀況最好的時候嘲弄你的人，找不到可以用對待真理的方式來滿足你的人，也找不到可以細細品嘗你那蒼蠅和青蛙般無限可憐模樣的人。像別人一樣嘲笑自己，為的是可以笑得**完全出自真理**，這件事沒那麼容易，到目前為止，最優秀的人都缺乏對於真理的感知，最有才華的人都太不夠天才！也許笑是有未來的！「物種就是一切，個人等於沒人」——如果這句話能被人類消化吸收，如果每個人隨時都有進入這個最終解放又不用負責的可能；那麼，也許笑就會和知識結合在一起，也許就只會剩下「快樂的知識」。

目前暫時還不是這樣，存在的喜劇暫時還沒有「意識到」自己，暫時仍然還是悲劇的時代、道德與宗教的時代。各種道德與宗教的創始人、爭奪道德評價的始作俑者、這些教導人良心不安與宗教戰爭的教師，這些人不斷推陳出新的意義是什麼？這個舞台上的主角們的意義又是什麼？因為到目前為止，永遠都是同一批主角，其他的一切，有時甚至是唯一看得見又摸得著的一切，永遠都只能為這些主角們做預備，無論是當作產生舞台效果的機械裝置、還是布景、還是扮演親信與僕從的角色。（例如詩人永遠都是服務某個道德的僕人。）這些悲劇在做的事情理所當然也是為了**物種**的利益，即便它們可能會認為自己的工作是為了神的利益、認為自己是受神差遣的使者。就連這些人也在促進物種的生命，**他們促進了生命的信仰**。「活著是值得的——他們每個人都這樣大聲疾呼——這個生命本身就有點意思，生命經歷過一些什麼、也掌管著一些什麼，所以你們要警醒！」無論是高等的人還是粗鄙的人，體內同樣都有一股驅力在掌管一切，那是延續物種的內在驅力，時不時就會以理性和熱情的形式爆發出來；然後帶著一串閃閃發亮的理由，強行讓人忘記它其實是內在的驅力、本能、愚蠢、毫無理由。

生命**應該**被愛，**因為**！人類**應該**要促進自己與身旁的人的生命，**因為**！看看這些應該和因為都是怎麼說的，未來很有可能還是這麼說！有些事情必然會發生，而且永遠都會發生，自發、不帶有任何目的，為了讓這些事情從現在開始看起來像為了某種目的而做，為了讓人明白它就是理性或最終誡命，倫理學教師會在此刻粉墨登場，傳授存在的目的；他會為此發明出第二種不同的存在，透過他的新裝置顛覆舊有的粗鄙存在以及框架。是的！他完全不想讓我們有機會對存在進行**嘲笑**，不想讓我們**嘲笑**自己，也不想讓我們**嘲笑**他；對他來說，個人永遠是個人，既是首先的，也是末後的，也是了不起的，對他而言，沒有物種、沒有總和、沒有化零為整。無論他的發明和評估多麼愚蠢、多麼過分洋溢，無論他有多麼誤解大自然的運行、否認大自然的條件：所有倫理學到後來都會反自然和愚蠢到一個程度，假如他們真的控制了人類的行動，人類也許就會毀在他們手上——還好！每當有「主角」登上舞台，就會有新的成就被達成，許多人只要想到：「是的，活著是值得的！是的，我是值得活著的！」就會受到強烈的震撼，這種感覺不僅是笑的相反，而且還會讓人惶悚不安，接下來的一段時間裡，生命和我和你和我們所有人彼此又會重新讓彼此感到**有趣**。

無法否認的是，**長期**下來，這些偉大的目的教師自己早就受到笑和理性和大自然的擺布：短暫的悲劇永遠都會在最後轉化並回歸存在的永恆喜劇，而「數不盡的笑聲會化作波浪」——用艾斯奇勒斯（Aeschylus）[8]的話來說——最終必定會淹沒這幾齣最偉大的悲劇。但是，從整體來看，儘管笑能夠改正錯誤，隨著傳授存在目的的教師們不斷推陳出新，人類的天性還是出現了改變。人類現在多了一個需求，需要那些教師與「目的」學說不斷推陳出新。人類逐漸變成一種奇幻動物，比其他動物多了一種必須滿足的生存條件：人類**必須**時不時相信自己知道自己**為什麼**存在，如果沒能定期對生命感到信任，人類這個物種就沒有辦法好好生長！如果沒能相信**生命中帶有理性**！人類這個物種時不時就會頒布命令：「有些東西絕對不能再受到嘲笑！」然後小心謹慎的人類之友就會接著補充：「延續物種的方法和必需品不只有歡笑和快樂的知識而已，悲慘的事物以及其中崇高的非理性也是一種！」所以！所以！所以！哎，兄弟們，你們懂我嗎？你們懂這個潮起潮落的新法則嗎？我們也會有我們的時代！

8. 譯註：古希臘悲劇作家。

二、聰明才智方面的良心

我一直都有相同的經驗，而且也一再抗拒這個經驗，雖然我有十足的把握，但我還是不想相信這件事：**絕大多數的人在聰明才智方面都缺乏良心**；我甚至常常有個感覺，如果人們要求別人擁有這種良心，那麼即使身在人口眾多的大城市，也會像身在沙漠中一樣孤單。每個人都會帶著異樣的眼光看著你，然後繼續用他的方法決定什麼是好的、什麼是不好的；就算你讓別人發現他們看重的價值不是那麼重要，還是沒有人會為此感到羞愧，也不會引發別人對你的群起激憤，也許他們只會嘲笑你的懷疑。我想說的是：**絕大多數的人都**不覺得這有什麼好讓人看不起的，他們信這個、信那個，然後根據他們的信仰過生活，**沒有**先行意識到支持或反對的終極理由是什麼，事後也不會想要為這些理由勞心費力，最有才華的男人和最高貴的女人都屬於這群「絕大多數的人」。

對我來說，好心、高雅、天才又算什麼，如果擁有這些德行的人有辦法忍受信仰與判斷中出現鬆弛無力的感覺，如果他不覺得**對可靠性有所要求**是最內在的慾望與最深層的需求，不覺得這就是高等人與低等人之間的區別，那有什麼德行都是枉然！我發現某些虔誠的人身上帶著對理性的仇恨，我覺得這些人還不錯，至少他們暴露出有智商的良心不安！但是，身在不和諧的和諧事物（rerum concordia discors）當中，身在存在當中，充滿著各種神奇的不確定與多重含義，**居然不會想問問題**、不會因為出現想問問題的慾望和興致而顫抖、不曾對問問題的人感到仇恨、搞不好還軟弱無力地覺得對方賞心悅目——這件事讓我感到**不屑**，這種不屑的感受就是我原本想在每個人身上看見的那個東西：有個傻念頭一再說服我要相信每個人都會有這種感受，如果他們是人的話。而這就是我的不公了。

三、高貴與粗鄙

在粗鄙的人眼裡，任何高貴的感覺和寬宏大量的感覺都不合乎目的，因此也最不可信。每當他們聽說這一類的事情，都會使個眼色，看起來像是想說「大概是有什麼好處吧，誰也沒辦法看穿檯面下是什麼模樣」：他們對高貴的人抱持著猜疑的態度，彷彿這種人都會用旁門左道尋找好處。如果真的讓他們相信這其中完全沒有任何自私的意圖與好處，他們又會覺得高貴的人都是傻瓜；他們鄙視高貴的人的快樂，他們嘲笑他眼中發出的光芒。「吃虧了怎麼還有辦法這麼開心，眼睛都睜得那麼大了，怎麼還有辦法陷入不利的局面！理性病成這樣，肯定與高貴的情緒有關」——他們心裡這麼想，眼神透露出不屑：他們有多麼鄙視偏執（fixe Idee）為精神錯亂的人帶來的快樂。

粗鄙的人的特徵在於他們會堅定不移地盯著自己的好處，凡事先想到目的與好處，這種行為比他們最強大的內在驅力還要強烈，他們不會讓自己被內在驅力拐去做不合乎目的的行動——這就是他們的智慧和自尊。相較之下，**比較不理性的**人反而比較高等，因為高貴的人、大度的人、犧牲奉獻的人服膺的其實都是自己的內在驅力，理性**停擺**的時候就是他們狀態最好的時候。動物冒著生命危險保護幼崽或是在發情期為女伴付出生命，此時的牠不會想到危險和死亡，牠的理性同樣處在停擺的狀態，因為幼崽和女伴帶來的興致以及害怕這種興致被奪走的恐懼完全支配著牠；所以牠變得比平常還笨，就像高貴的人和大度的人一樣。

高貴的人對於有興致和沒有興致的感受非常強烈，所以他的智力要麼沉默，不然就得為這些興致和沒有興致盡心盡力：他們的心會爬到頭腦的位置，變成人們所說的「熱情」。（無論到哪裡大概都可以找到相反的情況，彷彿「熱情的倒轉」，例如豐特奈爾〔Fontenelle〕[9]，曾經有人把手放在他的心上，對他說：「尊貴的先生，您這裡裝的也是您的腦子。」）

粗鄙的人鄙視高貴的人的地方就在於熱情的非理性或橫衝直撞，尤其是當熱情的目標價值讓這些粗鄙的人覺得太過奇幻又隨意的時候。粗鄙的人會不爽有人對肚子裡的熱情言聽計從，但是他自己也知道什麼叫作心癢難耐的感覺，所以才會造就出暴

9. 譯註：法國啟蒙時期代表人物。

君；他不能理解的是，怎麼會有人有辦法為了知識的熱情等等賭上自己的健康和榮耀。高等人的品味瞄準的是那些例外的、冷門的、通常看起來不甜的東西；高等人有一套獨一無二的價值標準。不過這種人大多**不會**相信自己獨異的品味中帶有一套獨一無二的價值標準，他反而會把自己認為的值不值得當作是放諸四海皆準的值不值得，所以才會讓人無法理解、讓人覺得不切實際。

高等人很少會保留足夠的理性來理解並對待日常生活的人們；他多半相信所有人都有像他一樣的熱情，只是隱藏起來罷了，他非常堅信這件事，所以才會這麼火熱、滔滔不絕。如果這些例外人士不覺得自己是個例外，他們要怎麼理解粗鄙的人在想什麼，要怎麼對規則進行合理的評估！他們也用同樣的方式談論人類的愚蠢、違反目的、各式各樣的幻想，然後再來訝異這個世界的運作模式居然這麼瘋狂，他們不懂為什麼這個世界不想公開擁護「自己不可或缺的」事物。這就是高貴的人永遠的不公了。

四、延續物種的事物

無論是最強大的人還是最邪惡的人，都是人類至今為止向前邁進的最大動力：這些人會一再點燃昏昏欲睡的熱情（任何有秩序的社會都會讓熱情昏昏欲睡），他們會一再喚醒比較的意識、反對的意識，讓人有興趣去追求新的事物、大膽的事物、從未嘗試過的事物，他們會強迫人用意見對抗意見、用模範對抗模範。他們會使用武器、推翻地界、更會去傷害各種虔信的行為；不過他們也會使用新的宗教與新的道德！無論是傳授**新事物**的教師還是傳道人，他們的體內都有相同的「惡意」——就算他們把話說的好聽一點、不馬上秀出肌肉，藉此讓自己看起來沒有那麼壞，身為征服者的依然還是聲名狼藉！

但無論如何，新事物都是**邪惡的**，而且都只想征服並推翻舊有的地界以及舊有的虔誠信仰；只有舊事物才是良善的！每個時代的好人都會用心耕耘古老的信仰，然後與這些信仰一起開花結果，他們是精神的農夫。但是土地總有用完的時候，邪惡的犁頭肯定會一再出現。現在有一種錯得非常徹底的道德學說，在英國尤其大受好評：根據他們的說法，「善」與「惡」的判斷來自於各種「合乎目的」與「不合乎目的」的經驗累積；他們認為被稱為善的事物可以用來延續物種，被稱為惡的事物則會對物種造成傷害。但真相是，邪惡的內在驅力和善良的內在驅力都一樣合乎目的、一樣都可以延續物種，而且一樣都不可或缺：只是它們的功能有所不同罷了。

五、無條件的義務

有些人覺得自己需要最強大的話語與聲音、最善於言辭的神情與姿態，好讓自己**總是**具有一定的影響力。進行革命的政治家、社會主義人士、勸人懺悔的傳道人（無論有沒有基督教信仰），這些人全都沒有半點成功的可能：這些人全都在談論「義務」，而且永遠都在談論具有無條件性質的義務——如果沒有這些義務，他們也許就不會有慷慨激昂的權利；他們非常明白這個道理！所以他們把手伸向傳授某種定言令式（kategorischer Imperativ）的道德哲學，或是採納一部分的宗教信仰，例如馬志尼（Mazzini）[10]的做法就是這樣。因為他們想讓人無條件地信任自己，所以他們自己需要先無條件地信任自己，這件事奠基在某種終極的、毋庸再議的、本來就崇高的誡命之上，他們覺得自己是這道誡命的僕人與工具，也很樂意充當這個身分。

這些人是我們在進行道德啟蒙與懷疑時的對手，他們不僅自然而不做作，而且大多非常具有影響力，不過這種人在這裡很少見。反之，這種對手反而常常出現在利益教會人要卑躬屈膝的地方，雖然名聲和榮耀似乎不允許人們這麼沒有骨氣，但是他們依然具有非常大的規模。（例如身為一個古老又驕傲的家族後代卻）被一個諸侯、一個黨派，甚至一個金錢力量當成**工具**使喚來使喚去。要是覺得這件事會讓自己失去尊嚴，同時卻又想當這些人的工具，或是在人前人後不得不當，那麼就必須要有一些慷

10. 譯註：義大利統一運動政治家。

慨激昂而且又能隨時說得出口的原則：也就是無條件的應該。這個原則讓人得以臉不紅氣不喘地向人俯首稱臣，還可以裝出一付被迫臣服的樣子。精緻一點的奴性會抓著定言令式不放，如果有人想要除去義務的無條件性質，他們就會跟他拚命：這是他們的禮俗，但也不只是禮俗使然。

六、失去尊嚴

人的思考已經失去任何形式的尊嚴，人們已經把思考的儀式和莊嚴的神情變成嘲弄的對象，大概也沒有辦法再忍受老派的智者。我們都思考得太快了，我們在路上進行思考，一邊走路一邊思考，一邊做各種事情一邊思考，即使我們正在思考最嚴肅的事情，我們依然還是如此；我們不太需要準備，甚至不太需要安靜：彷彿我們的頭腦到哪裡都帶著一台不斷運轉的機器，即使是在最不利的環境中依然可以工作。我們以前從外表就可以看得出一個人想要好好思考一下（這在以前大概是特殊情況！），看得出他正想讓自己變得更有智慧、正想讓自己對即將到來的想法做好準備：他為此會擺出一張臉，就像準備進行禱告，然後停下腳步；每當想法「來臨」的時候，他甚至會靜靜地站在街上，長達數個小時；有時用單腳站立，有時兩隻腳都踩在地面。這樣才「配做這件事情」！

七、為工作狂說點什麼

如果有人想把道德相關的東西變成一門學問，那麼就會有一片廣袤無垠的工作等著他做。他必須將所有類型的嗜好與熱情一個個鑽研透澈，必須研究不同時代、不同民族、大大小小的個人嗜好；必須要能揭櫫他們的理性、價值觀以及對事物的見解！到目前為止，我們還沒有為那些賦予存在如此形形色色的東西寫過歷史，不然，要去哪裡才找得到愛情的歷史、物慾的歷史、嫉妒的歷史、良心的歷史、虔信的歷史、恐怖的歷史？甚至連一本法律或至少刑罰的比較史也沒有。有人研究過將一天劃分成不同時段的結果是什麼嗎？有人研究過規律進行工作、節日、休息的結果是什麼嗎？有人知道食物也有道德方面的功效嗎？有飲食哲學這種東西嗎？（關於吃素的正反意見不斷出現，這就證明了我們還沒有這種哲學！）有人去收集過共同生活的經驗嗎？例如修道院的生活？有人做過婚姻和友情的辯證嗎？學者、商人、藝術家、工匠們的規矩，找到人對此進行思考了嗎？關於這個議題，有好多東西可以思考！至今為止被人類視為「生存條件」的一切，以及理性、熱情、迷信，這些東西都被徹底地研究過了嗎？

對於工作狂來說，光是要觀察人類的內在驅力在不同的道德氣候之下呈現出來的不同生長情況與可能的未來走向，就已經是多到做不完的工作了；需要動用整個世代，而且需要整個世代的學者一起有計畫地合作，才有辦法徹底提出相關的觀點以及研究的素材。同樣的模式也適用於證明道德氣候之所以會有所不同的理由（「**為什麼**這個地方的太陽是這種道德基準與主流價值，而那個地方的太陽卻不一樣？」）。還有一個新的工作，就是要明確指出這些理由的謬誤，並且判斷出至今所有道德判斷的本質是什麼。

假設這些工作都做過了，那麼所有問題當中最棘手的問題就會引起重視：科學證明自己可以奪走並摧毀行動的目標之後，它是否還有能力**賦予**行動任何目標——如果是的話，也許就可以開始進行實驗，讓每一種英雄主義都得到滿足，這是能為期一整個世紀的實驗，搞不好還能讓至今為止所有偉大的歷史工作與犧牲奉獻全都相形見絀。到目前為止，科學還沒有建立起自己的宏偉建築；那個時刻終究會到來的。

八、無意識的道德

可以讓人意識得到的特質——也就是可以假設身旁的人同樣明顯看得見的特質——這些特質遵循的是另外一種發展的法則，不同於那些無人知曉或者不太知道的特質。後面這種特質非常精密，彷彿懂得隱藏在一片虛無的後面，即使是比較精明的觀察者同樣看不出來。就像是爬蟲類鱗片上的那些精密紋路：如果有人覺得這些紋路是一種裝飾或武器，那就大錯特錯了，因為人類都是透過顯微鏡看的，一種人工強化過的眼睛，但是類似的動物並沒有這種眼睛，所以牠們也不會覺得那些鱗片上的紋路是裝飾或武器！

我們看得見的，或是說**自以為**看得見的道德品質有一套自己的運作模式，而那些看不見的、同名同姓的道德品質**同樣有一套自己的運作模式**，對於我們而言，既不是用來給人看的裝飾，也不是用來針對人的武器，大概是一條完全不同的路線，有線條、有精密的紋路，也許可以讓神用祂的顯微鏡看得很開心。舉例來說，我們有我們的努力、我們的抱負、我們的見地：全世界都知道，除此之外，我們大概還多了一份**我們的**努力、**我們的**抱負、**我們的**見地；只是還沒有發明出顯微鏡可以觀察我們身上的這些爬蟲類鱗片！支持道德出於本能的朋友們會在這時站出來說：「太棒了！至少他還認為無意識的道德是可能的，對我們來說就夠了！」哎，你們這些知足的人！

九、我們的火山爆發

人類在早期階段就學會了無數的事物，但是都還太過微弱、還處在胚胎階段，所以根本沒有人發覺自己原來已經學會這麼多東西，直到很久以後，也許過了幾個世紀，這些事物才會突然冒了出來，而且還在這段期間變得更加成熟強壯。就像某些人一樣，某些時代看似缺乏各種才能、各種美德；但如果有時間等待的話，只要等到孫子或曾孫出現，他們就會把祖父的內在攤在陽光下讓人看個仔細，連祖父自己都一無所知的內在。兒子往往就是父親的背叛者：自從有了兒子之後，父親也會更加瞭解自己。我們所有人的內在都藏著花園和植栽；而且，用另一個比喻來說的話，我們所有人都是成長中的火山，將來都會有爆發的時候——不過沒有人知道這個時候到底是近是遠，就連親愛的神也不知道。

一〇、一種返祖現象

我最喜歡把一個時代的少數人看作是過去某些文化的後裔，這些文化的力量突然在這些人身上顯現出來：彷彿是一個民族與文明的返祖現象。他們身上還有一些人們必須**瞭解**的東西！在現今這個時代，他們看起來如此陌生、少見、不尋常：如果有人在自己的體內感受到這股力量的存在，就必須與另一個世界為敵，細心照料這股力量、捍衛它、尊榮它、把它拉拔長大。如此一來，這種人要不變成一個偉大的人；要不，如果他沒有來得及崩毀的話，就會變成一個瘋狂的怪人。這種特質在以前相當常見，也因此被視為是粗鄙的，沒有辦法讓人出眾。也許還是有人會要求擁有這些特質，將其視為先決條件；但是人不可能因此而變得偉大，而且，人也不會因此而有發瘋或孤獨的危險。

就一個民族而言，這種古老的內在驅力最常出現在**不斷延續下去的**宗族與社會階級；反之，種族、習慣、價值觀快速變遷的地方，就不會有任何反祖現象出現的機會。也就是說，節奏在民族發展的力量當中扮演著非常重要的角色，就如同它在音樂中扮演的角色；對於我們這個民族而言，行板（Andante）的發展是絕對必要的，它是一種熱情而緩慢的精神節奏，不同於保守的宗族精神。

一一、意識

擁有意識是一個有機體發展的最終階段，因此也是它身上最不成熟又最無力的部分。擁有意識會導致無數的錯誤決定，進而讓動物和人類提早走向衰亡，早於原本注定的時候、早於荷馬說的「命運使然」。要不是延續物種的本能具有如此壓倒性的強大束縛，它就沒辦法發揮調節整體的作用：然後人類肯定就會毀在他們顛倒是非的判斷、成天幻想、不去追根究柢、輕易相信；一言以蔽之，人類肯定會毀在他們自己的意識手上。或者說，如果沒有本能的束縛，人類早就已經不存在了！

任何一種功能在還沒有成形和成熟之前，對有機體來說都是一種危險，比較好的做法是先將它狠狠地荼毒一番！意識就是要被這樣好好地荼毒一下，而且下手的人還必須是對它感到驕傲的人！人們認為意識是人類的**核心**；祖傳的東西、永恆的東西、最終的東西、原初的東西！人們認為意識的大小原本就是固定的！否認它會成長，否認它的間歇性！把它視為「有機的單位」！人們把意識看得太高，而且也錯估了意識，雖然很可笑，但是也有很用，可以藉此**阻礙**意識形成得太快。因為人們以為自己已經具有意識，所以就沒有那麼想要為了得到它而努力，至今仍然如此！

獲取知識並化為本能，人類的眼睛才剛開始意識到這個全新的**任務**，幾乎還沒有辦法清楚認出它的全貌——這是一種只有少部分人才看得到的任務，只有他們才知道我們刻在骨子裡的全都是**錯誤**，我們的意識全都與錯誤有關！

一二、論科學的目標

怎麼會？科學的最終目標居然是要為人類創造出夠多的興致並且減少他們的不悅？要是能將興致和不悅連在一起，讓**想要**擁有更多興致的人也**必須**擁有更多的不悅，讓想要學會「爽到升天」的人也必須隨時準備好「憂鬱到死」，如果這樣的話呢？而且也許就是這樣！至少斯多噶教徒（Stoiker）相信事情就是這樣，所以他們始終堅持要盡可能地無慾無求，為的是盡可能地減少對生命的不悅（如果把「有美德的人就是最快樂的人」這句話掛在嘴邊，大眾就可以拿它來當作學校的招牌，精明的人也可以拿它來投機取巧）。

你們現在還有選擇的機會：要麼**盡可能地減少不悅**，簡單來說，就是選擇不要有痛苦（老實說，社會主義人士和所有黨派的政治人物其實也沒辦法再給出更多的保證了），不然就**盡可能地增加不悅**，以此作為代價，用來增加各種精緻的、還沒什麼機會可以品嘗到的興致與快樂！如果你們選擇了前者，也就是說，如果你們想要降低並減少人類的痛苦，好，那你們也必須降低並減少他們**快樂的能力**。實際上，**科學**可以用來促成各種目標！現在的科學比較為人所知的也許是它有奪走人類快樂的力量，而且還會讓人變得更加冷酷、更加沒有生氣、更加斯多噶（stoisch）。但是，科學也可能是個**偉大的痛苦製造者**，只是尚待發現！也許人們同時會發現它的反作用力，它有極大的能力可以讓新的星空世界亮起快樂的光明！

一三、權力感的學說

造成別人的快樂和痛苦，無非是想向別人施加自己的權力——僅此而已！之所以要**造成一些人的痛苦**，是因為我們先得讓他們感覺到我們的權力；因為痛苦比興致更讓人有感：痛苦永遠都會促使人追問原因，興致則比較適合用來維持原樣，而非回顧過去。之所以要**造成一些人的快樂**、對他們施加好意，是因為他們在某種程度上已經對我們有所依賴（意思是，他們之所以快樂是因為他們習慣想到我們）；我們之所以想增加他們的權力，是因為我們能藉此增加自己的權力，或者我們會想向他們展現接受我們的權力支配帶來的好處，如此一來，他們就會對自己的情況感到滿意，並且更加敵視、更加有意願對抗**我們的**權力的敵人。

無論我們造成別人的快樂或痛苦時會不會有所犧牲，這都不會改變我們行動的最終價值；甚至我們要為此付出生命。就像殉道是為了教會的好處，我們的犧牲是為擁有**自己的**權力，或者，我們犧牲的目的是為了維持有權力的感覺。如果有人覺得「我掌握了真理」，那麼，只要能維持這種感覺，還有什麼資產是他不能放手的！還有什麼是他不能拋棄的，只要能讓自己維持「在上位」，在其他缺乏「真理」的人**之上**！我們造成別人痛苦的時候，狀態肯定不太好受，很少會像我們造成別人快樂的時候那般純粹的暢快，這個跡象顯示我們還缺乏權力，或是透露出我們會對缺乏權力感到懊惱。這會對我們現有的權力帶來新的危險與不安全感，使我們的前景蒙上陰影，因為它讓我們看到未來將會有報復、嘲諷、懲罰、失敗在等著我們。只有那些極其容易對權力感到興奮並極其渴望擁有權力的人，才會覺得事情反而變得更加有趣，因為他們就是想把權力的印記硬生生蓋在反抗者的頭上；看到已經臣服的人（施加好意的對象），會讓他們覺得既無聊又有負擔。

關鍵在於習慣怎麼樣**調味**自己的生活；這件事情關係到的是品味，究竟比較喜歡慢慢增加自己的權力，還是喜歡突然增加；比較喜歡用安全的方式增加，還是喜歡用危險的方式增加，永遠要根據自己的個性選擇適合的調味料。驕傲的人會鄙視簡單的獵物，只有看到百折不撓的人變成自己的敵人，他們才會感覺到身心舒暢，而且他們在面對難以取得的資產時也是如此；他們對受苦的人往往不留情面，因為這種人不值得他的追求，也配不上他的驕傲，但是他們會對**同道中人**展現出更親切的一面，無論如何，**如果**有機會可以和同道中人進行鬥爭或對抗，對他們而言是一件非常光榮的事情。騎士階級特別習慣對彼此客套來客套去，就是因為**棋逢敵手**帶來的暢快。有些人沒有那麼驕傲，也沒有攻城掠地的偉大願景，對於這些人來說，同情別人才會讓他們感到身心舒暢：在他們的眼裡，輕鬆的獵物，也就是所有受苦的人，都是迷人的。人們稱讚同情，認為這是妓女的美德。

一四、所有被稱為愛的事物

貪與愛：這兩個字分別帶給我們的感受有多麼不同！然而，這兩個字指的可能是同一股內在的驅力，只不過被不同的立場命名了兩次。一次是已經擁有許多的人對它造成的污衊，這些人的內在驅力已經稍微平息了，所以他們只顧著自己的「所有」；另一次則來自還沒有被滿足的、饑渴的人，所以他們把它美化成一件「好」事。

我們對鄰人的愛，難道不是因為我們迫切渴望擁有新的**財產**嗎？我們對知識的愛、對真理的愛、我們迫切渴望擁有新的事物，不也都是如此嗎？我們會逐漸對舊有的、穩定持有的事物感到厭煩，於是把手伸向其他的事物；甚至只要我們在最美的風景那裡住了三個月，就沒辦法保證自己還會愛它多久，某個更遙遠的海岸會再次激起我們的貪念。大多數情況下，占有的愈多，擁有的就愈少。我們會一再把新事物**變成我們自己**，藉此維持我們對自己的興致，這正是所謂的占有。

一旦對占有感到厭倦，那就表示：對自己感到厭煩。（擁有太多也是一種痛苦，所以想要拋棄、想要分送給別人的慾望也能獲得「愛」的稱號。）如果我們看到有人正在受苦，我們會很樂意利用這個機會把他占為己有；舉例來說，行善的人和富有同情心的人都在做這件事，這些人把自己體內想要占有新事物的慾望叫作「愛」，他們會在其中感受到興致盎然，就如同一場新的征戰正在向他招手。

但要說到迫切渴望擁有財產，最明顯的例子其實是兩性之間的愛：戀愛中的人都想要無條件地占有他渴望的對象，他想要無條件地占有對方的靈魂和肉體，他想要是那個唯一被愛的人，想要住在對方的靈魂裡，占滿對方的靈魂，成為其中最高、最值得渴望的存在。仔細想想，這種行為無非就是要把全世界都**排除**在這個寶貴的地產、寶貴的幸福以及寶貴的享受之外。仔細想想，戀愛中的人就是要讓其他的競爭對手變得窮困不堪，他想變成一條守護寶藏的巨龍，他是最不顧一切的「征服者」，也是最自私自利的掠奪者。最後再仔細想想，在戀愛的人眼裡，這個世界其餘的一切都顯得毫無所謂、蒼白無力、沒有價值，而他也準備好做出犧牲，破壞所有的制度，把所有的利益都擺在後頭。仔細想過之後，真的會很訝異人們居然把這種野蠻的貪婪和不公的行為美化到這個地步，而且每個時代皆是如此，人們甚至還認為這種愛的概念就是自私的相反，即使這種愛也許才是最放肆的自私表現。這種說法明顯來自什麼都沒有並且渴望擁有的人，這種人一直都太多了。

那些在愛情的領域裡有幸得到飽足並擁有許多的人大概時不時就會隨口說出「中

邪」（wüthender Dämon）這個字眼來評論愛情，就像那位最值得被愛、也最受大家喜愛的雅典人：索福克勒斯（Sophokles）[11]；但是愛慾之神厄洛斯（Eros）隨時都在嘲笑這些謗神的人，這些人正好都是他最喜歡的下手對象。世界上大概還有其他地方延續著另一種愛，這種愛會將兩個人對彼此的占有慾讓位給一種全新的慾望與貪婪、一種高級的**共同**渴望，渴望在彼此之上的理想：但有誰知道這種愛？有誰曾經經歷過？這種愛的真名就叫作**友情**。

一五、從遠處

這座山透過各種方式讓它所俯瞰的地區變得既迷人又重要：我們把這句話拿來對自己說了上百次之後，我們就會變得不理性，然後心裡充滿對這座山的感激，我們開始相信，既然它是迷人的原因，那麼它本身肯定也是這個地區最吸引人的所在——於是我們爬上這座山，然後感到失望。這座山以及我們周圍的風景突然就被我們踩在腳下，失去魔力。我們忘了，有些偉人和有些良善的行為是一樣的，只能從一定的距離來看，而且只能從下面仰望，不能從上面俯瞰，只有這樣，**他們才會具有影響力**。也許你知道自己身旁也有這種人，他們只能從一定的距離觀照自己，為的是覺得自己有

11. 譯註：古希臘劇作家。

辦法讓人忍受，或覺得自己很吸引人並給予他人力量；真心勸告這種人不要認識自己。

一六、關於小路

有些人會對自己的感覺難以為情，在與這些人來往的過程中，必須要能偽裝自己；要是剛好撞見他們出現柔情、洋溢、高漲的感覺，他們就會突然惱羞成怒，彷彿對方窺見了他們的祕密。如果想要讓他們在這種時候好受一些，那就讓他們發笑，或是用冷冰冰的方式說一些惡毒的玩笑話，他們的感覺就會凍結，然後就能控制住自己的情緒。但我這是先說教了，接著才說故事。我們在生命中曾經一度如此接近，近到似乎不會再有任何東西能夠阻隔我們的友誼與兄弟情，彼此之間只剩下一條小路的距離。就在你準備走上這條小路的時候，我問你：「你想走這條小路到我這裡來嗎？」然後你就不想來了；當我再次開口求你，你什麼話也沒說。從那個時候開始，我們之間就出現了層層的高山和湍急的河流，還有一切能將我們阻隔並對彼此感到陌生的東西，就算我們想要彼此接近也沒有辦法了！如果你這時才想起曾經的那條小路，你大概什麼話也說不出口——有的只剩下啜泣和訝異。

一七、解釋貧窮的原因

我們沒辦法透過藝術品把貧窮的美德變成一個豐富的、活水湧流的美德，不過，我們也許可以把它的貧窮解釋成一種必要，我們就不會覺得它看起來那麼讓人痛心，也不會為了它的緣故向命運擺出責備的表情。有智慧的園丁都會這麼做，他會把自己花園裡的涓涓細流交到水寧芙（Quellnymphe）的手中，藉此解釋貧窮的原因：有誰不會像他一樣急需寧芙的存在！

一八、古希臘羅馬的驕傲

我們都缺乏古希臘羅馬的高貴色彩，因為我們都感受不到古希臘羅馬的那種奴隸。出身高貴的希臘人會發現他的巔峰和最後的低谷之間有著許許多多的過渡階段、還有非常大的距離，所以他幾乎看不清楚奴隸的存在；甚至連柏拉圖也不是那麼有辦法看得到奴隸。我們不一樣，即便我們不習慣平等這件事，我們還是習慣人人平等的**學說**。一個沒有辦法自由支配自己並且缺乏閒情逸緻的存在，在我們眼中居然完全不會受到鄙視；我們每個人身上也許都帶著太多奴性了，我們的社會制度與活動在條件方面與古人有根本性的差異。希臘哲學家一邊遊走人生，一邊心裡暗自覺得奴隸的數量比人們錯估的還要多；也就是說，每個不是哲學家的人都是奴隸。每當他思忖道，連地球上最有權力的人都是他的奴隸，他的驕傲就會膨脹起來。這種驕傲也是我們很陌生而且做不到的；對我們而言，「奴隸」這個詞的比喻從來沒有完整地發揮過效力。

一九、不好的東西

你們去檢視一下天底下最好又最多產的人和民族，看一下他們的生命，然後問問自己，一棵帶著驕傲向上生長的樹是否可以缺乏惡劣的天氣和狂風暴雨：外在的不利與反抗，某些仇恨、嫉妒、固執、猜疑、不留情面、貪婪、暴力，這些難道不都屬於**有利的**環境嗎？缺乏這些環境，就幾乎不可能在美德方面有什麼顯著的成長。同樣一種毒藥，對虛弱的人來說會致命，但對強壯的人來說反而可以增強體力——他也不會把它叫作毒藥。

二〇、愚蠢的尊嚴

上個世紀的軌道還會再延續好幾千年！然後人類所做的一切都將顯出最高級的聰明才智：但是聰明才智也將因此失去它的尊嚴。雖然聰明才智成了一種必要，但也因此變得平凡又常見，才會讓那些令人噁心的品味覺得這種必要是一件**粗鄙的事情**。正如同真理和科學的暴虐能夠提高謊言的價值，聰明才智的暴虐一樣可以催生出一種新的高貴意識。高貴——意思也許就會變成：腦袋裡的愚蠢。

二一、致那些教導人無私的教師們

大家說一個人具有**良好的**美德，不是因為這些美德作用在這個人身上的功效，而是因為我們假設這些美德對於我們和社會而言具有什麼樣的效果：人們在稱讚其他人的美德時，一向很少是「無私的」、很少是「不自私的」！否則肯定就會看到美德（例如勤勞、順服、貞潔、虔信、公義）對擁有它的人而言大多都是**有害的**，這些美德都是強烈而渴望的內在驅力，在人們的體內掌管一切，完全不讓理性將自己和其他內在驅力進行協調。

如果你有一種美德，一種真正的、完整的美德（而且不只是一種渴望美德的小小內在驅力），那麼你就會是這個美德的**犧牲者**！正因如此，周圍的人才會稱讚你的美德！人們會稱讚一個勤勞的人，儘管他的勤勞損害了眼睛的視力或精神的新鮮感與原創性；人們會尊敬一個把自己「工作到壞掉的」年輕人並為他感到惋惜，因為人們判斷：「對於整個社會來說，失去一個最好的個人只不過是一個小小的犧牲！必要的犧牲當然不是一件好事！不過，如果一個人想的不一樣，而且還把自己的維持和發展看得比自己對社會的付出還要重要，那更不會是一件好事！」人們對這位年輕人的死去感到惋惜，不是為了這位年輕人的緣故，而是因為社會因此失去了一件順服又奮不顧身的**工具**，所謂「老實的好人」。也許人們還會仔細思量，如果這位年輕人可以再更加奮不顧身一點、撐得再更久一點，搞不好還可以為社會帶來更多的利益，甚至人們都已經從中分得好處，卻還是把另一種好處看得更高、更持久，希望在**犧牲**之餘也能再次**看見**犧牲品的思維得到印證。也就是說，人們在稱讚美德的時候，其實稱讚的是美德內部的工具性質，還有美德內部盲目運作的內在驅力，不會因為個人的好處而有所侷限；簡而言之：人們稱讚的是美德內部的非理性，它讓個體被轉化成服膺於整體的功能。

稱讚美德就是稱讚那個會讓私人受到損害的東西，就是在稱讚那種內在驅力，它奪走了人們高貴的自私自利與自我照料的無上力量。然而，為了教育並學會美德的習慣，人們會把美德帶來的一連串功效拿出來炫耀，讓美德和私人的好處看起來好像本是同根生，事實上，還真的有這種同根生的情況！例如：怒衝一波的努力，這是一種典型的工具美德，但是被描繪成通往財富與榮耀的道路、描繪成最有效的以毒攻毒法，用來對抗無聊與各種熱情，但是人們絕口不提它的危險、最高等級的危險性。教育都是這樣進行的：試圖透過一連串的刺激和好處來規定一個人要採取某種思考與行動的方式，當這種思考與行動的方式成了習慣、成了內在驅力、成了熱情，就會從體內完全控制住這個人，雖然**違反他的終極好處**，但是可以「造福社會大眾」。我常常看到怒衝一波的努力雖然可以創造出財富和榮耀，但同時讓體內的器官失去敏銳，反而不再能享受財富和榮耀；我也常常看到用來對抗無聊與各種熱情的藥劑反而讓感官變得遲鈍，讓精神不願意接受新的刺激。（有史以來最努力的時代——我們的時代——也不知道自己的努力和金錢可以用來做成什麼，只知道要把它變成愈來愈多的金錢和愈來愈多的努力：懂得花錢比懂得賺錢還要更天才！好吧，我們還有我們的「孫子」！）

如果教育成功了，那麼個人的每一種美德都能造福於公共利益，但會對私人造成不好的影響、損害私人的最終目的，很有可能造成某種精神感官方面的枯萎，甚至英年早逝。請從這個觀點依序斟酌一下順服的美德、貞潔的美德、虔信的美德、公義的美德。稱讚無私的人、稱讚犧牲奉獻的人、稱讚有美德的人，稱讚那種不把自己所有的力量和理性用在維持**自己的**延續、發展、提升、促進、權力擴張的人，這種人在關乎自己的事情上都採取謙讓的態度、沒有想法，甚至也許還無所謂或諷刺地活著，無論如何，這種稱讚都不是出於無私的精神！「周圍的人」之所以會稱讚無私的行為，是因為**他能藉此得到好處**！如果周圍的人自己也抱持著「無私」的想法，那麼他就會拒絕別人為了他的好處而放棄出力、自我傷害，他還會阻止別人出現這種傾向，更會宣稱自己的無私**不是什麼好東西**，藉此證明自己的無私！

這就顯示出現今受人推崇的道德有著根本性的矛盾：道德的**動機**與它的**原則**相互違背！從道德的範疇來看，道德想用來證明自己的東西反而駁斥了自己！「你應該要放下自己、犧牲奉獻」，只有一種人說這種話不會自打嘴巴，也就是那些因此也放棄自己好處的人，這種人也許還會在要求個人做出犧牲奉獻之後造成自己的毀滅。但是，只要周圍的人（或者社會）是**為了好處**才勸人要無私，那麼他們運用的則是另一句完全相反的話「你應該要尋求好處，即使讓他人付出很大的代價也在所不惜」，一口氣傳講了「你應該」和「你不應該」！

二二、帝王的日程

一天開始了：承蒙我們仁慈的主人還在休息，我們先來為他安排一下這一天的工作行程與慶典活動。今天的天氣不太好：我們要謹慎，不要說到天氣不好；不要去談論天氣，但是我們要把今天的工作弄得比平常更隆重、把慶典弄得比平常更歡樂。也許陛下還生病了：我們早餐的時候會向他報告昨天晚上的新消息，蒙田（Montaigne）[12]先生到了，這位先生很懂得開疾病的玩笑，他自己也得了結石。我們會接待一些人士（人士！這群人當中有一隻膨脹的老青蛙，如果他聽見我們講這個詞，他會怎麼說！他會說：「我不是人士，我向來搞事。」），而且這場接待會久到讓人開始覺得不舒服。有充分的理由來講一位詩人的故事，他在自己的門上寫著：「大家來我臉上有光；大家不來我心滿意足。」這真的是在用有禮貌的說法說沒有禮貌的話！就這位詩人而言，也許他完全有權利對人這麼沒禮貌：大家都說他寫的詩比詩匠還要好。所以，他可以繼續寫詩，然後盡可能地遠離這個世界——這正是他之所以要用有禮貌的方式使壞的意義！

與此相反，有一位公爵永遠比他的「詩」還要有價值，就算——等等，我們在幹麼？我們在聊天，整個宮廷的人都還以為我們已經開始絞盡腦汁在工作：不會有人看到誰比我們還早把燈點起來。你聽！那不是鐘聲嗎？該死！天亮了，舞會也開始了，

12. 譯註：法國哲學家。

我們居然不知道有這場演出！我們必須即興發揮，全世界都在即興發揮它們的日子。我們今天就像全世界一樣吧！我奇妙的白日夢在此結束，大概是因為鐘樓上的鐘打得毫不留情，正在用它獨特的分量宣告五點鐘的來臨。我覺得夢之神這次好像想拿我的習慣開玩笑，這是我用來開始一天行程的習慣，如此一來，我才能**幫自己**把這一天安排得妥妥當當，讓它變得可以讓人忍受，雖然我也常常做得太過正式、把自己弄得太像王子。

二三、腐敗的跡象

這個社會時不時就必然會出現一些被稱之為「腐敗」的狀況，要注意以下這些跡象。只要哪邊開始有腐敗的狀況，各種五顏六色的迷信就會不斷出現，然後整個民族的信仰就會變得蒼白無力，無法與之抗衡：因為迷信就是次等的自由精神（Freigeisterei）[13]，只要順從於迷信，就會選擇某些合乎迷信的形式與措辭，而且還會擅自行使選擇的權力。

相較於虔誠的人，迷信的人比較像個「人」，而迷信的社會也會有許多個體存在，樂於追求個體性。從這個立場來看，迷信永遠都像是一種對抗信仰的**進步**，而且

13. 譯註：特指反對任何宗教信仰的無神論者。

也是智力愈來愈獨立的跡象，開始想要擁有自己的權力。於是，崇尚舊宗教與崇尚宗教性的人士就會開始抱怨社會的腐敗，這群人向來都是決定言論市場的人，也常常在背後惡意誹謗迷信的行為，即使是最具有自由精神的人也不放過。我們要知道，迷信就是**啟蒙**的症狀。

其次，如果一個社會開始出現腐敗的現象，就會有人出來控訴這個社會的**疲乏無力**：明顯不再看重戰爭，對戰爭也興趣缺缺，以前的人都在追求戰士與戰技的榮譽，現在的人則爭先恐後地追求生活的便利。但是人們都忽略了，從前那些透過戰爭與競技展現出來的民族能量與熱情現在都成了無數私人的熱情，而且變得不是那麼常見；真的，在「腐敗」的情況下，一個民族大概會比以往消耗掉更多的能量與精力，個體會變得比以往更加揮霍，過去還沒有本錢這麼做！這就是「疲乏無力」的時代，街頭巷尾都在上演悲劇，誕生出偉大的愛情與偉大的仇恨，知識的烈焰直竄天際。

第三，彷彿是為了補償迷信與疲乏無力造成的責難，人們常會說這個腐敗的時代其實比較好過，與從前那個虔誠又強大的時代相比，現在這個時代已經沒有那麼殘酷了。但是，我既無法認同這種稱讚，也無法認同那種責難；我最多只能同意現在的殘酷變得比較優雅，以前的形式真的很讓人倒胃，然而，文字和目光造成的驚訝與折磨也在腐敗的時代達到了巔峰，這才創造出了**惡意**，並且以惡毒為樂。腐敗的人既可笑又四處誹謗；除了匕首和襲擊，他們還知道其他的謀殺方式，他們也知道，只要**有人**

擔保，就會有人相信。

第四，如果「社會風俗崩壞」，首先會出現人們稱為暴君的存在：這些人是個體的先驅，彷彿是早熟的**第一批個體**。只要再過一下，這些果子中的果子就會成熟地掛在民族的樹上，這棵樹的存在就是為了這些果子！如果崩解到達極限、各種暴君的鬥爭也到達頂點，凱撒（Cäsar）就會出現，他是結束一切的暴君，準備為這場讓人疲憊不堪的王位爭奪戰劃上句點，讓所有的勞累都為自己所用。在凱撒的時代，個體發展臻至成熟，因此「文化」也發展到達頂點、成果豐碩，但這並不是因為凱撒的緣故，也不是他造成的；雖然最高等的文化人總是喜歡諂媚他們的凱撒，聲稱自己是**他的**傑作。但真相是，他們需要外在的平靜，因為他們的內在充滿不安與算計。在這個時代，收買和背叛也到達了最嚴重的地步：因為人們熱愛才剛發現的自我（ego），遠勝於老舊的、耗盡的、被說爛了的「祖國」；而且運氣來來去去，所以人們有保障自己的需求，只要一位有錢有勢的人表示願意將金子倒在他們手中，人們就會張開高貴的雙手。現在已經沒有什麼安全無虞的未來，因為人們都只為今天而活：這種靈魂的狀態給有心人士很好的下手機會，反正誘惑和收買也只是「今天」的事，自己依然保有未來和美德！

大家都知道，這些個體與群體相反，他們是真正的自身，比群體更關心眼前的片刻，因為他們認為自己和未來都是無法預測的；他們也很喜歡投靠有力人士，因為他們相信自己有能力給出行動和答覆，只是沒辦法得到群眾的理解與恩寵，但是暴君或凱撒很懂什麼是個體的權利，就算放蕩不羈也沒關係，而且他們也有興趣支持放肆的私德，甚至還會對其伸出援手。因為暴君認為自己就像拿破崙曾經說過的那句經典台詞：「對於人們對我提出的所有控訴，我有權力一勞永逸地用一句『這就是我』來回答。我與全世界都沒有瓜葛，我也不跟任何人談條件。我要人們服從我的幻想，就算我沉溺在什麼消遣裡面，我也要他們覺得這沒什麼。」這是拿破崙對夫人說的話，他的夫人當時有許多理由懷疑自己的丈夫對婚姻不忠。腐敗的時代是蘋果從樹上掉落的時代：我指的是個體、未來的播種者、精神殖民與各種國家社會聯盟的發起人。腐敗只是一個罵人的字眼，用來指責一個民族的**殘秋歲月**。

二四、各種不滿

發明出各種事物來美化並增加生命深度，這種人的不滿既弱小又婆婆媽媽；發明出各種事物來改善並保障生命安全，這種人的不滿既強烈又像——男子漢（同樣的比喻）。前者的弱小與婆媽展現在他們喜歡暫時欺騙自己，可以將就於一點陶醉與熱情洋溢的話語，但是從來沒有辦法完全得到滿足，永遠都在為自己無藥可醫的不滿而受苦；除此之外，他們也促成了那些懂得利用鴉片和麻藥製成安慰劑的人，所以他們最討厭有人把醫生看得比牧師還要重要，因此，他們**延續**了真正的緊急狀態！

如果不是中世紀開始大量出現這種類型的不滿，歐洲也許就不會發展出著名的持續**變化**的能力：因為強烈的不滿所提出的要求太過粗俗又太過平庸，所以很容易就能獲得平息。中國是一個例子，總的來說，中國早在幾個世紀以前就已經喪失了不滿和變化的能力；歐洲的社會主義人士以及把國家當成偶像崇拜的那些人也可以利用改善並保障生命安全的準則來達到中國的「幸福」狀態，前提是他們有辦法先根絕那些病態的、柔弱的、婆婆媽媽的，而且依然過量的不滿和浪漫。歐洲是個病人，他應該要對自己無藥可醫又不斷變化的痛苦心存感激；畢竟，因為不斷出現新的狀況、新的危險、新的痛苦、新的解決方案，才能對智力產生足夠的刺激，幾乎就像個天才，無論如何都會是天才之母。

二五、注定沒有知識

事情是這樣的：只要這種人察覺到什麼引人注意的東西，就會瞬間轉身，然後告訴自己：「你在欺騙自己！你的感知能力跑到哪裡去了！這個不會是真的！」他不會仔細地再去看一次或聽一次，反而會像被嚇到一樣拔腿就跑，逃離這個引人注意的東西，試著盡快把它忘掉。他的內在法則（innerlicher Kanon）是這麼說的：「我不想看到任何有違常理的東西！難道**我**生來是要發現新的真理的嗎？舊的真理就已經夠多了。」

二六、什麼叫作生命？

生命，意思是：持續推開想死的東西；生命，意思是：殘酷而不留情面地對待自己和別人身上會衰弱和變老的部分。生命，所以意思是：不要恭敬地對待快死的人、窮苦的人、老邁的人？要持續不斷的殺戮？但是老摩西（Moses）說過：「不可殺人！」

二七、戒掉一切的人

戒掉一切的人在做什麼？他在追求一個更高的世界，他想要飛得比所有來者不拒的人還要高、還要遠、還要遼闊，**他拋下許多**會造成飛行負擔的事物，其中有些還是他覺得重要、覺得喜歡的東西：他將這些東西獻祭給自己想要飛向高處的慾望。這種獻祭、拋掉負擔的行為，正是人們在他身上唯一看得出來的事情，所以人們稱呼他為戒掉一切的人，他以這樣的姿態站在我們面前，裹著他的風帽，就像一件粗羊毛做的襯衫。但是他並不滿意自己對我們造成的效果：他想要把自己的慾望、驕傲，以及想飛越我們的意圖隱藏起來，不讓我們看到。是的！他比我們想的還要聰明，而且又對我們這麼有禮貌——他也是來者不拒的人！因為，就算他戒掉一切，他還是像我們一樣。

二八、極致反而有害

我們的強項有時候會把我們向前推得太遠，以至於我們不再能忍受自己的弱點，最終毀在這些弱點手上。我們大概可以預見這種結局，儘管如此，我們還是不想要有任何改變。我們開始殘忍地對待自己身上應該要被好好愛惜的一切，而我們的偉大之處就在於我們的不留情面。這種經歷最終會讓我們付出生命的代價，但它也是一種比喻，因為這正是偉大的人對別人以及他們所處的時代造成的整體影響：正是他們的極致、只有他們才能做得到的事情，毀滅了許多弱小的、不確定的、正在成長中的、有所求的人，所以這些強者都是有害的。甚至還可能出現一種情況，他們之所以會造成危害，是因為他們的極致只被一群失去理智與自我的人所接受，這群人把他們當作烈酒一乾而盡，然後醉得不成人型，在醉醺醺的狀況下走錯了路，最後肯定會跌斷自己的胳膊。

二九、事後的騙子

當人們在法國開始反抗亞里斯多德（Aristoteles）的三一律[14]，隨後又開始為其進行辯護的時候，我們再次看到了一種常見卻不樂見的情況：**人們會編出許多理由**，用來合理化法則的存在，只是為了不想承認自己已經**習慣**了這些法則的統治，所以不想要有任何改變。一直以來，主流的道德與宗教內部都是這麼做的：有些人開始質疑這個習慣並且**追問**理由和意圖的時候，這個習慣背後的理由和意圖永遠都是事後才編出來的。歷代以來的保守派就是這一點最不誠實——他們都是事後的騙子。

14. 譯註：三一律指的是人們從古希臘哲學家亞里斯多德的《詩學》（*Poetik*）歸結出來的三個一致：時間一致、地點一致、情節一致，長期被視為是戲劇創作的守則。

三〇、名人的喜劇

有名的男人（例如所有的政治人物）**需要**名聲，所以在選擇結盟對象與朋友的時候永遠都會另有算計：他們想從這個人身上沾一點道德的餘光，想從那個人身上分一點讓每個人都敬畏的危險特質，再從另一個人身上偷一點遊手好閒、曬太陽耍廢的名聲，因為有時被人認為不上心又懶散是有好處的，可以掩飾他們其實正在伺機而動；他們的身邊時而需要充滿幻想的朋友，時而需要行家，時而需要喜歡苦思冥想的人，時而需要老學究，彷彿把他們當成眼下的自己，但很快又都不需要這些人了！所以他們周圍和圈外的人不斷死去，而所有的一切也都彷彿想要擠進這個圈子裡，變成這個圈子的「特色」；在這一方面，他們就像大城市。他們的名聲和性格不斷變化，因為他們的手段需要持續不斷的變化，一下帶出這種特性，一下帶出那種特性，一下是真的，一下又是杜撰出來的，然後**出場**亮相；就像剛剛說的，他們的朋友和結盟對象都具有這種舞台特性。反之，他們想要的東西則必須保持不變、像金屬般閃閃發亮，這個東西有時也需要自己的喜劇和舞台劇。

三一、做生意與貴族

現今這個時代，做買賣被視為是一件粗鄙的事情，就如同讀書寫字的藝術一般；就算不是商人，還是可以學會怎麼做買賣，而且每天都可以練習買賣的技巧：就像從前的野人時代，每個人都可以是獵人，日復一日地練習打獵的技巧。打獵在當時是一件粗鄙的事，但這件事最後變成了有權有勢的人的特權，也褪去了平凡和粗鄙的性質，因它不再是一件必要的事情，反而成了一種抒發情緒的奢侈。做買賣這件事在未來的某一天也可能變成這樣。可以想見，社會將進入一種不再有買賣的狀態，買賣的技巧也會逐漸失去它的必要性；也許，少數幾個不用那麼服從一般法律的人將會擅自把買賣當作**感受的奢侈品**。然後買賣就會變成一件高尚的事情，貴族們也許會開始樂於做起生意，就像他們從前樂於發動戰爭與從事政治活動一樣；反之，對於政治的評價可能也會變得完全不同。現在的政治已經不再是貴族的工藝了：未來有一天，人們很有可能會覺得政治是一件粗鄙的事情，把它和政黨文學與大眾文學一併歸類在「精神賣淫」的欄位底下。

三二、不被期待的使徒

有一位哲學家心情不好地大喊：我該拿這兩個年輕人怎麼辦！他就像以前的蘇格拉底（Sokrates）[15]一樣「敗壞」了這些年輕人，我也不歡迎這些年輕人來當我的學生。這邊的不懂得說不，而那邊的對什麼事都說：「一半一半。」假設他們來學我的東西，第一種人會吃太多**苦**，因為我的思考方式需要一種戰士般的靈魂，想造成別人的痛苦，喜歡說不，擁有堅硬的皮膚，所以他可能會因為外傷和內傷而一病不起。第二種人會用平庸的方式思考他所代表的一切，然後讓一切都變得平庸。我比較期待我的敵人有這樣的使徒。

三三、演講廳之外

「為了向各位證明人類其實是一種溫馴的動物，我想請各位回想一下，人類一直以來都很容易相信一件事情。直到現在，在經歷過劇烈的自我超越之後，人類才終於變成一種**容易猜疑的**動物。是的！人類變得比以前還壞了。」我不懂，為什麼人類要變得比以前更壞、更容易猜疑呢？「因為他現在有了科學，也需要科學！」

15. 譯註：古希臘哲學家。

三四、隱藏的歷史

每個偉大的人都有溯及既往的力量：所有的歷史都會因為他的緣故重新被放到天平上做衡量，過去數以千計的祕密都將從棲身的洞穴中爬出來——爬到**他的**陽光照射之下。無法再預測歷史會變成什麼樣子。也許還有很多過去沒有被發現！還需要很多溯及既往的力量！

三五、異端與巫術

想法不同於習俗——這不是智力高人一等的結果，而是出自於強大的邪惡傾向，脫離、孤立、反抗、幸災樂禍、暗自竊喜的傾向。異端和巫術相輔相成，兩者都不是什麼無傷大雅的事情，本身更不是什麼值得尊敬的東西。異端和巫術是兩種邪惡的人，他們的共通之處在於他們也覺得自己是邪惡的，但是他們無法克制自己喜歡發表中傷主流（人或意見）的言論。宗教改革是中世紀的精神加乘之後的結果，因為中世紀的精神已經不再具有良心了，所以宗教改革便趁勢造就出大量的異端與巫術。

三六、遺言

人們終將想起皇帝奧古斯都（Augustus）[16]，他和有智慧的蘇格拉底一樣能克制自己，而且也一樣沉默寡言。但這個可怕的人最後卻不慎讓遺言出賣了自己：這是他第一次摘下面具，他讓人知道自己其實一直都戴著面具，還演了一齣喜劇，他演的是國父的角色以及王位上的智慧，演技高超到讓人信以為真！

鼓掌吧，朋友們，喜劇結束了！（Plaudite amici, comoedia finita est!）——尼祿（Nero）[17]臨死前的想法：我以藝術家的身分死了（qualis artifex pereo!）也是奧古斯都臨死前的想法：戲劇人的虛榮！戲劇人的嘮叨！和臨死前的蘇格拉底完全相反！但是提貝里烏斯（Tiberius）[18]死的時候相當沉默寡言，他是所有自我折磨的人當中被折磨得最慘的一位，**他**這個人很真，從來不演！在人生的最後一刻，他頭腦裡想的可能會是什麼！也許是：「人生，是一場漫長的死亡。我真是個傻瓜，我縮短了許多人的生命！難道**我**生來是要行善的嗎？我應該要把永生賜給他們：然後我就能永遠**看著**他們的**死**。畢竟我的眼睛這麼好，就是**為了這件事**：我以觀察家的身分死了！（qualis spectator pereo!）在垂死掙扎了好一陣子之後，他彷彿又活了過來，所以人們認為還是用枕頭把他悶死比較好——他死了兩次。

16. 譯註：羅馬帝國第一位皇帝。
17. 譯註：羅馬帝國儒略克勞狄王朝最後一位皇帝。
18. 譯註：羅馬帝國第二任皇帝。

三七、出自三種錯誤

人們在過去幾個世紀促進了科學的發展，部分原因是希望能夠透過科學理解神的良善與智慧。這是偉大的英國人（例如牛頓〔Newton〕）[19]靈魂裡的主要動機，部分原因是相信知識具有絕對的益處，緊密結合著道德、知識與幸福。這是偉大的法國人（例如伏爾泰〔Voltaire〕）[20]靈魂裡的主要動機，部分原因是認為科學包含著某種無私、無害、自我滿足、真正的純潔，沒有摻雜人類內在的邪惡驅力，值得擁有，值得去愛。這是史賓諾莎（Spinoza）[21]靈魂裡的主要動機，他覺得身為認知者的自己具有神性——促進科學發展的原因就是出自這三種錯誤。

三八、容易爆炸的人

考量到年輕男子在力量方面有多大的爆炸需求，再看到他們做出粗製濫造的選擇時就不用太過驚訝：他們之所以受到挑動，是因為他們看到為了一件事情付出的努力，就像看到燃燒的導火線，而不是事情本身。因此，技巧高超的誘拐者懂得讓年輕男子看得到爆炸，然後不過問事情的理由——用理由賺不到這些火藥桶！

19. 譯註：英國物理學家。
20. 譯註：法國哲學家。
21. 譯註：荷蘭哲學家。

三九、品味的改變

比起意見的改變，普遍品味的改變反而更為重要；意見、證明、反駁、知識份子的化裝舞會，儘管人們還是常常把這些東西拿出來討論，但是這些都只是品味改變後的症狀，肯定**不是**改變的原因。普遍的品味是怎麼出現改變的呢？改變來自少數幾位有力人士，富有影響力卻不知羞恥為何物，這些人把**他們的**這很荒謬（hoc est ridiculum）、這很可笑（hoc est absurdum）說了出來，並且有如暴君般貫徹他們對於好壞品味的判斷：他們藉此強迫許多人接受自己的主張，慢慢地，原本的強迫成了若干人的習慣，最後變成**所有人的需求**。但是這幾個人之所以會有不同的感受和「品味」，原因通常在於他們奇特的生活方式、飲食、消化，也許與他們血液和大腦中的無機鹽含量有關；簡單來說，原因就在於他們的體質。但是他們有勇氣承認自己的體質，而且有勇氣傾聽自己在體質方面的需求，連最微弱的聲音都不曾忽略：他們在美學和道德方面的判斷就是體質「最微弱的聲音」。

四〇、論高尚形式的缺乏

士兵與統帥之間的關係比工人與雇主之間的關係還要高級得多。至少，任何以軍事為基底的文化都曾高過所謂的工業文化。現今的工業文化是有史以來最粗鄙的存在形式，這裡運作著萬不得已的法則：人們想要活下去就必須出賣自己，但是人們又鄙視那些利用這種萬不得已並且為自己**購置**工人的人。奇怪的是，屈服於有力又令人畏懼的可怕人士、屈服於暴君和軍隊的統帥，難堪的程度都比不上屈服於不認識又事不關己的人，例如那些工業界的大人物。工人通常把雇主視為奸詐、將人吃乾抹淨、又利用別人的苦難來牟取利益的狗雜種，至於雇主的名字、身形、禮俗、名聲，對工人來說都無所謂。

至今為止的工廠老闆和大企業家大概都太過缺乏**高等種族**的形式與標誌了，只有這個形式和標誌才有辦法讓**一個人**變得有趣；如果他們的目光和神情能夠透露出純血貴族的高尚，也許大眾的社會主義就不會出現了。因為大眾其實很樂意接受各種形式的**奴役**，前提是他們的高層要持續證明自己**生來**就比較高等、**生來**就是要發號施令的——透過高尚的形式！粗鄙的人覺得高尚是沒有辦法即興演出的，所以他必須尊敬這個長期累積的果實，但是工廠老闆不僅缺乏高尚的形式，還有著聲名狼藉的低俗與紅通通又肥胖的雙手，所以粗鄙的人心想，這裡的人之所以能爬得比別人高，憑的全是偶然和運氣：好吧，他暗自下了個結論，**我們**就來試試偶然和運氣吧！我們就來骰骰子吧！然後社會主義就開始了。

四一、反對後悔

思想家會看到自己的行動中的嘗試和疑問，這些嘗試和疑問為的是得到某件事的解釋：對他來說，成功與失敗就是最初步的**答案**。但如果事情不盡如人意，他也不會感到生氣或後悔——生氣和後悔是另外一種人的事，這種人的行動全是因為別人的命令使然，如果主人不滿意行動的成果，他還得為接下來的毆打做好準備。

四二、工作與無聊

為了工資找工作，現今的文明國家幾乎每個人都是這樣；對於這些人來說，工作是一種途徑，而不是目的；所以，只要工作能帶來可觀的收益，他們在選擇工作的時候就不會太仔細。

現在有一種人更奇怪，他們寧願去死，也不願做沒有**興趣**的工作：這些人非常挑、難以被滿足，如果工作本身不是最大的收穫，即便可觀的工資也滿足不了他們。屬於這種人的有藝術家和各種靜觀凝視的人，不過遊手好閒的人也是，他們的一生都在打獵、旅行、談情說愛和冒險中度過。只要工作和不得已的情況和興趣結合在一起，這些人就會想去做，即便是最困難、最費勁的工作也在所不惜。否則他們就會懶惰到底，就連懶惰會帶來貧窮、不名譽，甚至危害健康和生命也沒關係。比起沒興趣的工作，他們反而沒那麼害怕無聊：沒錯，他們需要大量的無聊來勝任**他們的**工作。

對於思想家和所有富有創造力的人來說，無聊是靈魂的「無風狀態」，這種不舒服的狀態會出現在幸福的旅程以及有趣的風起之前；思想家必須忍受這種狀態，必須默默**等待**它帶來的效應，而這正好是次級的人完全做不到的事情！用各種方式趕走無聊是一件粗鄙的事情，正如沒有興趣的工作一樣粗鄙。在這一方面，亞洲人也許比歐洲人還要傑出，因為他們比歐洲人更能做到長期而深刻的寧靜；甚至連他們的麻藥也作用得比較慢，必須耐心等待藥效發揮作用，這一點和歐洲毒藥（酒精）噁心的瞬間作用完全相反。

四三、法律透露的事情

鑽研一個民族的刑法可以得到非常多的資訊，彷彿刑法彰顯了一個民族的特性；法律不會告訴我們一個民族的本質是什麼，但是能透露什麼會讓這個民族感到陌生、奇怪、可怕，或從外地來的。法律涉及的是一個地方習俗在品行方面的例外；合乎鄰邦風俗民情的事情會受到最嚴厲的刑罰。所以瓦哈比派（Wahabiten）[22]只有兩種死罪：信仰他神以及吸菸（他們稱此為「可恥的飲酒方式」）。「那麼謀殺和婚外情呢？」得知此事的英國人驚訝地問。「這樣的話，神是仁慈和憐憫的神！」老頭目說。

所以古時候的羅馬人認為女人只會因為兩件事而犯死罪：一件是婚外情，另一件是喝酒。老加圖（Cato）[23]認為，人們之所以把親戚之間的接吻變成一種風俗，只是為了檢查女人有沒有喝酒；接吻的意義在於：她們聞起來有沒有酒味？他們真的會處死被抓到在喝酒的女人：肯定不只是因為女人有時會在酒精的作用之下學會說不的壞習慣；羅馬人最怕的是縱慾和酒神的行為，當葡萄酒剛傳進歐洲的時候，南歐的女人時不時就會染上這些可怕的外來習俗，進而顛覆羅馬人的感受；對羅馬人來說，這種行為就像背叛了羅馬、把外邦刻在骨子裡。

22. 譯註：伊斯蘭教派。
23. 譯註：羅馬共和國時期政治家。

四四、信以為真的動機

儘管知道人類至今為止的行動動機非常重要，但對於想獲得知識的人來說，對於各種動機的**信仰**也許更為重要，因為動機是人類自己想像出來並且加諸在自己身上的東西，認為自己是真正的行為槓桿。根據對於各機動機的信仰，他們就能得知人類內在的幸與不幸——而**不是**透過真正的動機本身！動機帶來的反而是次等的興趣。

四五、伊壁鳩魯（Epikur）[24]

是的，我很自豪於自己能夠用不同於他人的方式感受伊壁鳩魯的個性，無論從他那裡聽到和讀到什麼，我都能在其中享受到古代黃昏時期的幸福：我看見他的目光轉向廣闊的白色大海，越過陽光照耀之下的古老岩石，大大小小的動物在陽光之中玩耍，安定而寧靜，就像這片光明以及伊壁鳩魯的目光一樣。只有持續受苦的人才有辦法想像得到這種幸福，這是一種目光的幸福，在它的面前，名為存在的大海也會變得平靜下來，讓這個目光可以透過水面、透過七彩的、溫柔的、令人不禁打起寒顫的海洋肌膚觀察自己，怎麼看也看不膩。這麼低調的快感，以前從來不曾有過。

24. 譯註：古希臘哲學家。

四六、我們的訝異

如果科學研究的事物都能**站得住腳**，而且還能不斷給出新的研究理由，那就會是一種深刻的幸福，畢竟事情也可能不是這樣！是的，我們深信自己的判斷充滿著不確定與幻想，也深信人類的法則與概念永遠都在發生改變，所以我們其實滿訝異於科學的結果為什麼可以**那麼**站得住腳！以前的人不曉得人類的所有東西都會發生變化，因為風俗民情不斷讓他們相信人類的內在生命永遠都緊扣著鐵律一般的必要性；也許當時的人在聽別人唸童話故事的時候也會感受到類似的訝異與快感。對於偶爾對規則和永恆感到疲倦的人來說，神奇的事情具有療癒的效果。暫時踩不到地面！漂浮！迷失！瘋狂一下！這就是天堂、就是古代的狂歡痛飲：而我們的幸福感就像遇到船難的人踏上陸地的那一刻，雙腳站在古老的大地上，訝異大地居然不會晃動。

四七、論壓抑熱情

如果有人持續地禁止自己將熱情表達出來，認為將熱情表達出來是「粗鄙的人」、粗俗的人、市民階級與農民才會做的事情，如果這個人不想壓抑住熱情本身，只想壓抑熱情的語言與神情，那麼這個人最後還是會**一併**造成他原本不想要的局面：他還是會將熱情壓抑下來，或至少造成熱情的減弱與改變。路易十四（Ludwig XIV）[25]的宮廷以及一切與他有關的事物就是一個發人省思的例子。

再下一個時代，人們都被教導要壓抑住熱情的表達，所以也不再擁有熱情，取而代之的是一種優雅的、膚淺的、遊戲般的特質，那個時代就是不能沒有教養，甚至連受到侮辱都能用禮貌的文字接住並進行反擊。與他們相比，我們這個時代採取的也許是最不同的做法：無論是在生活中還是在劇院裡，抑或是在所有文字寫成的作品中，我走到哪裡都能看見人們喜歡讓熱情**粗俗地**爆發、透過神情表達出來。現在的人需要的是某種帶有熱情性質的慣常做法，而不是熱情本身！儘管如此，人們最終還是有辦法藉此獲得**熱情**，而我們的後代子孫將會擁有**真正的野性**，不僅僅是形式方面的粗野而已。

四八、對於苦難的認知

各個時代的人之所以會如此大相逕庭，原因也許就在於他們對於苦難的認知程度大不相同：靈魂的苦難以及肉體的苦難都是如此。就肉體的苦難而言，由於缺乏豐富

25. 譯註：法國國王。

的自我經驗，我們現代人無論老弱殘疾與否統統都是充滿幻想的外行人。不同於恐懼的年代（歷代之中最長的年代），當時的人必須保護自己免受暴力傷害，而且為了達到這個目的，他們自己也必須變成暴力的人。在那個年代，一個男人會經歷大量的肉體折磨與匱乏，藉由對自己殘忍來理解自己，自願接受痛苦的刻訓練，這是延續生命的必要手段；在那個年代，人們會教育自己周圍的人要忍受痛苦，那個年代的人喜歡造成別人的痛苦，眼睜睜看著最可怕的痛苦發生在別人身上，不會有任何感覺，只會有自身的安全感。

但是就靈魂的苦難而言，我會去觀察每個人得知靈魂苦難的來源是自己的經驗還是別人的描述；是不是覺得還是有必要假裝知道什麼是靈魂的苦難，藉此顯示自己比較有教養，或者根本不相信自己的靈魂深處有什麼重大的苦難，卻把靈魂的苦難說得像是肉體方面的重大疾病，他想到的是自己的牙痛和胃痛。我覺得現在的人都是這樣。普遍沒有經歷這兩種型態的痛苦，也很少看過正在受苦受難的人，於是產生出一個重大結果：現在的人比以前的人更加討厭痛苦，也比從前更加不喜歡談論痛苦，是的，他們覺得光是**想像中**的痛苦就已經幾乎無法讓人忍受，並藉此對整個存在進行良心的譴責。

悲觀哲學的出現全然不是什麼大苦大難的特徵；而是因為這個時代的存在已經變得如此精緻和輕鬆到一個地步，就連靈魂與肉體難免被蚊蟲叮咬也覺得太過血腥和邪惡，所以他們將所有生命的價值都打上問號；因為缺乏真正的痛苦經驗，所以最喜歡把**普通的痛苦想像**當作是最高層級的痛苦。我覺得悲觀哲學和過於敏感的狀況是真正的「當代苦難」，有一個藥方可以用來對抗這兩種症狀，但也許聽起來會過於殘忍，而且會一併被拿來作為「存在是邪惡的」的評判理由。好吧！對抗「苦難」的藥方就是：**苦難**。

四九、寬宏大量以及類似的作為

情緒激昂的人突然出現冷淡的舉止、憂鬱的人展現出幽默、**寬宏大量**的人突然放棄復仇、不再嫉妒，這些矛盾的狀況會出現在內在有強大離心力的人身上，這些人會突然感到飽足、突然覺得反胃。他們的心滿意足會來得又快又強烈，緊接著就會出現厭煩和反感的感覺，從心滿意足瞬間變成相反的滋味：這種矛盾會引發感受的痙攣，這個人突然出現冷淡，那個人笑了出來，第三個人則是流著眼淚犧牲奉獻。

我覺得寬宏大量的人（至少那些最讓人印象深刻的）都是極端渴望復仇的人，當他的渴望即將到來，**在想像中就已經**大量地、徹底地、一滴不剩地得到滿足，緊接而來的就會是一股莫大的噁心，對自己的快速放縱感到反胃。這時，他會像人們說的那樣「超越自己」、原諒他的敵人，甚至還會祝福對方、尊敬對方。藉由這樣強暴自己、嘲諷自己依然強大的復仇驅力，他就能順從體內另一股愈來愈強大的新興驅力（噁心），而且等不及要放縱地將快樂一飲而盡；這種快樂的感覺就像不久之前透過幻想進行復仇的心情一樣。寬宏大量其實就和復仇一樣自私，只不過性質不一樣罷了。

五〇、孤單的理由

就算是最認真負責的人，他們的良心譴責也敵不太過這種感覺：「這些東西違反**你的**社會的善良風俗。」就連最強大的人也會**害怕**長輩冷酷的眼神和拉長的嘴角。到底有什麼好怕的？害怕孤單！這個理由能壓倒所有人事物的好理由！這句話出自我們體內的群聚本能。

五一、真理意識

我喜歡各種能讓我回應：「那我們就來試試吧！」的懷疑態度，但是我不喜歡聽到任何無法讓人進行實驗的事物和問題。這是我的「真理意識」的界線，因為在這條界線之後就沒有勇氣的權利了。

五二、別人知道的我們

對於生命的幸福而言，我們知道的自己以及記憶中的自己都沒有人們以為的那麼關鍵。總有一天，**別人**知道的我們（或他們認為知道的我們）會向我們襲來——然後我們才會知道，別人知道的我們其實更為強大。比起壞名聲，人們比較能處理愧疚感。

五三、善良開始的地方

邪惡的驅力變得愈來愈精緻，人類會在視力差到沒辦法辨認出邪惡驅力的地方設立善良的國度，帶著終於進入善良國度的心情讓曾經受到邪惡驅力威脅和限制的內在驅力全部跟著動起來，例如安全感、舒適感、對別人的好感。也就是說，視力愈差，善良的幅員就愈遼闊！所以人民和孩子們才會永遠的歡欣雀躍！所以偉大的思想家才會陰鬱沉悶，出現類似愧疚一般的哀傷。

五四、虛像的意識

因為我知道一些事，所以我覺得自己與整個存在之間的關係有多麼神奇、多麼新穎，同時又多麼令人毛骨悚然、多麼諷刺！我曾經默默地**發現**自己的體內留存著古時候的人性與獸性，甚至一切具有感受力的存在，他們的古老年代與過去全都在我的體內繼續創作、繼續愛著、繼續恨著、繼續邁向終點，我突然在夢裡醒來，卻只意識到自己正在做夢，而且為了不致毀滅，我**必須**把夢繼續做下去：就像夢遊的人必須繼續做夢才不會跌倒。

對於這個時候的我來說，什麼是「虛像」！肯定不是某種本質的對立面，關於本質，我說得出來的謂語也只有它的虛像！肯定也不是某種可以給不知名的X戴上去又拿下來的、沒有生命的面具！對我來說，虛像就是有生命並且能夠造成影響的事物本身，它們不斷地自我嘲諷，讓我以為這裡什麼都沒有，只有虛像、鬼火、鬼魅之舞，讓我以為連我這位「認知者」也在這群做夢的人當中跳著自己的舞；讓我以為知識是一種延長世俗之舞的手段，所以認知者也屬於為存在服務的司儀；讓我以為知識的崇高結果與約束力也許會是最高級的手段，用來維持夢的普遍性、讓所有做夢的人都可以獲得普遍的理解，藉此**將這場夢持續下去**。

五五、最終的高貴意識

是什麼造就了「高貴」？肯定不是犧牲奉獻；因為連貪戀肉慾的人也會犧牲奉獻。肯定不是追隨某種熱情；因為有許多令人鄙視的熱情。肯定不是不帶自私地為別人做某件事情；因為高貴人的自私會結出最大的果子。高貴來自一種特別的熱情，這種熱情會侵襲高貴的人，但是他不知道其中有什麼特別之處：他用來衡量事物的標準少見而獨特，而且還近乎瘋狂。所有人摸起來都覺得是冷的東西，他反而會覺得熱；

還沒有天平可以測量的東西，他猜得出其中的價值；他會在祭壇上向不知名的神獻祭；他的勇敢不是為了追求名譽；因為自我滿足，所以他能與人事物分享自己的豐富。

也就是說，到目前為止，高貴來自這種少見的行為，而且沒有人知道這種行為的存在。但也請大家衡量一下，這個評判標準看重的是例外，所以會對所有習以為常的、生活周遭的、不可缺乏的、最能維持物種存續的事物，以及人類至今為止的所有**規則**，做出不公平的評斷與誹謗。成為規則的辯護人——這也許會是世界上最後一種能顯示出高貴意識的精緻形式。

五六、想要受苦的慾望

數以百萬的歐洲年輕人持續受到慾望的刺激，總是想要做些什麼，他們沒辦法忍受無聊，也沒辦法忍受得了自己，當我想到這件事，我就能理解他們的體內肯定有一種想要受苦的慾望，為的是從痛苦中取得做點什麼的可能以及行動的理由。苦難是必要的！所以才會有政治人物大聲吶喊，所以才會有那麼多各式各樣虛假的、杜撰的、誇張的「緊張狀況」，所以才會有盲目的人願意相信他們。年輕的世界要求**外界的**來臨或顯現——他們要的不是幸福，而是不幸；他們的幻想在事前已經先忙著創造出怪獸的模樣，為的是在事後可以和這頭怪獸進行對抗。

如果這群對苦難上癮的人可以感受到自己的內在具有力量可以對自己好、可以為自己做點什麼，那麼他們就能懂得從內在為自己創造出一個專屬於自己的苦難。然後他們的發明就能變得更精緻一點，他們的滿足也會聽起來像是一首好音樂，而不是像現在這樣叫苦連天、拿**受苦受難的感覺**填滿這個世界！他們不知道該拿自己怎麼辦，只好把別人的不幸畫在牆上。他們始終需要別人！而且必須不斷換人！絕望，我的朋友們，以前的我敢把自己的**幸福畫**在牆上。

第二卷

五七、致現實主義者

你們這群冷靜的人，你們覺得自己不會受到熱情與幻想的侵襲，喜歡把你們的空虛看成是一種驕傲和裝飾品，你們稱自己是現實主義者，覺得真實的世界就是你們看到的那個樣子：你們認為只有你們看得到真實世界的模樣，還認為你們自己是世界最美好的部分——噢，你們這些受人喜愛的塞易斯（Sais）畫像！但比起水裡的魚，你們就算是以真面目示人，不也都還是最熱情洋溢的神祕存在、像極了戀愛中的藝術家嗎？對於戀愛中的藝術家而言，「真實」是什麼！你們看重的事物都源自於前幾個世紀的熱情與鍾愛！你們的冷靜之中仍然帶有神祕的、無法消除的酒醉狀態！例如你們對於「真實」的愛，噢，那是一種古老再古老的「愛」！每一個感官的印象與感受都帶有一部分這種古老的愛；同樣地，每一個幻想、每一個偏見、每一個不理性、每一個無知、每一個恐懼，以及其他的一切！都曾一同作用並編織出這份古老的愛。

山在那裡！雲在那裡！所以到底有什麼是「真實的」？暫時把人類添加的東西和幻想全都拿掉吧，你們這群冷靜的人！沒錯，如果你們做得到的話！如果你們可以忘掉你們的來歷、忘掉你們的過去、忘掉你們之前受的訓練，忘掉你們的人性與獸性！對我們而言，沒有所謂「真實」；對你們來說也是如此，你們這群冷靜的人，我們之間早已不像你們以為的那樣陌生，也許，我們願意離開酒醉狀態的善意是值得重視的，就像你們相信自己**沒有能力**離開酒醉狀態一樣。

五八、只有作為創造者

有一件事情讓我感到很吃力，而且還在持續不斷地造成我的困難：這件事就是要看透**事物的名稱**遠比它的本質重要得多。一件事物的名聲、名稱、外表、效力、通常的尺寸與重量——原本這些東西絕大多數都是錯誤和任意妄為的結果，就像衣服一樣隨便給這件事物披上，與它的本質和外表都大不相同——隨著人們對這些東西的信仰一代又一代的增長，彷彿逐漸變成這件事物內在與外在的一部分，最後成了它的肉體；最初的虛像到後來幾乎成了本質，而且還能**發揮**本質般的**影響**！如此一來，怎麼還會有傻瓜認為只要能指出源頭以及妄想造成的迷霧，就足以**摧毀**這個被視為真實存在的世界、所謂的「**真實**」！只有作為創造者，我們才有辦法造成毀滅！但是我們也別忘了：只要能創造出新的名稱、新的價值判斷、新的可能性，就足以長久地創造出新的「事物」。

五九、我們藝術家

如果我們愛上一個女人，我們很容易就會恨起自然，因為我們想到每個女人都會受到噁心的自然本性擺布；我們很樂意不去想這件事，但是，只要我們的靈魂觸碰到這些事情，就會不耐煩地跳動，然後鄙視地看向自然：自然對我們造成了侮辱，彷彿自然用不潔淨的雙手侵犯了我們的資產。這時要把耳朵摀住，不要去聽任何生理學的聲音，暗自對自己發號施令：「除了**靈魂和形體**，我不想聽到人類還有其他的東西！」對於所有正在戀愛中的人來說，「皮囊底下的人」是一件駭人聽聞、根本無法想像的事情，既褻瀆了神也褻瀆了愛情。

好吧，正如同戀愛中的人對於自然與自然本性的感受，從前尊崇神並尊崇祂「神聖全能」的人也是這麼想的：他覺得天文學家、地理學家、生理學家、醫生們口中的自然侵犯了他最寶貴的資產，他認為這是一種攻擊，以及攻擊者的不知羞恥！「自然法則」在他的耳裡聽起來就是在誹謗神；其實他很樂見所有的機制都能歸因於道德意志與恣意妄為的結果。但是，因為沒有人能幫他的忙，所以他只好盡其所能地向自己隱瞞自然與機制的存在，然後活在夢中。

哎，從前的人真的很懂得怎麼**做夢**，而且還不用先讓自己睡著！而我們現代人更是懂得做白日夢，我們有追求清醒和白日的善良意志！愛就夠了、恨就夠了、有慾望就夠了、活著就夠了，夢的精神與力量就會**立刻**找上我們，然後我們就能睜著眼睛、冷冷地面對任何危險，踏上最危險的道路，爬上幻想的高塔與屋頂，不懼高，就如同天生的攀爬好手——我們是白日的夢遊者！我們是藝術家！我們隱瞞自然的本性！我們是對月亮和神上癮的人！我們是孜孜不倦、不發出半點聲響的健行者，走在高山上，但是在我們的眼裡不是高山，而是我們的平地、安全無虞的所在。

六〇、女人與她們的遠距影響

我還有耳朵嗎？我整個人只剩下耳朵了嗎？我站在波濤洶湧的激情當中，白色的火焰燒到了我的腳邊：四面八方都有吼叫聲、恐嚇聲、吹喊聲、尖叫聲向我傳來，而深淵之處，古老的撼地者正在唱著詠嘆調，沉悶的聲音就像一頭咆哮的公牛：牠踩踏著撼地的節奏，就連天打雷劈的岩石巨魔都會為此感到心驚膽顫。這時，距離這座地獄迷宮門前只數公尺遠的地方，突然憑空出現一艘大帆船，像鬼魂一樣沉默地朝我滑行而來。噢，有如鬼魅般的美麗！它用不可思議的魔咒把我抓住！怎麼會？全世界的平靜安穩都上了這艘船嗎？難道我的幸福、更快樂的自我、第二個永恆的我就座落在這個平靜安穩的地方？既不死，也不活？就像幽靈般漂浮在半空中，安靜地看待一切？就像這艘船，張著白色的大帆，像隻巨大的蝴蝶越過黑暗的大海！是的！**越過**存在！這就是了！這會是的！看來這個地方的喧囂似乎把我變成幻想家了？充滿喧囂的環境會讓我們把幸福寄託在寧靜的遠方。

如果一個男人佇立在**他的**煩囂喧鬧之中、佇立在翻來覆去的波濤洶湧之中，他大概會看到寧靜的魔幻生物不斷從他的身邊經過，他嚮往它們的幸福與退隱的生活——它們就是**女人**。他認為住在女人身邊的他會是更好的自己：在那些平靜安穩的地方，就連最洶湧的浪濤都會變得一片死寂，生命本身則會變成一場關於生命的夢。

然而！然而！熱情的朋友啊，即使是最美麗的帆船上也會出現各種喧囂，不幸的是還有許多小得可憐的吵鬧聲！用哲學家的話來說，女人最強大的魔法就是遠距離的影響力（*actio in distans*）。其中最主要的部分就在於——**距離**！

六一、向友情致意

在古代人的眼裡，友情被視為是最高級的感覺，甚至高過自我滿足和智慧帶來的驕傲，不只是唯一能夠與後兩者並駕齊驅的存在，甚至還更加神聖：這件事很適合用來講述那位馬其頓國王的故事。他把一枚錢幣送給雅典一位蔑視世俗的哲學家，結果又被退了。「怎麼了？」國王問他是不是沒有朋友。他想說是：「我尊敬這位智慧人的驕傲與獨立自主，但如果他體內的那位朋友可以戰勝他的驕傲，我會更加尊敬他的人性。最高級的感覺無非是驕傲和友情。如果哲學家只知其一而不知其二，而且不知道的那個還是更高級的友情，那麼他在我面前就沒有地位了！」

六二、愛情

有愛，甚至就可以原諒愛人的慾望。

六三、音樂中的女人

霪雨霏霏的暖風為什麼也能帶有音樂的氛圍與變化多端的旋律？充滿教堂、讓女人有談戀愛的念頭，不也都是同樣的風嗎？

六四、懷疑論者

上了年紀的女人恐怕會比任何男人更容易暗自在心底產生懷疑：她們相信存在的外表就是它的本質，對她們而言，所有的美德和深度都只是「真理」的外衣，用來遮蓋羞恥（pudendum），也就是說，只不過是出於禮貌和虛恥心罷了！

六五、奉獻

有些高貴的女人缺乏某種精神，她們不知道怎麼**表達**自己最深刻的奉獻，所以只好出賣自己的美德與虛恥心：她們認為這就是自己最寶貴的所有。這個禮物常常被接受，但是接受的人並沒有像送禮的人想的那麼感到虧欠——這是一個非常悲哀的故事！

六六、弱者的強項

所有女人都很精於誇大自己的弱小，她們甚至會發明出各式各樣的弱勢，為了讓人覺得自己完完全全只是一個易碎的花瓶，就連一顆微小的灰塵能讓她們受傷：她們的存在會讓男人意識並接受自己的笨拙。她們便是這樣去抵抗強者以及一切的「拳頭說了算」。

六七、假裝自己

她愛著他，然後像頭母牛一樣自在地望著前方：但是，哎呀！他的魔力曾經讓她看起來如此善變又無法理喻！他已經受夠自己一成不變的脾氣了！難道她不應該行個好，假裝自己的個性像從前一樣？假裝自己還是一樣冷酷無情？建議她這麼做的，不就是愛情嗎？喜劇萬歲（Vivat comoe-dia）！

六八、意志與順從

人們把一位年輕人帶到智者那裡，然後對智者說：「看看他，他就是被女人敗壞了的那個人！」智者搖搖頭，先是微笑不語，接著大聲說道：「男人才敗壞了女人。女人沒有的東西，都該在男人身上討回來，而且還要得到改善，因為男人塑造了女人的形象，而女人只是照著這個形象形塑自己。」圍觀群眾裡有個人對智者說：「你對女人太心軟了，你不懂她們！」智者回答道：「男人的性質是意志，女人的性質是順從，這就是兩性的法則，真的！對女人而言，這是個殘酷的法則！對於存在，所有人都沒有錯，但是女人更沒有錯，有誰曾給過她們足夠的慰藉與溫柔。」人群中傳來另一個人的聲音：什麼慰藉！什麼溫柔！我們必須教女人怎麼做人！智者說：「我們必須教男人怎麼做人。」然後示意要年輕人跟他走。但是年輕人最後還是沒有跟著他。

六九、復仇的能力

在我們眼中，如果一個人沒有自我防衛的能力，所以也不想採取行動，這種人還不算是個恥辱；但我們不屑的是既沒有復仇能力又沒有復仇意志的人，無論是男人還是女人。如果我們不相信一個女人可能會拿起匕首（某種類型的匕首）**朝**我們刺過來，那她有可能抓得住我們嗎（或是像人們常說的「桎梏」）？或者刺向自己——某種情況下，這也許是更痛的復仇（中國式的復仇）。

七〇、男人的女主人

偶爾會在劇院聽到這樣的安排：一陣低沉有力的女低音突然為我們揭開各種可能性，我們平常不會相信有這樣的可能性；但是我們突然開始相信世界上有個地方的女性擁有高尚的靈魂，既像英雄又像王者，有能力又願意提出反駁、做出偉大的決定與犧牲，也有能力又願意統治男人，因為男人最好部分已經跨越性別，在她們身上成了活生生的理想。雖然戲劇安排這種聲音的目的**不是**為了給我們這種女性的概念；一般來說，這樣的聲音都會被用來呈現理想的男性愛人，例如羅密歐；然而從我的經驗來看，無論是戲劇還是音樂家，如果他們期待的是這種效果，那真的都打錯如意算盤了。人們不相信**這種**愛人的存在：這種聲音還包含著母性和家庭婦女的音色，尤其是當愛情發聲的時候。

七一、論女性的羞澀

在高尚女性的教養過程中，有一部分的內容既讓人吃驚又叫人害怕，甚至沒有什麼事情說起來比它還要矛盾。全世界都一致認為女性的教育就是要讓女性對性愛一無所知，要她們打從心底對性愛感到羞恥，而且只要聽到性暗示就要用最快的速度逃離現場。女人的「榮譽」全都關乎於此，否則她們做什麼事情是不能獲得原諒的呢！唯獨只有性愛，她們要打從心底一無所知：對於「邪惡的」性愛，她們不能有眼睛、不能有耳朵、不能有心思、不能有想法，甚至就連知道什麼是性愛都是一種邪惡。

然後！結了婚，瞬間被拋回性愛的現實與知識，而且還是透過她最愛也最敬重的那一位：於是愛情與羞恥陷入矛盾，必然同時感受到狂喜、獻身、義務、同情、驚嚇！不曾想過原來上帝和野獸以及一切的一切居然離得這麼近！在這件事情上，人們其實為自己的靈魂打了個絕無僅有的死結！甚至連最瞭解人生百態的智者也猜不透，為什麼女人有辦法接受這個謎題的答案，又為什麼能接受這個答案的謎題，既同情又好奇，這些可憐又錯亂的靈魂會產生多麼可怕又想不開的猜疑，女人最終的哲學與懷疑全部都卡在這一點上！事前事後是一樣的沉默：往往對自己沉默、對自己閉上眼。年輕女性非常努力讓自己看起來膚淺又沒有想法；她們之中最機靈的幾個則會假裝放肆。女人很容易覺得自己的男人是婚姻的問號，覺得自己的小孩是一種辯護或懺悔，她們需要小孩、想要有小孩，而且她們想要有小孩的意義和男人不一樣。簡而言之，人們對女性還不夠溫柔！

七二、母親

動物對於女性的想法和人類不一樣；對牠們而言，女性是生產的生物。牠們沒有父愛，但是會用某種方式愛另一半的小孩，也會習慣有小孩在身邊。女性在小孩身上感受到的是自己的控制慾得到滿足，她們把小孩看作是自己的財產和事業、是理所當然的聊天話題：這一切加起來就是母愛，就好比藝術家對自己作品的愛。懷孕的過程會讓女性變得更溫柔、更有耐心、更膽怯、也更願意順服；精神懷孕同樣能讓沉思者產生類似女性的特質——具有男性特質的母親。對於動物而言，男性被視為是美好的性別。

七三、神聖的殘酷

有個男人手裡抱著剛出生的嬰孩前去拜訪聖人。他問聖人：「我該拿這個孩子怎麼辦？他長得這麼畸形又這麼可憐，連能好好死去的生命都沒有。」於是聖人用可怕的聲音對他大喊：「殺了他！殺了他！然後把他抱在你的懷裡三天三夜，這樣你就會記住：如果時間不對，你就不會想生小孩了。」男人聽完這些話便失望地離開了；許多人責備這位聖人的殘酷，因為他建議男人殺害自己的孩子。但是聖人說：「難道讓這個孩子繼續活下去不會更殘忍嗎？」

七四、失敗者

那些可憐的女性永遠都不會成功，因為她們在和愛人相處的時候會變得暈頭轉向、缺乏穩定，而且會嘰哩呱啦說太多話——因為男人最容易被某種暗藏和冷淡的溫柔給拐走。

七五、第三性

有位資深舞者曾經說過：「小男人是一種自相矛盾的存在，但他終究還是個男人，不過和成年女性相比，小女人似乎是另一種不同的性別。」亞里斯多德曾經說過——小女人永遠不會是美人。

七六、最大的危險

隨時都會有許多人把培訓頭腦（他們的「理性」）當作是自己的驕傲、自己的義務、自己的美德，身為「健康的人類理智」之友，他們也曾受過幻想與妄想的羞辱和侵擾：如果不是這些人，人類早就滅亡了！一直以來，人類的頭上都掛著不斷爆發的**瘋狂**，這也是人類最大的危險——讓視覺與聽覺的感受隨意爆發、享受不受控制的頭腦、喜歡人類的不理智行為。瘋人世界的相反不是真理和確信，而是普遍和通用的信仰，簡單來說就是不隨意下判斷。

迄今為止，人類最偉大的工作就是能彼此在許多事情上取得一致，然後承擔**一致的法則**，無論事情的真假。這是人類培訓出來的頭腦；但是人類體內還有一股強大的反作用力，所以人們其實也不太能帶著信心談論人類的未來。事情仍然持續在推移和變化，而且現在的變化也許比以前還要多也還要快；少數天選之人仍然持續抵抗著剛才說到的通用性，尤其是**真理**的研究者們！剛才說到的那種普世信仰仍然持續讓比較機靈的人感到噁心，促使他們去追尋新的放縱，尤其是那種信仰要求所有的精神過程要模仿烏龜放慢節奏，甚至將放慢速度視為準則，這讓藝術家和詩人投向敵方：這些沒耐性的人對瘋狂有著莫大的興趣，因為瘋狂帶有快樂的節奏！

所以人們需要有美德的聰明才智——啊！我想換個不曖昧的說法——人們需要有美德的**笨蛋**、需要有個不會動搖的節拍器為**緩慢的**精神打節拍，信徒們才有辦法留在彼此身邊，繼續跳著偉大集體信仰的舞：這裡提供的是頭等的生活必需品。**我們其他人則是例外與危險**——我們永遠都需要自我辯護！好吧，還真的要為例外的人說一些話，**前提是例外永遠不會成為常例**。

七七、問心無愧的動物

我知道南歐都喜歡粗俗的東西，無論義大利歌劇（例如羅西尼〔Rossini〕[26]和貝里尼〔Bellini〕[27]）或西班牙冒險小說（我們最熟悉的是用法文包裝的《吉爾・布拉

26. 譯註：義大利作曲家。
27. 譯註：義大利作曲家。

斯》〔*Gil Blas*〕[28]）都是如此，但是我不覺得自己有被羞辱到，就像在龐貝（Pompeji）散步或是閱讀古希臘羅馬著作的時候，一樣會發現許多粗俗的內容。這些粗俗是從哪兒來的？難道是因為缺少羞恥心，所以粗俗的內容才能如此自信地在音樂與小說中出現，與其他高尚的、可愛的、熱情的內容相伴？

「動物也有和人一樣的權利，所以它們可以自由地跑來跑去，而你，我親愛的人類同胞，不管怎麼說，你終究也還是這種動物！」我覺得這就是這件事情的道德以及南歐人文精神的特質。差勁的品味也和好品味一樣的權利，假如差勁的品味是重大的需求、肯定的滿足、彷彿普世的語言、無論如何都能讓人明白的偽裝與神情，那麼它甚至比好品味更有權利；相較之下，精心挑選的好品味總是不斷在追尋、被試探、無法完全確信自己理解的對不對，好品味從來都不是民間的品味！

民間的品味是**化裝舞會**！所以化裝舞會的精神才可以盡情地展現在這些歌劇的旋律與華彩之中，化為跳躍的輕快節奏！這是完完全全的古希臘羅馬生活！如果不懂得化裝舞會的樂趣以及戴上面具的問心無愧，又怎麼能理解古希臘羅馬的生活！這就是古希臘羅馬用來療癒身心的精神浴池。在古代世界，那些高尚的少數人也許比俗人還更需要這種浴池。相較之下，北歐作品裡出現的庸俗翻轉才讓我覺得自己被羞辱到說不出話，尤其是德國的音樂。這裡的人們有**羞恥心**，藝術家自己都站不住腳，下台的時候忍不住臉紅：我們和他一起感到羞愧，同時也感覺自己被羞辱了一番，因為我們原

28. 譯註：法國小說家勒薩日（Alain-René Lesage）的代表作。

本還以為他會為了我們的緣故知道自己必須下台了。

七八、我們該感謝什麼

藝術家（劇作家）先為人們打開了眼睛和耳朵，每個人才能帶著愉悅的心情去聽去看自己是誰、自己正在經歷什麼、自己想要的什麼；藝術家先教會我們如何去評價每個隱藏在日常背後的英雄，教會我們如何用抽離的視角將自己視為英雄，彷彿將自己簡化然後神化——這是一種在自己面前將自己「代入場景」的藝術。只有這樣我們才能超越自己身上低賤的細節！如果沒有藝術，我們只會是前景、只能完全活在視覺效果之中，讓人把眼前平庸的一切視為異常偉大的真實本身，但其實我們什麼都不是。也許宗教也有類似的功效，這個宗教要求用放大鏡檢視每個人的罪孽，然後把罪人變成不朽的偉大犯人：宗教將他周圍所有永恆的觀點都描述了一遍，藉此教會人用抽離的視角將整個自己看作是必朽的存在。

七九、不完美的魅力

我看到這裡有一位詩人，他和某些人一樣，都是透過自己的不完美施加魅力，而且效果比他手裡琢磨出來的完美作品還要好。他的優勢和名聲甚至更多來自他的無能為力，而不是他的力量滿滿。他的作品從來沒有完整地表達出他想表達的，以及他**可能看過的**——彷彿他只有看過異象的前奏，卻從來沒有看過異身本身；但是在看過異象之後，他的靈魂從此多了一股巨大無比的貪婪，然後將這股貪婪化為能言善道，懂得表達自己的要求與渴望。他的能言善道能給聽他說話的人一雙翅膀，既能飛越他的作品，也能飛越所有的「創作」，讓對方登上一般聽眾從未到過的境界。在這些人自己也成為詩人和先知之後，他們會讚嘆最初為他們帶來幸福的那個人，彷彿那個人曾經直接帶他們看過最神聖的終極奧祕，彷彿那個人已經到達自己追尋的目的地、真的**看過**自己的異象，並且將異象的內容說了出來。沒有真的到達目的地，反而有助於他的名聲遠播。

八〇、藝術與自然

希臘人（或至少雅典人）喜歡聽精闢的說話技巧，這種希臘癖好甚至更能區分出誰才是真正的希臘人。他們要求站在舞台上就要帶有熱情，就要把話說得精闢，還要用狂喜的狀態承受不自然的台詞——畢竟自然的熱情是不怎麼說話的！既沉默又尷尬！或者，熱情有辦法用言語表達，但是帶著熱情說出來的話既混亂又失去理性，自己都會感到羞愧！現在的我們可以習慣舞台上的不自然，這點要感謝希臘人，就像我們也要謝謝義大利人讓我們可以忍受也樂於忍受**用唱的**熱情。

仔細聆聽人們在最艱難的困境中所說的話：這件事已經變成我們的基本需求，而且現實沒有辦法滿足我們。如果悲劇英雄在生命即將掉入深淵的時候還有辦法說出一些話語、找出一些理由、做出一些神情、展現出光明的智慧，這就能讓我們欣喜若狂；現實中的人則大多會失去理智、肯定也會失去美麗的話語。對於人們的驕傲而言，悲劇英雄**偏離自然的作為**也許是最令人感到舒暢的精神糧食；正是因為這個緣故，人們才會愛上藝術，因為藝術展現的就是英雄般的高尚慣例與不自然。所以人們當然有權利責備劇作家永遠留一手剩餘的**沉默**，而不是將一切化為理性和話語——這就像人們不滿意音樂家在創作歌劇的時候只使用充滿情緒的「自然」結巴和叫喊，而不使用旋律來表達最高漲的情緒。藝術就是**該**和自然唱反調！就是**該**用更高級的魅力來取代幻覺產生的魅力！

希臘人在這方面走得很前面很前面；前面到會嚇死人！他們把舞台做得窄小到不行，堅決不用舞台背景做效果；他們不讓演員用表情演戲，也不讓演員做太多細部的動作，他們把演員變成一個盛裝打扮的、僵硬的、戴面具的稻草人，不使用舞台背景烘托熱情，而是強制規定演員要用精闢的話語將熱情表達出來，他們甚至會用盡一切手段去抵制令人心生恐懼和同情的畫面，不讓這些畫面產生最根本的效果。**他們根本就不想要恐懼和同情**——在此向亞里斯多德致敬、最崇高的敬意！但是他在談論希臘悲劇的終極目標時，肯定沒有說到重點，甚至連個邊都沒擦到！大家可以去觀察那些希臘的悲劇詩人，去看看讓他們這麼勤奮創作、這麼多愁善感、這麼彼此爭競的到底是**什麼**；肯定不是為了用情緒去征服觀眾！雅典人之所以會去看戲，是為了**聽演員說出精闢的話語**！而索福克勒斯最在乎的就是精闢的話語！（請大家原諒我的異端邪說！）

莊嚴歌劇的情況就完全不同了：歌劇大師們都汲汲營營在預防觀眾理解他們劇中的人物。偶然讓人聽到幾個字，對於注意力不足的聽眾而言可能會有所幫助；但是劇中發生什麼情況，還是要從全盤去理解，重點完全不在人物說了什麼！歌劇大師們全都是這樣想的，所以他們全都在用文字胡搞瞎搞。也許他們只是沒勇氣把話說的太白，不然他們說到底就是看不起文字和話語：羅西尼比其他人大膽一些，其實他大可以讓劇中人物從頭到尾都只唱啦啦啦啦，搞不好還會比較合理！反正就是不能相信歌劇角色「說的話」，而是要相信他們唱的調！這就是差異所在，這就是**不自然**，而人們就是為此才會去聽歌劇！甚至連無伴奏宣敘調（recitativo secco）其實都不應該被當作文字和台詞：這類半音樂的功用比較是為了讓聽音樂的耳朵獲得短暫的休息（沒有**旋律**的休息，因為旋律是這門藝術當中最精緻也最吃力的享受）。但是另一種心情很快就會出現：愈來愈不耐煩、愈來愈反抗、再次渴望**完整的**音樂、渴望旋律。從這個觀點來看，理查·華格納（Richard Wagner）[29]的藝術又是怎麼一回事呢？也許和別人有所不同？我常覺得人們去聽他的歌劇之前必須先把他寫的文字**和**音樂全都背下來，因為，如果沒有這麼做的話，（我個人覺得）不只**聽**不到文字，而且連音樂本身也**聽**不到。

八一、希臘人的品味

「這齣戲到底好在哪裡？」那位土地測量員看完《伊菲革涅亞》（*Iphigenie*）[30]說。「戲裡根本什麼都沒得到證明！」難道希臘人真的離這種品味還有一大段距離嗎？至少索福克勒斯作品中的「一切都會得到證明」。

29. 譯註：德意志作曲家。
30. 譯註：古希臘劇作家尤里比底斯（Euripides）的悲劇。

八二、非希臘精神

希臘人的思考非常具有邏輯，而且又簡單明瞭；至少在他們長期的光輝歲月裡，希臘人從來不會像法國人一樣容易對此感到厭倦：法國人太喜歡反反覆覆了，法國人之所以會忍受邏輯的精神，只是因為大量的反反覆覆可以展現**社交**能力以及社交所需的自我否定。對他們而言，邏輯就像麵包和水一樣必要，然而一旦只能獨自單純享用，他們就會覺得邏輯吃起來就像監獄裡的伙食。在良好的社會裡，肯定不會有人想要獨占所有的權利，不像純粹的邏輯總是認為只有自己才是對的，所以法國精神裡有一點非理性。相較於法國人，希臘人沒有發展出太多的社交意識，所以他們之中最有才華的男人沒有精神，所以他們之中最詼諧的人沒有笑點，所以——哎呀！人們不會相信我說的這些，但是我心裡還有很多類似的話還沒有說出來！沉默是金（Est res magna tacere），馬提亞（Martial）[31]對所有多話的人如是說。

八三、翻譯

一個時代擁有多大程度的歷史意識，可以從那個時代做**翻譯**的方式進行評估，以

31. 譯註：古羅馬詩人。

及那個時代如何試圖消化吸收過去的時代與書籍。高乃依（Corneille）[32]那個時代以及法國大革命那個時代的法國人處理古羅馬的方式是我們避之唯恐不及的——多虧我們擁有更高的歷史意識。

說到古羅馬，古羅馬人是怎麼天真又暴力地染指古希臘所有的高尚與美好！他們是怎麼將古希臘的東西翻譯成羅馬人的文字！他們是怎麼故意而毫無所謂地抹去每個瞬間消逝後留下的鱗粉！賀拉茲（Horaz）[33]時不時就會翻譯阿爾卡烏斯（Alcäus）[34]和阿基羅庫斯（Archilochus）[35]的作品，普羅佩茲（Properz）[36]也曾翻譯卡利馬科斯（Callimachus）[37]和菲勒塔斯（Philetas）[38]的詩作（如果我們**有資格**做評論的話，這幾位都是和忒奧克里特〔Theokrit〕[39]齊名的詩人）：他們兩位在做翻譯的時候，會在乎詩中的文字來自原作者的各種經歷嗎！他們自己也是詩人，所以不喜歡懷古精神，也不會喜歡隨之而來的歷史意識；身為詩人，他們不願意承認原作者的私人事物、不願意承認原作中出現的各種名字，而且也不願承認原作中那些城市、海岸、世紀所擁有的獨特色彩，而是逕自使用羅馬當時的東西去做替代。他們彷彿在問：「難道我們不該把舊的東西換成新的，然後把**自己**安置在其中嗎？難道我們不能把自己的靈魂灌進這個已死的肉體嗎？因為這個肉體已經死透了，而死掉的東西都是醜陋的！」他們不曉得什麼是歷史意識帶來的享受；無論是過去還是陌生，都會讓他們感到很尷尬，身為羅馬人，這些東西只會激起他們的征服慾望。事實上，當時的翻譯就是一種征

32. 譯註：法國劇作家。
33. 譯註：古羅馬詩人。
34. 譯註：古希臘詩人。
35. 譯註：古希臘詩人。
36. 譯註：古羅馬詩人。
37. 譯註：古希臘詩人。
38. 譯註：古希臘詩人。
39. 譯註：古希臘詩人。

服，而且不僅僅是刪去歷史而已：不，人們還會加上一些當代的影射；人們會刪掉詩人的名字，然後把自己的名字寫上去——不會有盜用的感覺，而是帶著羅馬帝國的問心無愧。

八四、論詩歌的起源

有些人很喜歡人類的幻想，同時支持道德源自於本能的說法。這些人得出一個結論：「假設人們無時無刻都認為有用才是至高的神，那麼詩歌創作究竟是怎麼來的？有節奏的話語不僅沒有辦法清楚地傳達訊息，甚至還會產生反效果，儘管如此，世界各處都曾出現過詩歌創作，而且未來還會一直出現！詩歌的非理性具有野性的美，重重地反駁了你們這些功利主義者的觀點！正是因為願意**擺脫**有用的想法，人的境界才會得到提升、才會起心動念從事道德和藝術！」不過，我在這裡要幫功利主義者說一些好話，因為他們很少有說對話的時候，其實有點可憐！

在詩歌誕生的古老時代，人們在乎的其實也是有沒有用，而且事關重大——當時的人們把節奏帶進話語，強制讓句子的各個原子重新排列組合，要求用字遣詞、重新潤飾想法，把想法變得更艱澀、更陌生、更加不平易近人；而且還是為了**迷信的用**

途！人們發現詩句比一般的話語更容易被記住，所以想藉由節奏讓眾神對人間事務更加印象深刻；同樣地，人們認為可以透過滴滴答答的節奏讓自己的話語傳得更遠，有節奏的禱告似乎更能傳到眾神的耳裡。但是，人們最想利用的還是自己在聽音樂時感受到的壓倒性力量：節奏是一種強迫；它會讓人不由自主地放棄抵抗、想要一起跟著唱；不只腳步會一起跳，甚至連靈魂也會跟著節奏一起律動。所以人們推斷眾神的靈魂大概也會如此！也就是說，人們試圖用節奏**強迫**眾神、試圖將自己的力量強加在眾神身上：人們把詩歌當作魔法圈套，套在眾神身上。

除此之外，人們還有一種更奇妙的想法，也許正是這個想法大力促成了詩歌的誕生。對於畢達哥拉斯學派而言，詩歌是哲學學說與教育手段：但早在哲學家出現之前，人們就已經認為音樂有力量能激發情緒、洗滌靈魂、緩解靈魂的野性（ferocia animi）——正是透過音樂的節奏性。如果靈魂失去正確的和諧與張力，就必須跟著歌手的節奏**跳舞**，這是一種療法。透過這種治療方式，古希臘音樂家特爾潘德（Terpander）[40]平息了一場動亂，哲學家恩培多克勒（Empedokles）[41]讓狂怒的人冷靜下來，音樂學家達蒙（Damon）[42]則是洗滌了一位為情所苦的年輕人；透過這種治療方式，人們也試圖療癒因為復仇心切而瘋狂的眾神。首先要先把情緒的動盪與放縱推到最高峰，讓狂怒的人更瘋狂、讓報復心切的人更加仇恨：所有縱情聲色的敬拜儀式都是為了瞬間釋放眾神的野性，將其化為一場縱慾，為的是在事後感到更加地自由

40. 譯註：古希臘音樂家。
41. 譯註：古希臘哲學家。
42. 譯註：古希臘音樂學家。

與平靜，並且讓人可以回歸平靜安穩的心情。

旋律（Melos）的字根意思是鎮靜劑，不是因為它的藥效平緩，而是因為它帶來的功效能讓人獲得平靜。不只是敬拜儀式，遠古時代世俗歌唱的前提也是認為節奏具有某種魔力，例如在汲水或是划船的時候，只要唱歌就能迷惑掌管這件事的精靈，讓祂們心甘情願放棄自由變成人類的工具。做任何事情都可以是唱歌的理由，**每一種**工作都和精靈連結在一起：魔法詠唱和商談似乎就是最原始的詩歌形式。神諭也會使用詩句來表達——希臘人都說六步格（Hexameter）是在神諭聖地德爾菲（Delphi）發明的——為的同樣是透過節奏來施加強制力。讓人為自己發預言，這句話（我認為最有可能衍生自希臘文）原本的意思是：讓人為自己決定某件事；人們相信只要能夠贏得阿波羅（Apollo）的幫助，就可以對未來予取予求。根據最古老的想法，阿波羅不僅僅是一位能夠預見未來的神。如果能按照節奏一字一句精準地將神諭說出來，它就會對未來產生約束力：這種表達方式畢竟是阿波羅的發明，身為節奏之神的祂同樣能約束命運女神。

整體來看，對於人類古老的迷信行為而言，還有什麼能比節奏**更有用**嗎？用節奏就能辦成所有事情：透過魔法促成工作；強迫神明為自己顯現、靠近自己、傾聽自己；按照自己的意志安排未來；讓自己的靈魂免除過多的負擔（恐懼、狂躁、同情、復仇），而且不只自己的靈魂，連最邪惡的精靈也能藉此免除靈魂的負擔；沒有詩句的人什麼都不是，擁有詩句的人則簡直就像神一般的存在。這種根深柢固的感覺沒有辦法被根除，直到如今，即使人們數千年來都想戰勝這樣的迷信，我們偶爾還是會變成節奏的傻瓜，就連我們之中最有智慧的人也不例外，儘管他只是覺得想法要是能帶有韻律、再加上眾神的命令，就能讓人**感覺更加真實**。儘管嚴謹的哲學家們平常肯定都能嚴謹地看待事情，但為了強化自身想法的可信度，他們還是會援引**詩人的箴言**，這難道不是一件非常有趣的事嗎？然而，如果詩人表示贊同某個真理，對於真理造成的危險會比他們反對某個真理還要大！因為，就像荷馬說的：「歌手常常說謊！」

八五、好的與美的

藝術家持續進行**美化**——這就是他們在做的事——而且美化的都是那些讓人得以自我感覺良好、偉大、陶醉、有趣、舒暢、有智慧的東西與狀態。對於人們的**幸福**而言，這些**精選出來的**東西與狀態的價值就在於人們認為它們受過評估、安全可靠，於是也成了藝術家處理的對象：藝術家們會不斷埋伏，等待這些東西與狀態的出現，一旦發現，就會將其帶入藝術的領域。

我想說的是：藝術家們不會自己去評估什麼是幸福，但是他們會帶著好奇心不斷擠到評估人身邊，興致勃勃地想讓評估的結果為己所用。藝術家沒什麼耐心，同時又具有宣諭官的肺與傳令官的腿，所以他們永遠都是第一批對**新的**好東西進行美化的人，而且還常讓人**誤以為**他們是最先認為這是好東西的人、最先對其進行評估的人。但這是錯的，就像我剛才說的：他們只是比真正的評估人更快又更大聲而已。所以真正的評估人到底是誰？有錢的人和有閒的人。

八六、論戲劇

這個日子又再次讓我產生強烈和激昂的感覺，如果我今天晚上可以享有藝術和音樂的話，我大概知道自己不會想聽哪種藝術和音樂，也就是會讓聽眾陷入沉醉、讓聽眾瞬間**激起**強烈感覺的那種——擁有日常靈魂的人太常受到人生的鞭笞，到了晚上沒辦法像站在戰車上的勝利者，反倒像是疲倦的騾子。如果沒有讓人進入迷幻的藥物和理想主義的鞭笞，這些人能懂什麼叫作「高昂的情緒」嗎？所以他們需要能讓自己興奮的東西，就像他們需要喝酒一樣。

但是他們喝醉關**我**什麼事！興奮的人還需要什麼酒精！他鄙視迷幻藥和中介物，因為這些東西帶來的功效並沒有足夠的理由，只不過是在試圖複製激昂的靈魂而已！

怎麼可能？人們送給鼹鼠一對翅膀和驕傲的想像，就在牠正要爬回洞裡睡覺之前？把牠送進劇場看戲，為牠疲倦又看不見的雙眼戴上厚厚的眼鏡？有些人的生命不是「行動」而是忙碌，然後要這群人坐在舞台前看人演出不只是忙碌的奇特生命？你們說：「這樣才得體」、「這樣才有娛樂效果，這樣才是教育！」好吧！那我應該太少受過教育了，因為我覺得這種光景實在讓人覺得噁心。如果有人已經受夠自身的悲劇和喜劇，最好要遠離劇場；或也有例外，他可能會覺得眼前的一切，包括戲劇、觀眾、劇作家，都變成真實的悲劇和喜劇，舞台上演出的劇碼反而沒什麼意義。

對於本身就已經像浮士德（Faust）[43]或曼弗雷德（Manfred）[44]的人而言，《浮士德》和《曼弗雷德》又有什麼意義呢！雖然看到這些角色站在舞台上，肯定還是會讓他去思考一些事情。對於那些沒有能力思考、沒有能力感受熱情，但是卻能**陶醉**在其中的人而言，戲劇可以帶來**最強烈的**想法和熱情！而且他們在戲劇中獲得的**那些想法和熱情**都是為了讓自己陷入陶醉的手段！戲劇和音樂就是歐洲人的大麻和荖葉！哎，我們還需要誰來告訴我們迷幻藥的完整歷史嗎！迷幻藥的歷史簡直就是「教育」的歷史，而且是所謂的高尚教育！

43. 譯註：德意志作家歌德創作的悲劇。

44. 譯註：英國詩人作家拜倫（Byron）的悲劇。

八七、論藝術家的虛榮心

我認為藝術家通常不知道自己做得最好的事情是什麼，因為他們太過於虛榮、都把感官對準讓自己感到驕傲的事情上，不願扮演能夠安份在自己的一畝三分地上生長的小植物，即便可以生長得如此新奇、亮麗、完美。對於自己花園與葡萄園結出的果子，他們只會進行匆匆的評估，但是他們對於自己所愛的態度與見識卻不可同日而語。

有一位音樂家比其他音樂家都善於在痛苦的、壓抑的、受折磨的靈魂中找到音樂，還可以讓無法開口的動物說出話來。沒有人比他更擅長捕捉秋天的色彩，來自最後也最短暫的享受、一種無法言喻的幸福與感動；他知道靈魂在隱密不安的半夜會發出什麼樣的聲調，彷彿因果脫序的時候、每一刻都可以「從無生有」；他能從人類幸福的底層再挖掘出一點什麼，就像杯底總會匯聚著最苦澀和最甜蜜的幾滴；他知道靈魂拖著疲倦的步伐是什麼模樣，再也跳不起來、飛不起來，甚至連走都走不動；他膽怯地看過什麼是不假掩飾的痛苦、什麼是不帶安慰的理解、什麼是沒有承認的告別；是的，他是能唱出所有祕密痛苦的奧菲斯（Orpheus）[45]，比任何一個人還要偉大，他為藝術添加一些迄今未曾被表達出來，甚至被認為配不上藝術的東西，人們從來沒有試圖用文字捕捉這些東西，反而是用文字將其驅逐，然而這些都是靈魂中十分微小又

45. 譯註：希臘神話中的音樂家。

微觀的部分：沒錯，他是處理微小事物的大師。但是他**並不想**當這樣的大師！他的**個性**比較喜歡高大的牆面以及大膽的塗鴉！他沒有發現自己的**精神**有另外一種口味和傾向、喜歡靜靜地坐在頹傾的房屋角落——他會在隱蔽的角落畫著真正的大師之作，連自己都沒有發現，這些作品都只能維持很短的時間，大多都只有一天——只有在這個時候，也許也只有在這個時候，他才會變得優秀、偉大、完美。但是他自己不知道！他太虛榮了，所以沒辦法知道這件事。

八八、認真看待真理

認真看待真理！不同的人對於這句話會有不同的理解！有些觀點和驗證方式會讓思想家覺得很草率，而且還會因為自己不慎落入這種草率而感到羞愧——但是同樣的觀點卻有可能讓遇見這些觀點的藝術家意識到自己現在非常認真地看待真理，而且令人驚訝的是，雖然他身為藝術家，但同時很認真渴望看到表象的另一面。所以，如果有人對於認真看待每一件事情表現得非常慷慨激昂的樣子，他很有可能會拆穿自己的精神在認知方面從來都只滿足於表面的遊戲。我們認為**重要**的一切不都會出賣我們嗎？這些東西顯示出我們看重的是什麼、不在乎的是什麼。

八九、從前與現在

如果我們失去了更高級的藝術，也就是慶典的藝術，那麼我們一切的藝術創作還有什麼意義呢！從前，所有的藝術作品都會被擺放在人生的慶典大道上，紀念每一個崇高的幸福時刻。現在，人們只想透過藝術作品吸引精疲力盡的可憐人與病人，只為了讓他們在人生的痛苦大道上得到短暫的片刻縱慾；人們提供給他們的，是一點點迷幻，再加上一點點瘋狂。

九〇、光與影

不同思想家寫出來的書籍和文稿也不一樣：有些人懂得把照亮自己的知識光芒偷帶回家，然後收集在自己的書裡；有些人則只會用黑白灰階的影子描繪自己的靈魂在前一天的產出。

九一、小心

眾所皆知，阿爾菲耶里（Alfieri）[46]向目瞪口呆的世人敘述自己生平的時候撒了非常多的謊。他說謊的動力來自他對自己的殘忍，例如他把自己逼成詩人的方式，藉此創出自己專屬的語言：他最後找到一種嚴格的高尚格律，可以把自己的生命和記憶通通**擠進去**。他在這個過程肯定備受折磨。就算是柏拉圖自己寫的生平，我可能一個字也不會信：盧梭（Rousseau）[47]的生平與但丁（Dante）[48]的《新生》（*vita nuova*）也是如此。

九二、散文與詩歌

請大家注意，幾乎所有偉大的散文作家同時也是詩人，有的人公開以詩人的身分活動，有的人則只在私下為「小房間」寫詩；真的，只有在**觀照詩歌**的情況下，人才有辦法寫出好散文！因為散文自古以來就不斷和詩歌進行一場典雅的戰爭：散文的魅力在於不斷擺脫並違背詩歌的規定；每個抽象的字都像帶著嘲諷的口吻對詩歌開玩笑；每個冷靜的平鋪直述都會讓可愛的女神陷入可愛的絕望；往往先是片刻的親近與

46. 譯註：義大利詩人。
47. 譯註：日內瓦哲學家。
48. 譯註：義大利詩人。

和解，然後是突如其來的退後與嘲笑；往往趁著女神享受昏暗燈光的當下揭開簾幕，讓刺眼的光線照射進來；往往把女神說出來的話套上不和諧的旋律，逼得她用纖纖玉手摀住纖纖的耳朵——贏也好、輸也好，都是這場戰爭帶來的千百種樂趣，但那些不碰詩歌的、所謂的散文人根本不會懂。反正他們也只寫得出或講得出蹩腳的散文！

戰爭是所有好東西之父，所以戰爭也是好散文之父！這個世紀有四位十分奇怪、但是真的懂得寫詩的人在散文方面也達到了大師級的成就，若非如此，他們在這個世紀還真是生不逢時，因為，就像剛才暗示過的，這是個缺乏詩歌的世紀。除了時常被拿來說嘴的歌德之外（畢竟他是這個世紀的產物），我覺得只有賈科莫．里奧帕迪（Giacomo Leopardi）[49]、普羅斯柏．梅里美（Prosper Mérimée）[50]、拉爾夫．沃爾多．愛默生（Ralph Waldo Emerson）[51]，以及《假想對話錄》（*Imaginary Conversations*）的作者瓦特．薩維吉．蘭德（Walter Savage Landor）[52]有資格被稱為散文大師。

九三、但是你為什麼要寫作呢？

A：我和那些拿著筆**思考**的人不一樣；更不屬於那些開著墨水、坐在椅子上、盯著白紙，然後徜徉在自己熱情裡面的人。對於寫作，我感受到的是生氣或者羞愧；寫

49. 譯註：義大利詩人。
50. 譯註：法國詩人。
51. 譯註：美國詩人。
52. 譯註：英國詩人。

作對我來說是一種必需，就算只是用譬喻來談寫作，我還是會覺得很不舒服。B：但是你為什麼還要寫作呢？A：對，親愛的，我私底下跟你說，我到現在還找不到其他方法可以擺脫我自己的想法。B：那你為什麼會想要擺脫自己的想法呢？A：為什麼我想要？哪裡是我想要？是我必須要擺脫自己的想法。B：夠了！夠了！

九四、死亡後的成長

豐特奈爾曾經在他不朽的《冥間對話錄》（*Totengespräche*）中隨口說出幾句關於道德的大膽言論，對於當時的人們而言，他的話聽起來就像似是而非的悖論或是未經思考的玩笑；就連品味與精神的最高裁決者也不覺得他說的話有什麼了不起——對，也許豐特奈爾自己也是如此看待自己說的話。但是，不可置信的事情發生了：他的想法變成了真理！還獲得科學的證實！玩笑話變成必須認真看待的事情！我們現在讀起那些對話的感覺，已經不同於伏爾泰與愛爾維修（Helvetius）[53]他們的感受，所以我們不禁會比他們更加看重這些對話的原作者，把他的才華擺放到另一個高出許多的境界——有道理嗎？沒道理嗎？

53. 譯註：法國哲學家，感覺論者。

九五、尚福

身為洞察人性與群眾的專家，尚福（Chamfort）[54]居然會去幫忙群眾運動，而不是抱著哲學家的斷念與反抗站在一旁，我想這件事只有一種可能的解釋：他體內有個本能強過他的智慧，而且從來沒有被滿足過，他仇恨所有的貴族血統，他的仇恨也許傳承自母親不言而喻的仇恨，因為他的內心深愛著自己的母親、把母親視為聖人——所以他從小就帶著復仇的本能，隨時等待可以為母親報仇的那一刻。可是，無論是人生還是他的天才，更尤其是體內流著父親的血統，這些都導致他曾經選擇與貴族為伍，持續好幾年之久！但是他終究還是無法再忍受自己的樣貌，那個舊制度下的「舊人類」樣貌；於是他陷入激烈的懺悔，並**在懺悔之中**穿上群眾的外衣、把它當成**自己的**粗呢僧衣！愧疚於自己耽誤了復仇大業。

假如當時的尚福再更像哲學家一點，法國大革命就不會變成一場悲劇性的笑話，也不會變成如此折磨；也許革命就會被看成是一場愚蠢事件，不致於帶這麼多有才華的人走上歧路。但是尚福的仇恨造就了整個世代，而最尊貴的人們全都被好好地上了一課。大家可以仔細思考一件事情，米拉波（Mirabeau）[55]抬頭仰望尚福的時候，看到的彷彿就是更崇高也更年長的自己，他期望能從尚福身上得到動力、警告、決斷，並且對此感到甘之如飴；作為凡人，米拉波的偉大之處已經屬於另一個級別，就連古

54. 譯註：法國作家。
55. 譯註：法國政治家。

今最頂尖的政治人物也無法比擬。奇怪的是，儘管有這樣一位朋友和支持者——畢竟大家都讀過米拉波寫給尚福的信——法國人還是對這位有史以來最風趣的道德學家感到陌生，這個情況和司湯達（Stendhal）[56]一樣，他也許是**這個**世紀眼睛看得最清楚、耳朵聽得最透澈的法國人。

說到底，是因為司湯達身上有太多德國和英國的元素，所以巴黎人才受不了他嗎？而尚福這個人則是因為靈魂太有深度和底蘊，陰沉、痛苦、發光發熱——他是個把笑聲當成人生特效藥的思想家，沒有笑的每一天都幾乎會對自己感到絕望——所以他比較像是義大利人，比較像是但丁和里奧帕迪的親戚，而不是法國人！人們都知道尚福的遺言，他對西哀士（Sieyès）[57]說：「啊！我的朋友，我終於要離開這個不是讓人心碎就是讓人心力憔悴的世界了。」這肯定不會是一個將死的法國人說出來的話。

九六、兩位講者

關於這兩位講者，其中一位只有在熱情洋溢的時候，說出來的話才會合情合理：熱情有助於幫他把足夠的熱血打進腦袋，迫使他展露出更上一層的聰明才智。另一位也會做同樣的嘗試：他會憑著熱情大聲說話，用激昂和抓住人們注意力的方式把話說

56. 譯註：法國作家。

57. 譯註：法國神父，法國大革命主要理論家。

出來，但是通常成效不彰。然後他很快就會愈說愈模糊、愈說愈混亂，開始各種誇張、長篇大論，愈說愈不合理，反而激起聽眾的不信任；沒錯，他自己也能感受到聽眾的不信任，這就是為什麼他會突然跳進拒人於千里之外的冰冷口氣，而這又讓聽眾開始懷疑他的熱情到底是不是真的。他的熱情每次都會多到蓋掉自己的精神；也許是因為他的熱情比第一位講者還要強大。但是，如果他能克制感覺帶來的強烈風暴、可以用超然的態度對它進行嘲諷，他就能掌握自己的力量；他隱藏起來的精神在這時才會顯露出來，那是個邏輯的、嘲諷的、悠遊自在、但是又令人畏懼的精神。

九七、論作家的話多

有些人話多是因為他們的憤怒，路德（Luther）[58]常常如此，叔本華（Schopenhauer）[59]也是一樣。有些人話多是因為他們儲備的概念太過於龐大，例如康德（Kant）[60]。有些人話多是因為喜歡用不同說法表達同一件事情：蒙田。有些人話多是因為天性陰險：如果有在讀這個時代的著作，應該會想到兩位作家。有些人話多是因為喜歡用漂亮的句子：歌德的散文常常看得到這種情況。還有些人話多是因為發自內心喜歡各種感覺混在一起的喧鬧與吵雜：例如卡萊爾（Carlyle）[61]。

58. 譯註：德意志神學家，德意志宗教改革發起人。
59. 譯註：德意志哲學家。
60. 譯註：德意志哲學家。
61. 譯註：蘇格蘭作家。

九八、向莎士比亞（Shakespeare）[62]致敬

我能想得到最適合用來致敬莎士比亞**這個人**的就是：他相信布魯圖斯（Brutus）[63]的所作所為，絲毫沒有懷疑過對方的德行！所以他把自己最好的悲劇獻給布魯圖斯（只是這齣劇現在還是被叫成另一個名字），獻給他，同時是獻給最可怕的高道德標準。靈魂的獨立！這就是一切！為了靈魂的獨立，即使做出再大的犧牲也在所不惜：甚至是自己最親愛的朋友，即使這位朋友是全世界最有王者之風的人、是可以為世界增添光彩的人、是無與倫比的天才——只要這位朋友威脅到了偉大靈魂的自由，愛好**這種**自由的人就必須要能為此犧牲掉自己的朋友。莎士比亞肯定是這麼覺得的！

莎士比亞把凱撒擺放在可以彰顯出布魯圖斯榮耀的高度，如此一來，他就能把後者的內心掙扎推到極限，藉此賦予他斬斷**這個心結**的靈魂力量！真的是為了政治自由的緣故，才促使莎士比亞對布魯圖斯產生同情的嗎？讓莎士比亞變成布魯圖斯的共犯？又或者政治自由只是用來象徵某種無法言喻的東西？也許我們看到的是某種混沌不明的未知事件與冒險，來自詩人自己的靈魂深處，而他只能透過符號的方式把這些東西說出來？在布魯圖斯的憂鬱面前，哈姆雷特（Hamlet）的憂鬱算得上什麼！也許莎士比亞之所以會知道有這兩種憂鬱，是因為他自己也曾經親身經歷過！也許他自己也經歷過黑暗的時刻與惡運，就像布魯圖斯一樣！

62. 譯註：英國劇作家。

63. 譯註：羅馬共和國政治家，刺殺凱撒的刺客之一。這裡指涉的是莎士比亞的悲劇《凱撒大帝》（*Julius Caesar*）。

但是，無論兩個人之間有多少相似性、有多少看不見的關聯，莎士比亞自己完全臣服在布魯圖斯這個人與他的美德之前，而且還覺得自己不配、覺得自己離對方太過遙遠；證據就寫在他的悲劇裡。莎士比亞在劇中兩度安排詩人站上舞台，而且兩度都對詩人表現出極其不耐煩的鄙視態度，聽起來就像一聲吶喊，就像自我鄙視的吶喊。詩人登場的態度自視甚高、充滿激情、咄咄逼人，就像一般詩人會有的那副模樣，彷彿渾身充斥著偉大的可能性，包括道德方面的偉大，但是他的實際作為與生命哲學卻連普通人所謂的正直都達不到。當這位詩人登場的時候，布魯圖斯，甚至連布魯圖斯都會失去耐性。所以他大聲說：「如果他知道什麼時候該做什麼事，**我就會知道他到底在想什麼**，滾吧！你這著戴著手銬的傻瓜！」請大家把這句話翻譯回寫下這句話的詩人心聲。

九九、叔本華的追隨者

當文明人與野蠻人接觸的時候，我們可以觀察到一件事情：文化層次較低的民族會先有規律地從文化層次較高的民族接收他們的惡習、弱點，以及放縱行為，因為這些正是他們覺得自己被吸引的地方，最後才會因著這些惡習與弱點一併從對方那裡接收有價值的力量：我們不用跑到野蠻民族的國度，只要在身旁就能看見這件事在發生，只不過更加細膩、更有內涵，而且沒那麼好被掌握。

在德國的**叔本華**追隨者通常會先從他們的大師身上學到什麼事情？和叔本華的高層次文化相比，他的追隨者肯定都是野蠻的，所以他們一開始也先野蠻地被他吸引和誘拐。他之所以看起來那麼英國、那麼不德國，是因為他實事求是的精神以及追尋光明與理性的善良意志嗎？還是他在聰明才智方面的良心太過強大，所以終其一生都要忍受「既有」與「想望」之間的矛盾，逼得他不斷在著作的每個論點上進行自我反駁？或是因為他能用清楚明白的方式談論基督教會與上帝的事務？

迄今為止還沒有哪位德國哲學家能說得像他一樣那麼清楚，無論是生是死，他都像是「伏爾泰的傳人」。又或者是因為他發表了關於「直觀的知識性」、「因果法則的先驗性」、「知識的工具本質」、「意志的不自由」等等不朽學說？不是，剛才說的這一切都不會吸引人，也不會讓人覺得被吸引；叔本華吸引人的地方反而是他那些神祕的尷尬藉口，尤其是這位實事求是的思想家被虛榮心敗壞和誤導的時候，汲汲營營想為這個世界提出解答，包括：無法被證實的**一個意志**學說（「所有原因都只是意志在這個時間和這個地點顯現出來的隨機原因」、「每個生物的內在都存在著生命的意志，就連最微小的生物也不例外，生命的意志完整且無法切割，如此完美，就如同過去、現在、未來的一切總和」）、**對個體的否定**（「其實所有的獅子都只是一隻獅子」、「個體的多元性只是一種假象」；而且**進化**也只是一種假象：他說拉馬克（Lamarck）[64]的想法是「一種天才又荒謬的錯誤」）、醉心於**天才**（「在美學的觀照之中，個體不會再是個體，而是一個純粹的、沒有意志的、沒有痛苦的、沒有時間性的認知主體」；「完全獻身於自己觀照的對象，於是主體也化成了這個對象本身」）、把沒有意義的**同情**以及個體原則（principium individuationis）的破除視為一切道德的源頭；除此之外，他還宣稱：「死亡其實是所有存在的目的」、「人們在先驗上無法否定已死之人還是會有施加魔力的可能」：人們首先從這位哲學家接收到的永遠都是這些放縱的言論與壞習慣，而且還對此深信不疑。

所以說，壞習慣和放縱的言論永遠都是最容易被模仿的對象，而且事前不需要太多的練習。不過，我們來談談目前仍然在世的叔本華信徒中最有名的一位，那就是理查・華格枘。他的情況和某些藝術家一樣：他在解釋自己創造出來的人物時犯了錯，誤認了自己最獨到的藝術中隱藏著一種沒有被說出來的哲學。在他人生的前半段，理查・華格納一直都被黑格爾（Hegel）[65]所誤導；後來，當他發現自己創造出來的角色中帶有叔本華的學說、開始用「意志」、「天才」、「同情」來包裝自己的說法，他顯然又再次重蹈覆轍。儘管如此，有件事情是不會錯的：沒有什麼能像華格納筆下的華格納英雄那樣牴觸叔本華的精神，我指的是毫無惡意的自私自利，而且他們都相信自己最好的地方就是莫大的熱情；一言以蔽之，他筆下的主角們臉上都帶有齊格飛

64. 譯註：法國生物學家。
65. 譯註：德意志哲學家。

（Siegfried）[66]的風采。搞不好叔本華會說：「這些感覺都不是我，比較像是史賓諾沙。」

所以，儘管華格納有很多好理由去尋找叔本華以外的哲學家，但是他對這位思想家的著迷讓他不只對其他哲學家視而不見，甚至也沒把科學看在眼裡；他的藝術愈來愈像是為了和叔本華的哲學配成一對並進行補充，明顯愈來愈放棄要和人類的知識與科學配成一對，也不再有為其進行補充的野心。而且，雖然連神祕學家卡廖斯特羅（Cagliostro）[67]都有可能被叔本華吸引，但是吸引華格納這麼做的不只是叔本華哲學充滿神祕的華麗裝飾；對他來說，叔本華本人的神情和情緒也都是誘導他這麼做的原因！舉例來說，華格納很叔本華的地方在於他對德語的日漸敗壞感到憤憤不平；如果人們把這個叫作模仿，那就不能不說，華格納自己的風格也有不少患有潰瘍和腫瘤的地方，一定會讓叔本華的信徒看到暴怒，而且，在用德語寫作的華格納信徒身上也可以看到華格納風格已經開始顯露出它的危險性，危險的程度大概只有黑格爾風格可以比擬。華格納很叔本華的地方在於他恨惡猶太人，但是他自己也沒辦法正確評價他們最大的功勞，畢竟基督教是猶太人發明的。華格納很叔本華的地方在於他嘗試把基督教理解為佛教消逝已久的核心，而且還從天主教和基督新教借用許多模稜兩可的說法與感受，試圖為歐洲預備一個佛教的時代。華格納很叔本華的地方在於他宣揚要善待動物；眾所皆知，叔本華在這方面的前輩是伏爾泰，也許伏爾泰就像他的後輩一樣，

66. 譯註：德意志史詩《尼伯龍根之歌》的主角。

67. 譯註：義大利神祕學家與鍊金術士。

懂得用善待動物來掩蓋自己對某些人事物的恨惡。

華格納在他的傳講中也透露出自己對科學的恨惡，而他恨惡科學的原因肯定不是出自柔軟與善良的心；理所當然也不是出自任何**精神**。假如藝術家的哲學只是一種馬後炮哲學，而且不會對他的藝術造成任何損失，那麼他的哲學終究沒有什麼好獲得重視的。人們真的要很小心，不要為了這種偶然出現一次、也許非常笨拙、卻又十分自大的化裝舞會感到生氣；我們可別忘了，親愛的藝術家們全都帶有一點演員的性格，而且也必須如此；如果不演的話，他們很難長久地堅持下去。我們只要忠於華格納身上**真實**而原創的部分就好，把他在聰明才智方面的情緒化與抽搐留給他自己，而且我們也要公平地想一想，像他在從事的這種藝術**可能會**需要什麼樣的奇怪養分才有辦法生存並且成長茁壯！雖然身為思想家的他常常說出沒有道理的話，但是也沒有關係，公正與耐心向來不是**他的**強項。我們只要知道他的生命能夠對得起自己、能夠堅守自己的道理就好——他的生命不斷對著我們每個人大喊：「要當個男人，不要作我的跟屁蟲，你要跟隨的是你自己！你自己！」**我們的**生命也該要堅守自己的道理！我們也該要自由而無所畏懼、也該要在無罪的自我之中開展出我們自己、不斷成長並且欣欣向榮！

無論是從前還是現在，只要我觀察到這樣的人，耳邊都會傳來這些話：「熱情總好過斯多噶主義（Stoicismus）[68]與偽善；誠實總比迷失在固有的美德好，就算是壞事

68. 譯註：古希臘哲學流派，認為「美德是唯一的善」。

也沒關係；自由的人可以是好人也可以是壞人；但不自由的人是自然界的恥辱，無法享有天上與人間的慰藉；總之，**想要自由的人都必須透過自己而得自由**；自由不會像奇蹟般的禮物掉到誰的懷裡。（《拜魯特的理查．華格納》，頁九十四。）

一〇〇、學習崇拜

正如同鄙視需要學習，人類也必須學會崇拜。每一位走在新軌道並把許多人也一起帶上新軌道的人都會驚訝地發現，自己帶領的這群人有多麼不會表達他們的感恩之情，甚至連單純表示一下感恩**可能**都很難。彷彿只要他們一開口，就會有什麼東西掉進他們的喉嚨，然後只能清一清嗓子，感恩的話就此消失。思想家只能透過幾近喜劇的方式，才能察覺到自己的想法是否發揮了什麼作用、是否具有重新塑造並撼動世界的力量；有時候，受影響的人看起來反而會像受了侮辱，惟恐自己的獨立性受到威脅，所以會用各式各樣的不良行為來表達身為獨立個體的自己。人類還需要好幾個世代，才有辦法發明出有禮貌的感恩習俗；而且要到很久很久以後，人們的感恩之情裡面才會帶有精神和才氣。照理來說，這時也會出現接受眾人感恩的偉人，而且不只是因為他做了什麼大事，主要還是因為前輩們視為無上珍寶的東西這時已經逐漸堆積到了一定的量。

一〇一、伏爾泰

只要是有宮廷的地方，宮廷就會規定怎麼樣說話才是好的，連帶也會為所有寫作的人制定出寫作風格的相關法規。但是宮廷的那一套說話方式是廷臣們的說話方式，**他們既沒有專業**，而且在談論學術的時候又打死不用各種方便的專業術語，只因為這些術語讓人感覺太過專業；所以，在有宮廷文化的國度裡，專業術語以及一切能顯示專業的東西都會被視為是**風格上的缺陷**。無論是古是今的宮廷，現在都已經成了諷刺漫畫，所以人們真的會很訝異於伏爾泰在這方面居然還是如此迂腐到讓人無言又感到尷尬，例如他對豐特奈爾和孟德斯鳩（Montesquieu）[69]等人的風格做出的評判——我們都已經從宮廷的品味解放出來了，而伏爾泰卻讓宮廷的品味**至臻完善**！

69. 譯註：法國作家。

一〇二、替語文學家說句話

語文學（Philologie）的存在是為了讓人堅信世界上有寶貴的君王之書，經過好幾個世代學者的努力不懈，這些書不僅被完好地保存下來，而且還依然讓人讀得懂。語文學的前提是要有少數真的懂得怎麼去使用這些珍貴書籍的人（即便身邊看不見這種人）：這些人大概也會是這些書的作者，或是有能力寫這些書的人。我想說的是，語言學的前提是一種高尚的信仰——為了少數幾位永遠呈現「將來」而未到的人，必須事先拋棄許許多多讓人感到尷尬，甚至不潔的作品：這些作品全都是「給太子們用的」（*in usum Delphinorum*）。

一〇三、論德國音樂

比起其他地方的音樂，現在的德國音樂更像是歐洲的音樂了，因為只有德國音樂才能表現出歐洲因著革命而獲得的改變：只有德國音樂家才有能力將群眾運動表現出來，只有他們才能製造出強烈的藝術聲響，不需要非常大聲就能達到效果；反之，舉例來說，義大利的歌劇只懂得由僕役或士兵組成合唱，而不會使用「人民」的聲音。

除此之外，德國音樂中總是能聽得見市民階級對貴族有很深的嫉妒，他們嫉妒的是貴族的精神（esprit）與典雅（élégance），因為那處處都彰顯著宮廷的、騎士的、古老的、自信的社會。現在的德國音樂不像歌德筆下那位站在門口演唱的歌手，既登得了「大雅之堂」，還能討國王的歡心；現在的德國音樂也不會唱：「騎士大膽地注視著懷中的美人。」出現在德國音樂裡的優美（Grazie）總是會突然受到良心的譴責；直到有了優雅（Anmut）的概念，也就是鄉下版本的優美，德國人才開始覺得自己在道德上說得過去——從這個時候開始，他們就愈來愈向上提升，最終達到狂熱的、高深莫測的，而且往往還很粗暴的「崇高」，也就是貝多芬（Beethoven）[70]式的崇高。

如果要想像能做出**這種**音樂的人是什麼模樣，那就想想貝多芬吧，想像一下他在特普利茨（Teplitz）和歌德相遇的時候：就像站在文化身邊的半個野蠻人，就像站在貴族身邊的平民百姓，就像站在成功人士身邊的老實人，就像站在藝術家身邊的空想家，就像站在得到慰藉的人身邊的可憐人，就像站在公正人身邊的可疑人士、就像凡事都要弄得很誇張、鬱鬱寡歡、陶醉得像個蠢蛋、充滿不幸又極度幸福、毫無節制又有一顆忠誠的心、狂妄自大又笨拙——總的來說，就是一個「不羈的人」：這也是歌德接見他的時候親口對他的描述，歌德是德國人當中的例外，對他來說，還沒有什麼音樂可以與自己匹配！

最後還要考量到一件事情，現在的德國人愈來愈鄙視旋律、對旋律的感受愈來愈

70. 譯註：德意志作曲家。

萎靡不振，我們能不能把這個現象理解成是民主造成的不良習慣與革命帶來的副作用。因為旋律擺明就是喜歡有法有度，不喜歡還在變化中的、尚未定型的、隨意的事物，所以旋律聽起來就像來自歐洲的**舊**制度，也彷彿想把人拐回到過去。

一〇四、論德語的語調

人們都知道數百年來通行的書面德語起源於哪裡。德國人最敬畏來自**宮廷**的一切，所以刻意選擇公家單位作為範本，尤其是**書寫**的部分，包括信件、證書、遺囑等等之類的文件。所謂用公家單位的方式，意思是要符合宮廷與政府的規範；德文要寫得比城裡的人高尚，雖然自己也是住在城裡的人。人們逐漸得出結論，然後怎麼寫就怎麼說話——於是人們又變得更加高尚了，無論是在語法上的字詞變化、用字遣詞，或是說話的語調：人們說話的時候都在矯揉造作地模仿宮廷的語調，而做作到最後便成了自然。

也許沒有其他地方會發生相同的情況：寫作風格全面主導了說話方式，而整個民族的忸怩作態與裝腔作勢便成了共同語言的基礎，不再只是方言而已。我認為中古世紀以及中古世紀之後的德語聽起來完全就像是農民與普通老百姓會說的話；直到最近幾個世紀，德語的語調才開始變得高尚，主要的原因在於人們認為自己迫切需要去模仿法語、義大利語、西班牙語的語調，而且這些人還都是德意志（與奧地利）的貴族，因為他們完全沒辦法對自己的母語感到滿足。儘管有這樣的練習，德語對於蒙田和拉辛（Racine）[71]來說還是非常俗不可耐。直至今日，旅人（尤其是來自義大利的平民百姓）口中的德語聽起來依然非常粗野、未開化、沙啞，就像來自烏煙瘴氣的房間和沒有禮貌的地方。

說到這個，我有發現，從前讚嘆公家單位的那群人現在開始出現一股類似的衝動，想要追求高尚的語調；我也注意到德國人開始順服一種十分奇怪的「語調魔法」，而且長久下去可能真的會對德文造成危害，因為歐洲找不到更令人討厭的語調了。對於現在的德國人來說，聲音裡帶著嘲諷、冷淡、無所謂、漫不經心：這種語調聽起來就叫作「高尚」；而我也常聽到年輕的公務員、教師、女性、商人對這種高尚的語調抱持著正面的態度；甚至連小女孩都在模仿這種軍官德語。因為那位軍官，而且還是普魯士的軍官，就是這種語調的發明人：身為專業的軍官和男人，他謙遜有禮的舉止的確令人十分激賞，所有德國人都應該要向他學習（包括德國的教授與音樂家們！）。但只要他一開口說話、開始動作，馬上就會變成最不謙虛又最讓人倒盡胃口的老歐洲角色——無庸置疑，他自己都沒有自覺！善良的德國人也沒有意識到這件事，他們還讚嘆他是來自上流社會的高尚男人，紛紛樂著讓他為自己「起個調」。他

71. 譯註：法國劇作家。

也真的這麼做了！最先開始模仿他說話語調的人是軍隊裡的士官，而且這些人還把這種語調變得更加粗野。德國軍隊通常都會在城門外進行操練，人們只要去注意一下軍隊下達命令的語調，就能聽到他們的咆哮聲有多麼狂妄自大、充滿多麼盛氣凌人的權威感、多麼嘲諷的冷漠態度！

德國人真的是一個喜好音樂的民族嗎？肯定的是，德國人正在將他們說話的語調軍事化：熟悉軍人的說話方式之後，最後大概也會用軍人的方式寫作。因為特定語調的習慣會深入一個人的性格。不久之後，人們的用字遣詞、乃至於想法都會去配合這個語調！搞不好現在的寫作風格就已經符合軍事規範了，只是我太少閱讀德國人寫的東西而已。但是我很確定：德國人向國外發出的公告，靈感都不是來自德國音樂，而是那種讓人倒盡胃口的狂妄語調。政府高層在布達皇帝命令時說的每一句話幾乎都帶著一種腔調，外國人的耳朵無法接受，但是德國人受得了——他們受得了自己。

一〇五、身為藝術家的德國人

一旦德國人真的進入熱情的狀態（而且不只是像往常那樣對熱情抱持正面態度！），熱情的他想做什麼就會做什麼，不會去顧及自己的行為舉止。然而真實的情況是，他會表現得非常不靈光、非常難看、進退失據、沒有任何的節奏和旋律，所以觀眾頂多只會感受到痛苦或感動：**除非**他把自己提升到崇高和欣喜若狂的境界，有些熱情是可以達到這種境界的。如果是這樣的話，就連德國人都會變得美麗！**要達到一定的高度**，美才有辦法將他們的魔法澆灌在德國人身上，光是這樣想，就足以將德國藝術家推上一層又一層的巔峰、讓他們得以放縱自己的熱情：所以他們的內心深處會渴望能超越各種難看和不靈光，至少要能向外看，看向一個更好的、更輕鬆的、更加位於南方的、更加陽光普照的世界。所以他們的抽搐痙攣往往只是他們想要**跳舞**的信號：這群可憐的大熊體內隱藏著寧芙與森林之神——偶爾還住著更高的神祇！

一〇六、作為代言人的音樂

有位革新者對他的門徒說：「我渴望有一位音樂大師可以學會我的所有想法，然後再用他自己的話把這些想法說出來；這樣一來，我就更容易把想法傳達到人們的耳朵與心裡。音樂可以把人拐上錯誤的道路，也可以把人拐向真理。誰會有能力去**反駁**音樂呢？」他的門徒說：「所以你想要讓人覺得無法反駁嗎？」這位革新者說：「我想要的是這顆種子可以長成大樹。要讓一門學說長成大樹，就必須先讓它被人相信一段時間；要讓人相信，就必須讓人覺得無法反駁。這棵大樹需要風暴、懷疑、蛀蟲、惡意，才有辦法展露出種子的性質與力量；如果不夠強壯，就有可能攔腰折斷！但如果只是一顆種子，永遠只會被人消滅，而不是被反駁！」他話音剛落，他的門徒就突然大喊：「但是我相信你說的那一套，而且我也認為你的東西足夠強大，所以我可以把心中對它的一切不滿全都說出來。」革新者暗自笑了笑，用手指對著他比了一下，然後說：「這種門徒是最好的門徒，但是也很危險，不是每種學說都能承受得起這樣的門徒。」

一〇七、我們對藝術抱持的終極感恩

如果我們不覺得藝術是好的，也沒有發明藝術來崇拜不真實的事物，那麼我們一定不能忍受現在的科學讓我們看透的假真理與謊言——看透認知與感受的存在條件之一正是虛妄和錯誤。**正直**的下場可能會是噁心和自殺，但是現在有另一股力量可以和我們的正直抗衡、幫助我們避開那些後果：這股力量就是藝術，對虛象抱持著**正面的**態度。我們不會一直拒絕讓眼睛修飾看到的一切，也不會拒絕透過眼睛進行腦補，然後我們就不會認為自己一直都在載著永遠也不會完美的事物度過這條變化無常的洪流——然後我們就會認為自己載的是**女神**，還會因為可以服侍女神而感到天真和驕傲。

對我們而言，只要把存在當作美學現象，那就會是**可以忍受的**；藝術能賦予我們眼睛和雙手，**可以**問心無愧地把自己變成美學現象。我們有時候也必須休息一下、不做自己，方法就是站在一個藝術家的距離，從更高的角度向下觀照自己，然後取笑**我們自己**，或是為**我們自己**哭泣；我們必須在自己對知識的熱情當中發現隱藏的**英雄**和**傻瓜**；我們有時候也必須為我們的愚蠢感到開心，這樣才能繼續為我們的智慧感到開心！正因為我們終究都是沉重又嚴肅的人，而且還比一般人更有分量，所以對我們來說最好的就是一頂**大傻帽**：我們需要戴給自己看——我們需要所有放縱的、飄浮的、手舞足蹈的、嘲弄的、幼稚的、極樂的藝術，才不會失去**灑脫於一切事物之外的自由**，而這也是我們的理想所需。如果太容易因為正直而完全陷入道德的綑綁，甚至因為對自己的要求太過嚴厲，導致自己變成田裡的稻草人和道德怪獸，這樣反而**不會變得更好**。

我們應該也要**能超乎於**道德之上才對，而且不要因為害怕隨時會滑倒或掉下來就在那裡僵著不動，而是要能飄浮在道德之上玩耍！為了做到這件事，我們怎麼可以沒有藝術？就像我們不能沒有傻瓜一樣——只要你們還會對自己莫名感到羞愧，你們和我們就不是一路人！

第三卷

一〇八、新的爭戰

佛陀去世了數百年之後，人們還是會在山洞中展示祂的影子——那是一道讓人不寒而慄的巨大身影。上帝已死：但是人就是這樣，即便過了數千年，也許還是會有許多山洞展示著上帝的影子。而我們——我們也還是必須戰勝他的身影！

一〇九、我們要小心

我們要小心，不要把世界想像成一個活生生的存在。它該朝哪個地方延伸？它該靠什麼維持生命？它該怎麼長大並且生養眾多？我們大抵上都知道什麼是有機體：難道我們應該要像那些把宇宙稱為有機體的人一樣，把那些說不清楚怎麼衍生出來的、後來才出現的、少見的、偶然的東西重新解釋成本質的、通用的、永恆的東西嗎？我覺得這樣很噁心，那些只不過是我們在地表上感受到的東西而已。

我們要小心，不要相信宇宙是一部機器；宇宙的組成肯定不是為了一個目的，我們叫它「機器」，實在是太看不起它了。

我們要小心，不要把鄰近行星的週期運動之類的固定模式視為全宇宙皆準的大前提；光是看一眼銀河，人們心中不由自主就會產生懷疑，那裡是不是還會有更加蠻橫不講理的運動模式，或是永遠直接運行的星球之類的。我們居住的這顆行星是個例外；這顆行星的秩序以及由此產生的週期造就了例外中的例外：有機體的組成。然而，這個世界的整體性質卻是永遠的混亂，不是因為缺乏必然性，而是因為缺乏秩序、劃分、形式、美、智慧，以及一切我們在美學部分的人性。從我們的理性做判斷，擲出不好的結果才是正常的，各種例外都不會是祕密的目的，音樂盒永遠都在重複著它的曲調，但那不能被稱為旋律，就連「擲出不好的結果」這些字都帶有太多人的成分了，包含了某種責備在裡面。但是我們怎麼能對宇宙進行責備或讚美呢！

我們要小心，不要把宇宙說成沒心沒肺、沒有道理；也不要反過來說它有血有淚、充滿理性。宇宙不完美、不美好、不高貴，不會想要有什麼創新和改變，也絕對不會想要去模仿人類！我們的美學和道德評判絕對不適用於宇宙！宇宙不會受到自我維持的本能所驅動，而且也沒有其他本能；宇宙也不曉得有什麼法則。

我們要小心，不要說大自然有法則。大自然的一切都是必要的：沒有下達命令的人，也沒有奉命行事的人。如果你們知道任何目的都是不存在的，那麼你們就會知道任何偶然也不存在，因為「偶然」這個詞只有在一個充滿目的的世界裡才會有意義。

我們要小心，不要說死亡和生命是相對的概念。活著只是另一種死亡，而且還是非常少見的一種。

我們要小心，不要想像世界永遠會創造出新的事物。沒有什麼實體會永遠存續；物質和伊利亞學派（Eleaten）[72]口中的神都是一種錯誤。但是我們要小心謹慎到什麼時候！我們什麼時候才不會再被這些神的影子遮蔽了天空？我們什麼時候才會擁有沒有神的大自然！我們什麼時候才可以開始用純粹的、重新找回來的、重新獲得救贖的大自然把我們人類**自然化**？

一一〇、知識的起源

有好長的一段時間，人類的聰明才智只會製造出各種錯誤，其中有一些可以用來延續物種：只要有機會遇見或是遺傳到這些錯誤，就可以在為自己與後代子孫奮鬥的過程中多一些幸運。這些錯誤的教條會不斷遺傳給下一代，直到最後幾乎變成人類的特質與基本組成，例如：世界上有持續不變的事物；有相同的事物；有事物、物質、肉體的存在；事物的樣貌就是事物的本質；我們的想望是自由的；對我而言是好的，本身也會是好的。直到非常晚期以後，才開始有人出來否定並質疑這些信條——真理要到非常晚期以後才會登台亮相，而且還是以最不顯眼的知識形式出現。彷彿真理沒有辦法讓人存活下去，所以我們的有機體才會將錯誤作為基準；感官的知覺以及各式

72. 譯註：古希臘哲學流派。

各樣的感受是我們作為有機體的高級功能，而它們的工作方式正是亙古以來就內化在我們體內的基本錯誤。更有甚者，這些教條甚至成了我們知識內部的標準，用來衡量什麼是「真」、什麼是「不真」，而且還將觸角深入到冷僻的純粹邏輯學的領域。也就是說：知識的**力量**並不在於真理的程度，而是在於知識的歲數、知識的內化、知識作為生命條件的性質。

人永遠沒辦法在生命與認知產生矛盾的時候認真奮鬥，因為此時的否定與懷疑都會被視為發瘋。儘管如此，伊利亞學派之類的例外思想家還是會想辦法從這些自然而然的錯誤中找到對立面，相信人有**活出**相反的可能：於是他們發明出智者，認為智者就是亙古不變、非人格化的人，是直觀的共相，既是唯一、也是一切，而且有獨特的能力可以掌握那些相反的知識；他們相信自己的知識就是**生命**的原則。為了讓這一切站得住腳，他們必須低估自己的狀態：他們必須捏造自己的非人格化與亙古不變，必須誤解認知者的本質，必須否定認知具有內在的驅力，必須把理性理解成全然自由且自發的行動；他們會閉上雙眼，不願正視自己的教條同樣與現行的事物相互矛盾，不願正視這些信條是他們要求安寧、獨占或主導地位而得到的結果。後來，當正直與懷疑發展得更加精細之後，這些人終究還是不可能繼續存在；他們的生命與判斷就像所有具有感受力的存在一樣，同樣都取決於亙古以來的內在驅力和基本錯誤。

正直與懷疑會出現在下列兩種情況：當兩條相互違背的教條都可以與基本錯誤相

容，所以看起來都**可以運用**在生命之中的時候，也就是說，當人們可以去爭論這些教條**有用**的程度是大是小的時候；或是當新教條對生命沒有用處、但至少不會造成危害的時候，這些教條呈現出來的是智性方面的遊戲驅力，就像所有遊戲一樣天真無邪。透過這樣的判斷與信念，人類的大腦會逐漸有所自覺，然後就能在一片混亂中產生各種發酵、奮鬥，以及對力量的渴望。在為「各種真理」爭論不休的時候，考量的不僅僅是有沒有用以及有沒有興趣，就連各式各樣的內在驅力同樣也會選邊站；智性方面的奮鬥會化為人們從事的事情、刺激、職業、義務、尊嚴：認知並竭力追求真理，這件事到最後會變成一種需求，和其他的需求一同並駕齊驅。

打從這個時候開始，能說了算的就不再只有信仰與信念，包括考驗、否定、不信任、反駁等等都是一種**力量**，所有「不好的」聰明才智都會被納入知識底下、為知識所用，因而散發出被許可、被尊崇的光輝，而且有用、純潔，最後還變成了**良善**的雙眼。於是知識成了生命的一部分，並且隨著生命成為一股愈來愈強大的力量，直到知識與亙古以來的基本錯誤相互碰撞，兩者都是生命、兩者都是力量、兩者都蘊含在同一個人體內。所謂的思想家：當他發現追求真理的內在驅力**原來也是**一種維持生命的力量之後，追求真理的內在驅力與維持生命的各種錯誤就在他體內開啟了一場鬥爭。與這場鬥爭的重要性相比，其他的一切都變得無所謂了。這場鬥爭對生命條件提出了終極問題，並且最先開始嘗試透過實驗回答這個問題。真理可以內化到什麼程度？這是問題，也是實驗。

一一一、邏輯的由來

人類頭腦裡的邏輯來自於哪裡？肯定來自於沒有邏輯，而且沒有邏輯的國度肯定有過廣袤無垠的時候。但是有許許多多思考模式和我們不一樣的生物已經消失了，不然所謂的真理還可以更真！舉例來說，有些人不知道要怎麼找出「相同」的概念，在覓食的時候是如此，在面對危險生物的時候也是如此，他們歸納總結的速度太慢，歸納總結的過程太過小心，所以存活下去的機率就比那些看到相似之物就能猜到相同概念的人還要低。

把相似當作相同來對待是種沒有邏輯的傾向——因為世界上本來就沒有相同的事物，但是這種占盡優勢的傾向為邏輯創造了大基礎。儘管嚴格說起來並不符合真實的情況，但為了讓邏輯上不可或缺的實體概念得以成形，就必須長期忽視事物本身反覆變化的部分，也不能有任何感受；所以那些看不太清楚的生物就比那些將「河道」中的一切看得清清楚楚的生物還要有優勢。本質上來說，如果傾向在做出結論的時候抱持著高度謹慎與持疑的態度，會對生命造成莫大的危險。生物之所以可以活下去，靠的是完全相反的傾向：寧可說好也不要延遲判斷、寧可出錯和腦補也不要被動等待、寧可附和也不要否定對方、寧可評論也不要公正不倚——能活下去的生物都受過這些傾向的強力培訓。

我們現在頭腦裡的邏輯思維與歸納能力都源自於各種內在驅力的奮鬥過程，而這些驅力本身都非常沒有邏輯又非常不公正；我們通常只知道奮鬥的結果：那是因為我們體內亙古以來的運作機制現在都進行得非常快速和隱密。

一一二、因與果

我們稱之為「解釋」，但其實只是在「描述」，我們的描述能力比前人還出色，因為我們累積了更多的科學與知識。我們描述的比前人好，但我們解釋的與前人一樣少。我們看得出不同階層的先後關係，但是古文明的人和學者比較天真，只看得到「因」與「果」兩個層面，而且話都是這麼說的；我們完整了變化的圖像，但沒能超越這些圖像，也看不到這些圖像背後的運作。我們面前總是會有一系列的「因」，而且比前人看到的更加完整，然後我們會做出結論：哪些原因在前，所以哪些原因在後，但是我們不曾因此對事物有過任何**理解**。例如：化學變化的性質在我們看起來始終都還是「奇蹟」，而前進運動也是一樣；沒有人曾經對「推力」提出解釋。而且我們怎麼有辦法提出解釋！我們用的全部都是不存在的東西，線、面、物體、原子、有區分的時間、有區分的空間，如果我們要把一切都先變成**圖像**、變成我們的圖像，怎麼還會有可能做出任何解釋！

看待科學，只要知道它在為事物盡可能忠實地添加人性就夠了；我們會描述事物以及它們的先後順序，藉此學會愈來愈精準地描述自己。因與果：這種兩點一線的關係大概從來不曾存在，我們面對的其實是連續不斷的整體（continuum），只不過我們從中切割出幾個獨立的片段而已；好比我們永遠只會覺得運動過程是幾個獨立的點，也就是說，我們其實沒有親眼所見，而是對事情進行推斷。許多結果看起來很突然，讓我們因此陷入困惑，但那只是我們單方面覺得突然。同一個瞬間其實還發生了無限多的事件，只是我們沒有看到而已。如果有聰明才智的人能把因果看作是連續不斷的整體、可以看見事件流動的脈絡，而不是用我們的方式強行將因與果切割成兩個獨立的個體，他就會摒棄因與果的概念，並且否定所有的條件限定。

一一三、毒物學說

科學思維之所以可以成形，靠的是許許多多的事物匯聚在一起的結果，而且這些必要的力量都必須先個別被發明、被練習、被維護！但是在個別發展的階段，這些事物往往會產生不同於現在的效果，這是因為它們在科學思維裡會彼此侷限、形成相互牽制的狀態。在此之前，它們造成的作用都帶有毒性，例如懷疑的內在驅力、否定的內在驅力、被動等待的內在驅力、收集的內在驅力、解散的內在驅力。人類犧牲了好幾百頭牛，才終於讓這些驅力學會彼此理解，然後發覺自己在同一個人體內、應該要在同一股力量的組織下發揮各自的功能！我們還有很長一段路要走，才能在科學思維以外再加入藝術家的力量與實踐生命的智慧，才能組成一套最高等的有機系統，屆時肯定會讓我們現在所知的學者、醫生、藝術家、立法者們全都相形見絀。

一一四、道德的範圍

我們看到新的圖像，馬上就會**根據我們正直與公義的程度**用舊有的經驗去進行建構。我們的體驗全都是道德方面的體驗，就算在五感體驗的領域也是如此。

一一五、四種錯誤

人類是被自己的錯誤養大的：第一、他眼中的自己永遠都是不完整的；第二、他會為自己添加虛構的特質；第三、他覺得自己與動物以及大自然之間處在錯誤的位階關係；第四、他永遠會發明出新的財富清單，而且每次都會把它當作永恆而絕對的價值，所以人類時不時就會把新的內在驅力與狀態擺在第一順位，因而讓它變得無比高貴。如果不去計算這四個錯誤造成的影響，那就談不上人情、人性，以及「人類尊嚴」了。

一一六、群體本能

只要說到道德，談的就是人類各種內在驅力與行動之間的評估與排序。這些評估與排序總是能彰顯出社群與群體的需求：有益於**他們**的第一順位——第二順位、第三順位——而這也是衡量個人價值的最高標準。道德會引導個人成為群體的功能，也只有在成為功能的時候才會有價值。因為每一個社群的維持條件都非常不一樣，所以才會有各種非常不一樣的道德；有鑑於群體、社群、國家、社會都面臨著本質上的轉變，可以預言還會有更多不一樣的道德出現。道德感就是個人內在的群體本能。

一一七、群體的良心譴責

在久遠的那個年代，人類感受到的良心譴責會和今日的我們很不一樣。現在的人只會對自己想做的事情負起責任，而且心裡還會覺得非常自豪：我們法律的出發點全都是個人的自我感覺良好，彷彿法律自古以來便是根源於此。但是人類長久以來最可怕的事情就是感覺到自己是單獨的個體。自己一個人、感受到自己是單獨的個體、既沒有服從的對象、也不是發號施令的人、自己既是個人——對於當時候的人來說，這不是一件有趣的事，而是一種懲罰；當時的人們會被判處「成為個人」。思想自由在當時被視為是一件不舒服的事情。

現在的我們覺得法律和順從是強迫和損失，從前的人反倒覺得自私自利是一件尷尬的事情，而且是一種真正的匱乏。做自己、用自己的尺度和比重來衡量自己，這在當時會讓人覺得倒胃。有這種傾向的人應該會被認為是神經病，因為所有的不幸與恐懼都與自己一個人有關。在當時，「自由意志」會立刻在周圍引發愧疚感：行動得愈不自由、行動中帶有愈多的群體本能、愈少的個人意義，人們就會愈覺得自己是個道德的人。所有會對群體造成損害的事情，無論是否出自個人意願，都會讓當時的個人受到良心的譴責——也會讓他的鄰人，甚至整個群體受到良心的譴責！——這一部分和我們後來學到的做法最不一樣。

一一八、好意

如果一個細胞把自己獻身給另一個更強大的細胞、化身為對方的功能，這是一種美德嗎？它不得不這麼做。如果那個更強大的細胞把它吸收成為自己的一部分，這是一種邪惡嗎？它也不得不這麼做；對它來說這是一件必然的事情，因為它需要極大量的補充來進行自我修復。所以人們必須區分出兩種好意：強者感受到的是想把對方占為己有的內在驅力；弱者感受到的是想把自己獻身他人的內在驅力。強者渴望把對方改造成自己的功能而感到快樂；弱者因為想變成對方的功能、想被對方渴望而感到快樂——當強者看到弱者的時候，最先感受到的主要是同情，想把對方占為己有的內在驅力得到令人舒適的觸動；於此同時也必須思考到一件事情：「強」與「弱」是相對的概念。

一一九、不要利他

我在許多人身上都看得到他們極度具有想要成為他人功能的力量與渴望；這些人拚了命地擠身向前，敏銳嗅出哪裡有**他們**可以發揮功能的地方。那些為男人付出功能的女人們也是如此，因為男人在某些部分發展得特別弱，所以女人就成了他的錢包、或是他的策略、或是他的社交。如果可以順應陌生的有機體，這類生物就能將自己維持得非常好；如果不成功，它們就會開始生氣、激動，然後將自己消耗殆盡。

一二〇、靈魂的健康

醫學上有一條受歡迎的道德公式（作者是希俄斯的阿里斯頓〔Ariston von Chios〕[73]）：「美德就是健康的靈魂。」這條公式至少要稍微改寫成「你的美德就是你的健康靈魂」，才有辦法為人所用。因為健康本身並不存在，如果想要嘗試用這種方式去定義一件事情，結果只會非常失敗。如果要定義**什麼**是**肉體**的健康，事情的重點會擺放在你的目標、你的眼界、你的動力、你的錯誤，尤其是你的理想以及靈魂的幻想。所以，肉體會有各式各樣數不盡的健康；人們愈是允許那些無從比較的個人抬起頭來，愈是忘掉「人人平等」的教條，我們的醫生肯定就會愈來愈失去標準的健康概念，連帶也失去標準飲食、標準病程等相關概念。如此一來，才會是時候去思考**靈魂**的健康與生病是什麼意思，然後把每個人特有的美德代入他的健康：只不過一個人的健康在另一個人身上可能會是相反的模樣。

73. 譯註：古希臘哲學家。

最後還有一個大問題沒有解決：我們是否可以**缺乏**生病的狀態？而這也涉及到德行的發展。除了健康的靈魂，我們對於知識以及自我認知的渴望難道不會也需要生病的靈魂嗎？簡而言之，唯獨想要有健康這件事情難道不是一種先入為主的偏見、是一種懦弱，也許還些微帶有一點野蠻和落後嗎？

一二一、生命沒有理由

我們為自己整頓出一個可以生活在其中的世界——用的是物體、線、面、因與果、動與靜、外形與內容。如果不靠這些教條，現在的人沒有辦法活得下去！但是這些教條都未曾經過證實。生命沒有理由；錯誤也可能會是生命的條件。

一二二、基督教的道德持疑

就連基督教也曾為啟蒙做出很大的貢獻：基督教曾用一種緊迫盯人又非常有效的方式教導人要在道德方面有所持疑；他們提出控訴、怨恨苦毒，但是又不停地忍耐，而且保有高雅的態度。基督教破壞了每個人心中對於自身「美德」的信仰：古時候有不少有德人士，他們不僅受歡迎，而且相信自己是完美的、處處都展現出鬥牛英雄的精神，但是基督教讓這些地球上最有德行的人永遠消失了。

我們都受過基督教的持疑教育，現在的我們去讀古人在道德方面寫的書，例如塞內卡或愛比克泰德（Epiktet）[74]，我們會感到一股刺激的優越感，暗自覺得自己具有全面視野、可以看透一切，我們心裡會覺得自己好像是站在老男人面前的小孩，或是站在拉羅希福可（La Rochefoucauld）[75]面前的青春美少女，對他們說：我們比你們更知道什麼是美德！但是我們最終也把這種持疑的態度運用在所有**宗教方面的**狀態與事件上，像是罪愆、悔改、恩賜、成聖等等，我們讓心中的懷疑蛀得夠深，以至於我們在閱讀所有基督教書籍的時候，也會覺得自己帶有一絲優越、能夠看透一切：我們也比你們更知道什麼是宗教方面的感覺！

現在正是好好認識並且描述這些感覺的時候了，因為連舊信仰的虔誠人士也正在絕種：我們至少要為了知識去拯救他們的寫真和模型！

74. 譯註：古羅馬哲學家。
75. 譯註：法國作家，法國道德主義代表人物。

一二三、知識不只是工具

就算沒有新的熱情（我指的是知識的熱情），人們還是會促進科學的發展，一直以來，科學都是在沒有知識熱情的情況下成長茁壯的。我們的國家都很相信科學、偏愛科學（從前的教會也是這樣），根本的原因在於科學很少透露出那種無條件的傾向與渴望，科學不被視為熱情，而是狀態與「倫理」。是的，往往只要對知識感到愉悅（amour-plaisir）就夠了（好奇心）、只要愛慕虛榮（amour-vanité）就夠了，適應知識的存在，然後暗中追求財富與榮耀。對許多人來說，只要擁有大量空閒時間可以用來閱讀、收集、整理、觀察、敘述，這樣就夠了，不然他們也不知道閒著的時候可以做什麼，他們的「科學內在驅力」就是無聊。

教皇利奧十世（Leo X.）曾經（在寫給貝羅阿多〔Beroaldus〕[76]的教皇通諭中）對科學讚譽有加，他把科學稱為我們生命中最美麗的裝飾與最大的驕傲，無論幸與不幸，科學都是一項高貴的事業；最後他說：「如果沒有科學，人類從事的一切就不會有固定的支點，畢竟在有科學的情況下，事情就已經夠容易產生變化、夠不穩定了！」但是，就像教會裡所有頌讚科學的人一樣，這位心中帶有些許懷疑的教皇也沒有說出他對科學的最終評價。儘管人們可以從他的話語中聽出違和的地方，這位藝術愛好者居然會把科學看得比藝術重要；但是他很有禮貌，至少沒有把心中看得比科學

76. 譯註：義大利詩人。

更重要的東西說出來：「啟示的真理」、「靈魂的永生」。相較之下，生命的裝飾、驕傲、娛樂、保障對他來說又算得了什麼！

「科學只是二流的東西，並不是什麼終極的、無條件的存在，也不是熱情投入的對象。」利奧十世把這則評價留在靈魂裡沒有說出來，而這就是基督教對科學的真正評價！古時候的科學沒有那麼獲得尊嚴和認可，因為就連最火熱的科學信徒都會把追求**美德**擺在首位，人們相信只要把科學捧成美德的最佳工具，就已經是給知識最高的讚揚了。知識想做的不只是工具，這是歷史上的新發展。

一二四、無盡的視野

我們坐船離開陸地！我們離開了身後的那座橋，不僅如此，我們還撞破了身後的陸地！小船啊！你要當心！你身旁就是大海，沒錯，大海不會永遠都在怒吼咆嘯，有時候它也會靜靜躺在那裡，就像絲綢、金子，以及良善的美夢。但是某些時刻終究會來臨，屆時你就會知道大海是無盡的，而且沒有什麼比無盡更加讓人感到害怕。噢，可憐的鳥兒，才剛覺得自己擁有自由，然後就撞上牢籠的邊牆！嘆，你受到鄉愁所苦，想回到陸地，彷彿那裡還比較**自由**——然而「地土」已經不復存在了！

一二五、瘋子

你們不曾聽說過那位瘋子的事跡嗎？他會在大白天點燈、在市場上狂奔、然後不停大叫：「我在尋找上帝！我在尋找上帝！」因為市場上多是不信神的人，所以他的行為引起好大一陣訕笑。有個人說，他迷路了嗎？另一個人說，他像小孩一樣走丟了嗎？或是，他把自己藏起來了嗎？他是在怕我們嗎？他坐船去了？跑路了嗎？那些人此起彼落地大聲嘲笑。

瘋子直接跳到他們中間，用眼神死死盯著他們。他大聲說：「上帝到哪裡去了？我要告訴你們！**我們把祂殺了**，我和你們一起把祂殺了！我們全都是殺人犯！但我們是怎麼辦到的？我們怎麼有辦法喝光大海？我們拿來塗掉天際線的海綿是誰給的？我們到底在幹什麼，為什麼要把地球和太陽脫鉤？地球會往哪裡去？我們會往哪裡去？遠離所有太陽？我們不是一直在跌倒嗎？向後跌、向旁邊跌、向前跌、向四面八方跌？還會有上下之分嗎？我們不是有如迷失在無盡的虛無之中嗎？這個什麼都沒有的空間不是正在對我們哈氣嗎？不是變得更冷了嗎？黑夜不是一個接著一個嗎？難道不用在大白天點燈嗎？我們沒有聽見掘墓人埋葬上帝的吵鬧聲嗎？我們沒有聞到上帝腐爛的味道嗎？上帝也是會腐爛的！上帝已死！上帝不會復活了！是我們把祂殺掉的！我們是殺人犯中的殺人犯，該怎麼自我安慰？這個世界一直以來最神聖的大能者，祂在我們的刀下淌血，誰來擦掉我們沾上的鮮血？我們該拿什麼水來潔淨自己？我們得發明出什麼樣的贖罪祭與聖劇？我們犯下的罪行是不是已經超過我們可以承擔的規模了？為了看起來能與我們的罪行相襯，難道我們自己不用變成眾神嗎？從來沒有人犯過更大的罪行了，無論在我們之後出生的是誰，都會因為我們的罪行而誕生在有史以來最高層次的歷史之中！」瘋子說到這裡便開始沉默不語，再次死死地盯著他的聽眾，眾人則是詫異地看著他、什麼話也沒說。他最後把燈丟在地上，碎成好幾塊，燈也跟著滅了。

他接著說：「我來得太早了，還不是我的時候。這場大事件還在醞釀、還沒發生，也還沒有鑽進眾人的耳朵裡。打雷閃電需要時間，星光需要時間，行為也需要時間，就算做了，還是得需要時間才有辦法被聽見和被看見。這個行為離眾人還很遙遠、比最遙遠的星星還遠，**然而他們曾經幹過一樣的事情！**」根據人們的說法，那位瘋子在當天還去了不同教堂，在裡面高唱《上帝的永恆安魂曲》。當他被請出去問話的時候，他永遠只會回答：「如果教堂不是上帝的墓碑和墓穴，那還會是什麼？」

一二六、神祕的解釋

人們都覺得神祕的解釋很深奧；真相是：這些解釋不曾顯而易懂過。

一二七、遠古宗教遺留下來的影響

每個沒有想法的人都認為意志是唯一會產生作用的力量；人會想做點什麼，這是一件再簡單不過、毋庸推論、理所當然、既定的事情。如果人在做一件事，例如打人，那麼他就是打人的那個；他打了人，那是因為他**想要**打人。他們對此深信不疑，完全沒有發現這個說法有什麼問題；對他們來說，只要感覺到**意志**的存在就夠了，而且不只是為了假設有因有果，而是為了相信自己**懂**什麼是因果關係。他們完全不知道事件發生的機制是什麼，也不知道從起心動念到真的打人之間還有數百道細微的工序，而他同樣不知道意志本身並無法參與其中的任何部分。

對他來說，意志就是一個會產生作用的神祕力量：人們說的相信意志、相信因果，其實就是相信能夠產生作用的神祕力量。無論在哪裡看到事件發生，人們原本都會認為事件的背後都有一個作為原因的意志以及想做點什麼的個人在運作——他們還沒有機制的概念。但是，因為人類亙古以來都只相信人的因素（而不是物質、力、事物等等），所以相信因果就成了人類的基本信仰，然後套用在任何事件上；這還是一種發自本能的行為、一種來自古老根源的返祖現象。

「沒有因就沒有果」、「每個果又會是下一個因」，這兩句話似乎概括了後面幾句：「凡是作用，皆是意志使然」、「作用只會加諸在想要做點什麼的存在上」、「從來不會只是單純受到作用而沒有產生後續效應，因為任何作用都會激發意志」（去行動、抵抗、復仇、回報）。但是對於遠古時代的人來說，這幾句話講的都是同一件事情，前兩句並不是後面幾句的概括，後面幾句反而是前兩句的解釋。

叔本華假設凡存在皆有意志，因此讓遠古的神話登上了王座；他似乎從來不曾試著對意志進行分析，因為他像每個人一樣都**相信**想做點什麼是一件簡單又直接的事情；但是想做點什麼也是一種機制，只不過已經熟練到幾乎讓人無法察覺。我想對叔本華提出下列幾條定理：第一、意志的形成有賴於有沒有興趣的想像。第二、有沒有興趣的感受取決於聰明才智對強烈刺激的**詮釋**，只是我們大多不會意識到聰明才智的運作過程；同一個刺激**可能**會被詮釋成有興趣，也**可能**被詮釋成沒有興趣。第三、只有具備聰明才智才談得上有沒有興趣以及意志，絕大多數的有機體完全不會有這些感受。

一二八、禱告的價值

有些人其實從來就沒有自己的想法，不知道什麼叫作靈魂的提升，或是靈魂提升了也不自知，而禱告就是為了這些人發明的，不然這些人在需要肅穆的神聖場合或是面對人生所有重要景況的時候還可以做什麼？為了讓這些人至少不要**造成干擾**，所有大大小小的宗教創始人都會為這些人下達禱告的公式，除了嘴唇要進行一連串的機械性運動，還必須努力背誦，並且將雙手、雙腳、雙眼的姿態固定下來！然後這些人就能像藏人一樣反覆無數次的「唵嘛呢叭咪吽」，或是像印度聖城貝拿勒斯（Benares）的人反覆掐指念誦羅摩神（Ram）[77]的名號（無論念得優不優雅）；或是念誦毘濕奴（Wischnu）[78]的上千個名號，或是阿拉的九十九個尊名，或是使用轉經輪和玫瑰念珠，無論如何，重點都在於把他們綁在禱告上一段時間，藉此給人一種可以忍受的樣貌：他們的禱告方式是為了另一些有自己想法也知道什麼叫作靈魂提升的虔誠人。

就連虔誠人也會有疲累的時候，這個時候的他們可能也會需要一連串敬畏神的話語與聲響以及虔誠的機械性運動，但前提是這群少數的虔誠人——虔誠人在每個宗教裡都是少數的例外——知道自己在做什麼。那些精神匱乏的人都不會知道自己在做什麼，如果禁止他們發出禱告的嘎嘎聲，他們就會覺得別人在剝奪自己的宗教，就像基督新教人士愈來愈揭露的那樣。宗教對於這些人的要求不多，就只要他們**保持安靜**而

77. 譯註：印度教神祇。

78. 譯註：印度教神祇。

已，包括他們的雙眼、雙手、雙腿，以及所有的器官。如此一來，他們就能暫時美化一段時間，然後——看起來像人一點！

一二九、上帝的條件

「如果沒有智慧人，上帝自己也無法存在。」路德曾經說過這句話，而且說得很有道理；但「如果沒有缺乏智慧的人，上帝更加無法存在」——我們的好路德就沒有說了！

一三〇、危險的決定

基督教認為這是個既醜陋又差勁的世界，這個決定讓世界變得既醜陋又差勁。

一三一、基督教與自殺

基督教剛開始興起的時候強烈要求人去自殺，而且還把這件事變成自己的權力槓桿：他們只留下兩種自殺的形式，將其包裝成無上的尊嚴與希望，同時透過可怕的方式禁止其他的自殺形式。被允許的只有殉道和透過禁慾讓自己緩慢脫離肉體。

一三二、反對基督教

現在決定反對基督教的不是我們的理由，而是我們的品味。

一三三、原理

如果人類時不時就一定會想到同一個假設，那麼長期下來，這個無法避免的假設就會變得比信仰某種不真實的東西（就像基督教信仰）**更有力量**。長期下來：這裡指的是十萬年以後。

一三四、作為犧牲品的悲觀主義者

如果有民族愈來愈失去對存在的興趣，那麼他們長期在飲食方面犯的錯誤就會浮現出來。佛教的傳播（並非它的興起）有很大一部分與印度人過度食用稻米有關，他們幾乎只吃稻米，所以普遍都疲乏無力。也許近代歐洲的不滿與我們的上個時代有關，受到日耳曼人愛喝酒的影響，整個中世紀歐洲都沉溺在酒精裡：所謂的中世紀就是酒精中毒的歐洲。德國人之所以會對生命不感興趣，原因主要在於一到冬天就久病不癒，這也包括地下室的空氣以及德國人家中暖爐造成的中毒影響。

一三五、罪的起源

只要是基督教統治或統治過的地方，都可以感受到罪的存在：罪是一種猶太人的感覺，也是猶太人發明出來的產物，如果說基督教的道德觀全都建立在罪的背景上，那麼基督教追求的就是將全世界「猶太化」。儘管我們整個世代以及許多傑出的個人都不排斥接近或吸收古希臘文化，但我們覺得古希臘（一個沒有罪惡感的世界）有多麼陌生，就表示基督教已經成功將歐洲猶太化到什麼程度。

「只有在你感到**後悔**的情況下，上帝才會賜下恩典給你。對希臘人來說，這簡直就是笑話一則、讓人為之氣結。希臘人大概會說：「奴隸才會這麼覺得。」基督教假設有個大有權能的存在，而且這個存在非常熱衷於報復，祂的力量強大到根本不會受到任何傷害，除非傷害到的是祂的名譽。每種罪都出於不夠尊重、都是不敬上帝的罪（crimen laesae majestatis divinae），如此而已！悔恨、受辱、在塵土中打滾，這些都是獲得恩典的根本條件，也就是要恢復上帝的榮耀！罪是否也帶來了其他傷害、是否也造就出像瘟疫一樣蔓延的不幸，對於天上那位追求榮耀的東方神而言，這些問題根本就無關痛癢：罪是犯在祂身上，而不是犯在人身上！祂將恩典賜給誰，誰就不用擔心由罪引發的自然後果。

基督教認為上帝和人在這方面是分開的、是相反的，所以罪根本不可能犯在人身上，應該要把目光放在每個行為**引發的超自然後果**，而不是去看自然的後果。這就是猶太人的感覺，對他們來說，所有自然的事物都不值得尊敬。但是**希臘人**的想法比較偏向認為犯罪也可以是一件有尊嚴的事情，例如普羅米修斯（Prometheus）[79]犯下的偷竊罪，又例如大埃阿斯（Ajax）[80]在瘋狂的嫉妒中將牲畜屠殺殆盡：希臘人有為犯罪行為添加尊嚴並將其內化的需求，於是他們發明出**悲劇**——雖然猶太人也擁有創作的天賦，而且對崇高的事物也有所嚮往，但是他們的骨子裡還是對悲劇的藝術與興趣感到非常陌生。

79. 譯註：希臘神話中的泰坦神族之一，為人類偷來眾神的火種。

80. 譯註：希臘神話中的人物，因為憤怒而陷入瘋狂。

一三六、被揀選的民族

猶太人覺得自己是被上帝從萬民中揀選出來的民族，因為他們是萬民之中的道德天才（他們比其他民族更有能力**打從心裡瞧不起人**）——猶太人從他們屬神的君王與聖人得到的享受，就好比法國貴族從路易十四身上得來的好處。這些貴族曾經讓人奪走自己的權力與自主、受人鄙視；為了忽視這件事帶來的感受、為了遺忘這件事情，他們需要君王的榮光、君王的權威，需要只有貴族才能享有的**無比**權力。透過貴族的特權，人們能將自己提升到宮廷的高度，再從那裡俯視自己腳下的一切、鄙視一切，如此一來，就可以越過所有良心方面的敏感。所以人們會刻意將君權的高塔堆得愈來愈高、讓它聳立雲霄，最後再放上自己僅存的幾塊權力。

一三七、用比喻說話

只有猶太人的地土才有可能出現耶穌基督——我說的那片地土總是籠罩在耶和華（Jahovah）盛怒的烏雲之下，看起來既陰沉又崇高。只有在這種持續昏天暗地到讓人心裡發毛的地方，突然穿透雲層的幾道陽光才會讓人感受到「愛」的神蹟，那道陽光就像自己完全不配得的「恩賜」。只有在這裡，基督才有辦法夢見祂的彩虹、夢見上帝降臨人間的天梯；其他地方的人們都太過把明亮的天氣與太陽視為規則與日常了。

一三八、基督的錯誤

基督教的創始者認為虛無對人類造成的痛苦就和罪帶來的痛苦一樣沉重——祂錯了，祂的錯誤來自缺乏經驗、覺得自己沒有罪！祂的靈魂充滿神奇又奇幻的憐憫，祂對虛無感到憐憫，不過就連祂的子民（發明罪的人）都不太覺得這個苦難有什麼大不了！但是基督徒都很懂得在事後為他們的師傅造道理、把祂的錯誤奉為「真理」。

一三九、熱情的色彩

使徒保羅（Paulus）這種人對所有熱情都看不順眼；他們只認識其中骯髒的、扭曲的、讓人心碎的部分，所以他們理想的衝動全都是為了摧毀熱情：在他們眼中的神性就是完全沒有熱情的存在。

完全不同於保羅與基督徒，希臘人正好把理想的衝動全用在熱情上面，不只愛好熱情，還高舉熱情、將熱情鑲上金箔、進行神化；他們明顯覺得熱情中的自己不只比平常快樂，而且也變得更潔淨、更像神。

而基督徒呢？他們想在這件事情上變成猶太人嗎？也許他們已經變成猶太人了？

一四〇、過於猶太

如果上帝想要變成愛的對象，那麼祂必須先放棄公義與審判才行：身為審判者，就算是仁慈的審判者，就不會是愛的對象。基督教的創始者在這方面的感覺不夠敏銳——因為他是猶太人。

一四一、過於中東

怎麼會？上帝愛人的前提是這些人相信祂的存在，然後將可怕的目光與威脅投向不相信祂的愛的人！怎麼會？如此有條件的愛居然會是全能上帝的感受！這種愛從來不曾勝過榮譽感以及被激發的報復心！這一切都太中東了！「我愛你，與你可干？」這句話就足以對整個基督教進行批判了。

一四二、線香

佛陀說：「不要去阿諛對你好的人！」在基督教的教堂裡也有人效仿這句話：空氣中所有基督教的污染立刻就被淨化了。

一四三、多神信仰的最大好處

個人為自己豎立**自己專屬的**理想，從中衍生出自己的法律、自己的快樂、自己的權利——時至今日，人們大概都還是會把這種事情視為人類最大的糊塗、視為真正的拜假神；其實，少數敢這麼做的人永遠都需要為自己找一個辯護詞，他們通常會說：「不是我！不是我！而是**某位神**藉由我的手做的！」透過這種可以創造出眾神的神奇藝術與力量（多神信仰），他們得以釋放自己為自己創造理想的內在驅力，然後潔淨自己、完美自己、讓自己變得高貴；因為這種內在驅力原本是一種粗鄙而不體面的內在驅力，與固執、不順服、嫉妒等等內在驅力系出同源。

敵視自己為自己創造專屬理想的內在驅力，這就是從前各種道德的法則。從前只有一套標準：「**人**」，每個民族都相信自己**擁有**這個唯一的標準。但是在高於自己的地方、在自己以外的地方、在遙遠的天上世界，人們得以看見**許多規範的**並行，任何一位神祇都不會對另一位神祇造成否認或褻瀆！只有在這些地方，人們才會允許個體的存在、才會尊重個體的權利。發明出各式各樣的神祇、英雄、超人，以及旁人、下人，乃至侏儒、妖精、半人馬、羊男、精怪、惡魔，這些都是個人在預先練習怎麼維護自私自利與自我美化的行為，十分寶貴：人們將面對其他神祇的自由賜給神，就能將面對法律、風俗、鄰人的自由賜給自己。

認為只有一種標準人類的學說勢必會造就出一神信仰，也就是相信只有一位標準神，而且除了祂以外的神祇都是虛假的謊言神。這種一神信仰也許是人類迄今為止面臨的最大威脅：人類有提早進入靜止狀態的危險；在我們可知的範圍內，大多數的物種早就已經進入靜止狀態，牠們全都相信自己的物種中存在著標準動物與理想，最後便把所謂的善良風俗變成有血有肉的存在。多神信仰中蘊藏著人類的自由精神與多元精神，有力量為自己創造出專屬的新眼光，而且愈來愈新、愈來愈專屬於自己，以至於人類成為萬物之中唯一沒有永恆眼界與視野的存在。

一四四、宗教戰爭

宗教戰爭是人類迄今為止最大的進步，因為宗教戰爭證明群眾已經開始帶著吃醋的心情去處理各種概念。只有在宗派之間各種微小的紛爭讓理性普遍變得敏銳的時候，才有可能發生宗教戰爭：最後就連烏合之眾都開始挑剔了起來，把小事看得很重要，甚至還認為「靈魂的永生」可能取決於概念之間微小的差異。

一四五、吃素的危險

以米飯作為主食會讓人想要吸食鴉片或其他迷幻藥，就像以馬鈴薯作為主食會讓人想喝燒酒。但是以米飯作為主食產生的後續效應也會讓人的思考與感受方式開始有迷幻藥的效果。所以那些倡導迷幻思考與感受的人（例如印度的教導者）才會對純素飲食讚譽有加，並且想讓吃素變成大眾法則：他們想要藉此引發愈來愈多只有**他們**有辦法滿足的需求。

一四六、德國的希望

我們可別忘了，各個民族的名稱通常都是藐稱。例如韃靼人的意思是「狗」，這是中國人對他們的稱呼。「德意志」原本的意思是「異教徒」，同為日耳曼民族的哥德人在改信基督教之後用這個字稱呼那些沒有受洗的廣大同胞們，這個用法來自他們從《七十士譯本》（*Septuaginta*）翻譯過來的《聖經》譯本，而《七十士譯本》裡面對異教徒的稱呼正是希臘文「民族」的意思：請參見烏爾菲拉（Ulfilas）[81]。

德國人還是有可能在事後把他們舊有的藐稱變成一種尊稱，方法就是變成歐洲第一個非基督教民族。叔本華非常看重他們，認為他們高度具有這方面的氣質。如此一來，**路德**的功德就圓滿了，因為路德曾經教導德國人不要像羅馬一樣，他要德國人說：「**我**就站在這裡！**我**也沒辦法！」

一四七、問與答

野蠻民族最先採納歐洲人的什麼？燒酒和基督教，也就是歐洲的迷幻藥。而他們又會最快死在什麼手上呢？死在歐洲的迷幻藥手上。

81. 譯註：哥特神學家，《哥特聖經》的譯者。

一四八、形成宗教改革的地方

在教堂大腐敗的那個時候，德國是教會腐敗程度最輕微的地方，所以**這裡**出現了宗教改革，顯示才剛開始腐敗就已經讓德國人受不了了。相對來說，從來沒有民族比路德時期的德國人更像基督徒：他們的基督教文化原本正準備盛開出數百倍的榮景，就只差最後一個夜晚；但是這一夜的風暴卻將一切都化為烏有。

一四九、宗教改革的失敗

許多想要在希臘建立一個新興宗教的嘗試最後都以失敗告終，這表示希臘文化很早就達到比較高度的發展；這也表示希臘肯定很早開始就有許多不同的個體存在，這些個體各自有各自的苦難，無法用同一套信仰與希望的概念一語蔽之。畢達哥拉斯與柏拉圖，也許還有恩培多克勒，以及許多早期的神祕狂熱者，這些人全都致力於建立新的宗教；而且前兩位真的有創立宗教的靈魂與才能，所以人們才會不禁對他們的失敗感到訝異：他們兩位都只有達到宗派的規模而已。

如果整個民族的宗教改革失敗、只有各個宗派有辦法抬頭，只要出現這種情況，人們就可以推論這個民族的內部已經非常多元，而且開始擺脫粗俗的從眾本能與所謂的善良風俗。這是一種非常重要的漂浮狀態，但是人們通常會將這種狀態詆譭成道德淪喪與腐敗，但是這種狀態其實是在宣告一顆蛋已經成熟、就快要到破殼而出的時刻了。

路德的宗教改革在北方獲得成功，顯示北歐比南歐還要落後，而且只知道單一又單調的需求；如果南方的舊世界文化沒有因為混入過多日耳曼的蠻族血統而逐漸變得野蠻、逐漸失去他們的文化優勢，那麼歐洲根本就不會變成基督教文化。個人或個人的想法愈是普遍、愈是絕對，受到個人影響的大眾也必定會愈趨於一同、變得愈是低賤；雖然從各種反向操作還是看得出人們心中也會有想要獲得滿足與實現的反向需求。

反過來說，如果充滿統治慾的有力人士只能產生宗派等級的小影響，那麼人們就可以推論他們所在的文化已經達到了真正的高度。這也適用於各種藝術與知識的領域。只要有人統治的地方就有大眾，只要有大眾的地方就有奴役人的需求。只要有奴役人的需求，那個地方就只會有少數的個體，而且這些個體會受到從眾本能和良心的批判。

一五〇、對聖人進行批判

為了成為有德的人，難道人們就非得追求最殘忍的美德嗎？這種做法就像基督教的聖人，他們既想這麼做，也必須這麼做；這些聖人認為每個人在面對美德的時候都要感到相形見絀，如此一來，生命才有辦法叫人忍受。但是我會把產生這種效果的美德稱為殘忍的美德。

一五一、論宗教的起源

叔本華認為宗教起源於形而上的需求，但其實並不是這樣，形而上的需求反而是宗教的**再生**。在宗教思維的統治下，人們已經習慣想像「另一個（背後的、下面的、上面的）世界」，如果將宗教的妄想完全抹滅，人們就會感到一片虛無和匱乏，於是這種不舒服的感覺就會長出「另一個世界」，但不會再是宗教的世界，而是形而上的世界。遠古時代的人之所以會假設「另一個世界」的存在，**不是**因為他們有相關的內在驅力與需求，而是來自他們對大自然特定事件的**錯誤**解釋、聰明才智的尷尬。

一五二、最大的改變

所有事物的樣貌和色彩都改變了！我們沒辦法完全理解古人對於身旁最常發生的事物的感受，例如白天或是睡醒這件事：由於古人相信夢境，所以醒著的生命呈現的是另一種樣貌。整個人生也是如此，在死亡的倒映與死亡的意義之下，我們的「死亡」是一種完全不同的死亡。古人的體驗看起來很不一樣，這是因為他們的體驗都透露著上帝的榮光。古人做決定與遙望未來的方式也是如此，這是因為他們擁有神諭與神祕的示意，而且他們也相信預言。古人對「真理」的感受也不一樣，這是因為以前的瘋人也會被當成真理的吹嘴，這件事要麼讓**我們**覺得毛骨悚然，要麼讓**我們**覺得好笑。古人對不義的事情有不一樣的感受，這是因為他們不只害怕來自社會的懲罰和匱乏，也會害怕上帝的忌邪施報。如果那個時代的人們相信魔鬼與試探，他們會有什麼樣的快樂！如果人們看到魔鬼就潛伏在身邊，他們會有什麼樣的熱情！如果人們覺得懷疑是一種危險的犯罪、干犯了永恆的愛，認為懷疑就是不信任所有良善、高尚、純潔、憐憫的事物，他們會有什麼樣的哲學！我們為事物刷上了新的色彩、我們不斷在事物上塗塗抹抹，但是我們怎麼比得上古代大師的**華麗色彩**！我指的是古代的人類。

一五三、詩人（Homo poeta）

「只要我完成手上這部作品，我就等於獨自創作出悲劇中的悲劇；我為劇中的存在打上了道德的死結、緊緊綁死，只有上帝有辦法解開，就像賀拉茲的要求！我在第四幕殺光了所有神祇，出於道德使然！接下來的第五幕該怎麼寫！我要怎麼解決這場悲劇！難道我要開始思考喜劇的方案嗎？」

一五四、不同的性命威脅

你們完全不知道自己經歷了什麼，你們就像喝醉一樣穿過自己生命，時不時就會從樓梯上跌下來。但是，多虧你們處在喝醉酒的狀態，你們才不至於跌斷自己的手腳；你們的肌肉太無力、頭腦太混沌，所以你們不像我們一樣覺得樓梯的台階那麼硬。對我們而言，生命是一件更加危險的事情：我們都是玻璃做的——如果我們發生**碰撞**，真的就慘了！如果我們**跌倒**的話，那一切就完了！

一五五、我們缺少的東西

我們熱愛**大**自然，而且發現了自然的奧妙：這是因為我們頭腦裡缺少偉大的人。而希臘人正好相反，他們對自然的感覺和我們不一樣。

一五六、最有影響力的人

如果有人起身對抗整個時代、將它擋在門外、對它追根究柢，這樣的人**肯定**會有影響力！這件事無關乎他想或不想，重點是他**有能力**造成影響。

一五七、說謊

注意！他在思考：他馬上就會把謊言準備好。這是全天下的民族都曾經歷過的文化階段。大家仔細想一想，羅馬人口中的說謊（*mentiri*）是什麼意思。

一五八、不方便的特性

覺得所有事物都別具一番深意，這是一種不方便的特性：這種特性會讓人持續勉強自己的眼睛，最後找到的東西遠超出原本所求。

一五九、每種美德都有它的時候

一個不願意向別人低頭的人，他的正直往往會變成良心的譴責，因為不向人低頭和正直是兩個不同時代的美德。

一六〇、與美德來往

人們也可以毫無尊嚴地對美德阿諛奉承。

一六一、致愛好時間的人

逃離職責的神父與被釋放的囚犯都會不斷地變換臉上的表情：他們要的是一張沒有過去的臉孔。但是你們曾不曾看過有人知道未來會倒映在自己的臉上，所以對你們這些愛好「時間」的人很有禮貌、懂得擺出**一張沒有未來**的臉孔？

一六二、自私自利

自私自利是感受的**觀點**問題，根據這個定律，身旁的事物總是會顯得重要而偉大；而當事物離得愈遠，它的重要程度也會跟著慢慢消失。

一六三、大獲全勝之後

大獲全勝之後，最大好處在於它能免除勝利者對於失敗的恐懼。他會這麼告訴自己：「偶爾輸一次有何不可呢？現在的我已經有這麼做的本錢了。」

一六四、尋求安寧的人

我認識一些人，他們會在自己的周圍擺放許多**黑暗的**對象，藉此尋求自身的安寧：想睡覺的人會把房間關暗，或是選擇爬進洞穴。如果有人不知道自己正在尋找什麼，而且會想知道答案，也許可以往這個方向思考看看！

一六五、論戒斷的幸福

如果有人已經徹底戒除某件事物好長一段時間，當他偶然再次遇見同樣的事物時，很容易就會誤認是自己的新發現——發現總是幸福的！所以我們要比蛇還聰明，牠們已經躺在同一道陽光下太久了。

一六六、永遠都在自己的社會裡

無論是在自然界還是在歷史中，所有和我同類的事物都在對我說話、給我稱讚、給我鼓勵、使我得到安慰——至於其他的聲音，我要麼聽不見，要麼聽完馬上忘記。我們始終都在自己的社會裡。

一六七、厭世與愛人

如果滿肚子都是已經無法再消化的人類，人們就會說自己已經受夠人類了。厭世是太過貪求愛人與「吃人」的結果——但是，親愛的哈姆雷特王子，有人要你像吞生蠔一樣把人吞下肚嗎？

一六八、談論一位病人

「他的狀況很不好，」問題出在哪裡？「他得了渴望被稱讚的病，卻找不到可以滿足渴望的養分。」無法理解！全世界都在說他有多好，人們不只把他放在手心，而且還把他掛在嘴邊！「是沒錯，但是他聽不太到別人對他的稱讚。如果有朋友稱讚他，他會覺得對方稱讚的是自己；如果有敵人稱讚他，他會覺得對方只是為了想藉此得到稱讚；如果是其他人稱讚他（因為他太有名了，所以很少有人既不是他的朋友，也不是他的敵人），他會覺得自己受到侮辱，因為這個人居然不想當他的朋友，也不想當他的敵人；他常常說：『如果這個人可以在我面前假裝公正，那他與我有什麼相干！』」

一六九、公開的敵人

面對敵人的勇氣是一件很特別的事情：就算有勇氣面對敵人，人們還是有可能成為懦夫、混亂到無法下決定。這是拿破崙（Napoleon）[82]對繆拉（Murat）[83]的評論，繆拉是他知道的人之中「最勇敢的那一位」——從他的話可以得出結論，對於某些人來說，如果要提升**自己的**美德、男子氣概、開朗的性格，那麼就不能沒有公開的敵人。

82. 譯註：法蘭西帝國皇帝。
83. 譯註：法蘭西帝國元帥。

一七〇、和一大群人相處

到目前為止，他都和一大群人相處在一起，而且他還是他們的歌頌者。但是總有一天他會變成他們的敵人對手！因為他們相信自己會為他的懶惰買單，而他也是這麼認為的，他還不曉得這群人沒有他這麼懶！他們永遠都在向前衝！他們不准任何人站著不動！而他就喜歡站著不動！

一七一、名譽

當許多人對某人的感恩之情多到可以拋下一切的羞恥心，就會形成所謂的名譽。

一七二、倒人胃口的人

甲：「你是一個專門倒人胃口的人——到處都有人這麼說！」

乙：「肯定是的！我會讓每個人對他的黨派感到反胃——沒有任何一個黨派會原

諒我。」

一七三、深奧與看起來深奧

知道自己有多深奧的人，會想盡辦法把話說得清楚明瞭；想讓自己在一群人面前看起來很深奧的人，會想盡辦法把話說得晦暗不明。因為群眾總是認為自己看不見底的就是深奧：他們很容易受到驚嚇，所以不喜歡下到水中。

一七四、旁門左道

議會制的意思就是公開允許人們從五種政治基本理念當中做選擇，這種做法很迎合許多想**看起來**獨立自主、想為自己理念奮鬥的人。但無論群眾被下令只能遵循一種理念或是五種理念都可以得到發展的空間，到最後其實都沒差。偏離這五種公開理念而退居一旁的人，永遠都會惹來群眾的反對。

一七五、論能言善道

誰是到目前為止最能言善道、最具有說服力的人呢？擊鼓聲：只要君王有權力支配擊鼓聲，他們就能是永遠的最佳演說家與煽動民眾者。

一七六、同情

統治地方的諸侯最可憐了！他們的權力全都在瞬間變成了要求，而且這些要求在不久之後聽起來就會像在痴心狂想！只要他們說到「我們」或是「我的人民」，惡毒的老歐洲就會面露微笑。真的，現代世界的最高禮儀官可能不太會為他們舉辦什麼禮儀，也許他還會宣布：「這些諸侯全都是暴發戶。」

一七七、「教育體系」

德國身分地位比較高的人都缺少一種偉大的教育工具：笑容；在德國這些人都不

會笑。

一七八、道德方面的啟蒙

人們必須說服德國人放棄他們的魔鬼梅菲斯托（Mephistopheles），以及他們的浮士德。[84]這是兩種在道德上對於知識價值的偏見。

一七九、想法

我們的想法是來自感受的影子——比起感受而言，想法永遠更晦暗、更空白、更簡單。

84. 譯註：皆為歌德《浮士德》當中的人物。

一八〇、自由精神的美好時光

即便是面對科學，擁有自由精神的人依然可以自由自在地為所欲為；而且，只要教會還沒倒，人們就會允許他們繼續擁有自由！從這點來看，現在正是自由精神的美好時光。

一八一、跟在後面與走在前面

甲：「無論命運將他們引導到哪裡去，兩個人裡面一定會有一個永遠跟在後頭、另一個永遠走在前面。**然而**跟在後面的那一位在美德與精神方面都會勝過在前面走的那一位！」

乙：「然而？然而？這些都是說給別人聽的；不是說給我聽的，也不是說給我們聽的！——千篇一律（Fit secundum regulam）。」

一八二、孤單的時候

如果一個人獨自生活，那麼他說話就不會太大聲、寫字也不會太大聲，因為他害怕空洞的回聲——來自寧芙厄科（Echo）[85]的批判。

所有聲音在孤單的時候聽起來都會不一樣！

一八三、最好的未來音樂

就我看來，一流的音樂家應該要知道最深刻的幸福會帶來悲傷，而且也只懂這種悲傷。這種音樂家到目前為止都還沒出現過。

一八四、司法

寧願讓人來偷，也不要在身旁布滿稻草人——這是我個人的品味。而且這件事無論如何都是品味問題，僅此而已！

85. 譯註：希臘神話中的寧芙，「回音」的名稱來源。

一八五、窮

他今天很窮，但不是因為人們拿走了他的一切，而是因為他把一切都丟了——這會對他造成什麼影響嗎？他已經習慣找到東西了。窮人才會誤解他的自願性貧窮。

一八六、問心有愧

他現在所做的一切都規規矩矩——但是他的良心過不去。因為不平凡才是他的任務。

一八七、演說中的侮辱

藝術家正在演說自己的想法，而且是非常好的想法，但是他演說的方式很侮辱我：講得那麼鏗鏘有力又冗長，還用了許多說服人的粗糙技巧，彷彿他正在向一群烏合之眾說話。他的藝術只要看一下子，就會讓我們覺得自己身處在「不法社會中」。

一八八、工作

現代人與工作以及工人的距離都非常近，就算是我們之中最悠閒的人也不例外！在路易十四的那個時代，光是國王禮貌性說一句：「我們都是工人！」聽起來都像是在挖苦別人、讓人不堪。

一八九、思想家

他是一位思想家，也就是說，他很懂得用更簡單的方式看待事物。

一九〇、反對歌頌者

甲：「人們只會獲得同類人的稱讚！」

乙：「對！而且稱讚你的人還會對你說：你和我是同類人！」

一九一、反對某些辯護

傷害一件事情最陰險的方式是故意用錯誤百出的理由為它進行辯護。

一九二、好心人

那些臉上散發著善意的好人和其他人有什麼區別呢？他們喜歡有新人的陪伴、很快就會愛上對方；他們會想要對對方好，他們的第一個評語就是「我喜歡他」。接下來還會依序發生：想將對方占為己有（他們不會太顧忌其他人的價值）、快速占為己有、因為占有而感到快樂、為了被占有的一方而展開行動。

一九三、康德的笑話

康德曾經想用一種冒犯「全世界」的方式證明「全世界」是對的——這是隱藏在他靈魂裡的笑話。他會為了民眾先入為主的偏見而撰寫文章對學者提出反對，但他是為了學者而寫，而不是為民眾而寫。

一九四、「敞開心胸的人」

那種人的行動根據大概都是心照不宣的理由：因為他的嘴上總是掛著說得出口的理由，手中的理由也幾乎開誠布公。

一九五、笑死！

看那邊！看那邊！他從人群中跑開——但是這群人卻跟在他後面，只因為他跑在他們**前面**。他們就是這麼從眾！

一九六、我們聽力的界線

人們只能聽自己有辦法找到答案的問題。

一九七、所以要小心！

我們最喜歡告訴別人的就是沉默的封印——連同封印下的東西。

一九八、驕傲人的不悅

驕傲的人最討厭帶著他向前邁進的事物，他會惡狠狠地盯著拉車的馬看。

一九九、大方

有錢人的大方常常只是某種害羞的表現。

二〇〇、笑

笑的意思是：幸災樂禍，但是良心過得去。

二〇一、鼓掌

鼓掌永遠都是某種形式的噪音，甚至我們給自己的掌聲也是如此。

二〇二、浪費的人

他的貧窮還不及那些入不敷出的有錢人，他只是隨著天生浪費的大自然用非理性浪費自己的精神而已。

二〇三、這個人很黑（Hic niger est）

他通常沒有想法——但能想到搞例外的壞念頭。

二〇四、乞丐和禮貌

「拿石頭敲一扇少了門鈴的門，這不叫沒有禮貌」——乞丐和窮苦人家都是這樣想的，但沒有人會認為他們有道理。

二〇五、需求

需求被視為是新事物形成的原因，但其實往往只是新事物形成之後的效果。

二〇六、下雨時

下雨了，我想起那些聚在一起的窮人，他們帶著許多憂慮，也不曾練習將自己的憂慮隱藏起來，也就是說，每個人都真心樂意造成別人的痛苦，就連在壞天氣都想為自己營造出一種可憐的舒適感——這就是窮人的貧窮。

二〇七、嫉妒鬼

這是個嫉妒鬼——人們肯定不會希望他有小孩；不然他可能會嫉妒自己的小孩，因為他不再能當個孩子了。

二〇八、偉大的男人！

「一位偉大的男人」還不足以讓人推論出他是男人；也許他只是個男孩子，也許他是一隻各種歲數的變色龍，也許他是個被施了法的小女生。

二〇九、問理由的一種方式

有人想問我們這麼做的理由，但是他問的方式不僅會讓我們忘記最好的理由是什麼，還會讓我們心中感到一股反抗正在覺醒、不願意去談任何理由——這種問的方式會讓人變得非常笨，真的是暴君會用的技巧。

二一〇、努力的標準

人不必想著要超過父執輩的努力——這會讓人生病。

二一一、祕密敵人

可以保有一個祕密的敵人——這是一種道德上的奢華，就算是具有高尚思想的人也不足以負擔得起。

二一二、不要讓人糊弄了

他的精神很沒有教養，總是匆匆忙忙，說話也總是因為不耐煩所以結結巴巴。人們幾乎料想不到，他的靈魂有多麼氣定神閒、從容不迫。

二一三、通往幸福的道路

有位智者問傻瓜，什麼是通往幸福的道路。傻瓜的回答毫不猶豫，彷彿別人問他的是通往下個城市的路：「佩服自己，然後活在巷弄！」智者大叫：「等一下，你要求的太多了，只要佩服自己就夠了！」傻瓜反駁說：「但是，如果不能一直看不起自己，又怎麼能一直佩服自己呢？」

二一四、信仰讓人幸福

只有相信自己具有美德的人，美德才有辦法為他們帶來幸福，但是對那些更敏銳的靈魂而言，美德並無法為他們帶來幸福，因為他們的美德就在於強烈的自我懷疑，而且他們也不信任各種美德。「信仰讓人幸福！」在他們身上終究還是成立的——但是要注意，**不是**美德！

二一五、理想與物質

你看到了一個高尚的理想：但是**你**這塊石材同樣高尚到可以被拿來雕成神像嗎？如果不是這樣，你所做的一切難道不全都是野蠻的雕刻嗎？難道不是正在褻瀆你的理想嗎？

二一六、聲音裡的危險

如果喉嚨發出的聲音太大聲，幾乎就沒有辦法思考細微的事情。

二一七、因與果

結果出現之前與結果出現之後，人們相信的原因會有所不同。

二一八、我的反感

有一種人我真的不愛，為了產生影響，他們就非得像顆炸彈一樣炸裂，在他們身旁永遠都會有突然失去聽覺的危險——或是失去更多東西。

二一九、懲罰的目的

懲罰的目的在於改善**施加懲罰的人**——這是最後一個能為施加懲罰辯護的理由。

二二〇、犧牲者

關於犧牲者與犧牲這件事，被犧牲的祭品想的會與旁觀者想的不一樣：但是人們一向不會讓牠們有說話的機會。

二二一、愛護

父子之間的彼此愛護遠多過母女之間。

二二二、詩人與騙子

詩人認為自己和騙子是同一個奶水養大的，只是他把對方的奶水都喝走了；所以騙子才會窮苦一生，而且從來不曾有過良心。

二二三、感官的代理人

有位耳聾的老神父說：「人還是有眼睛可以聽；而在一群瞎子之中，耳朵最長的那個人就是國王。」

二二四、動物的批判

動物恐怕會把人類當成牠們的同類，而且還會覺得人類已經喪失健全的動物理智，甚至到了一種極其危險的地步——牠們會把人視為發瘋的動物、大笑的動物、大哭的動物、不幸的動物。

二二五、自然的人

「邪惡的事情永遠都能產生最大的效果！既然大自然是邪惡的！那麼我們就要做個自然的人！」有許多人類特別愛追求效果，他們的心裡都會做出這樣的結論；人們太常把他們當成偉人了。

二二六、愛猜疑的人與風格

我們會把最強大的事物說得很簡單，前提是我們周圍的人相信我們的強大——這種環境能造就出「簡單的風格」。愛猜疑的人總是用強調的方式說話；愛猜疑的人總是用強調的方式做事。

二二七、錯誤的推論，未擊中的靶心

他無法克制自己：那個女人由此推論他很容易受控制，於是對他丟出套索——可憐的人兒啊，不久之後她就會變成他的奴隸了。

二二八、反對斡旋

如果有人想在兩位已經下定決心的思想家之間進行斡旋，就會被認為是平庸之輩，他看不見眼前正在發生一件絕無僅有的事情；弱視的特徵就是只能看得見類似和相同的事情。

二二九、反抗與忠誠

他緊抓著一件看透的事情不放，藉此進行反抗——但他卻稱這種行為叫作「忠誠」。

二三〇、缺乏沉默的個性

他整個人都沒有**說服力**——這是因為他從來沒有對他做過的好行為保持沉默。

二三一、「徹底的人」

吸收知識緩慢的人會認為緩慢也是知識的一部分。

二三二、做夢

人們要麼完全不會做夢，要麼就會做有趣的夢。人們必須學會用同樣的方式醒著——要麼完全不醒，要麼就要用有**趣**的方式醒著。

二三三、最危險的觀點

我現在做什麼或不做什麼，**對於接下來的一切**都很重要，好比過去最偉大的事件：如果要用這種非比尋常的觀點看待行動的結果，那麼所有行動都會是偉大的，同時也會是渺小的。

二三四、一位音樂家的慰問

「你的生命沒有傳到人們的耳中，對他們而言，你生活在一個沉默的生命，所有精細的旋律、所有走在前面或跟在後面的細膩決定，這些他們都看不到。這是真的，你並沒有一邊演奏軍樂、一邊踩著大街走過來——但也正因如此，這些好人沒有權力說你的音樂沒有生命變化。凡有耳的就應當聽。」

二三五、精神與個性

有些人的個性達到巔峰，但是他的精神和這個高度不配——有些人則剛好相反。

二三六、為了推動群眾

想要推動群眾的人難道不用當自己的演員嗎？難道他不用先把自己想說的話翻譯成荒誕直白的語言，然後用粗俗簡化的方式把他整個人和想說的事情**表達出來**？

二三七、有禮貌的人

「他好有禮貌！」是的，他總是會帶一塊蛋糕給地獄犬（Cerberus）[86]，而且非常容易受到驚嚇，所以把每個人都當成地獄犬，包括你和我——這就是他的「禮貌」。

86. 譯註：希臘神話中的地獄看門狗。

二三八、不嫉妒

他完全不會嫉妒別人，但這不是什麼值得驕傲的事情，因為他想要占領一塊還沒有人擁有、也幾乎不曾人看過的土地。

二三九、不快樂的人

只要有一個不快樂的人就足以讓整個家籠罩在灰暗的天空、一直處在不快樂的狀態；只有奇蹟有辦法讓這個人消失！幸福早就不是一種會傳染的疾病了——怎麼會變成這樣？

二四〇、在海邊

我大概不會為自己蓋房子（沒有房子當然也是一種幸福！）。但是，假如我必須這麼做的話，我會像某些羅馬人一樣把房子直接蓋在海邊，我想和這片美麗的龐然大物共同分享一些祕密。

二四一、作品和藝術家

這位藝術家就只有小氣而已，畢竟他的作品就只是一支放大鏡，他會遞給每個朝他看過來的人。

二四二、各人有各人的路要走（suum cuique）

無論我在知識方面的物慾有多麼強烈，我能從事物上得到的也只有我已經擁有的，我拿不走其他人占有的部分。一個人怎麼會有辦法去當小偷或強盜！

二四三、「好」與「壞」的起源

只有懂得感受「這樣不好」的人才有辦法發明出改善的方法。

二四四、想法與話語

人們沒有辦法完全用話語表達出自己的想法。

二四五、選擇中的讚美

藝術家會選出自己的材料：這是他表達讚美的方式。

二四六、數學

我們想要盡可能把數學的精細與嚴謹推廣到各個學科，我們不相信這麼做可以讓我們認識天下萬物，而只是為了**確定**我們人類與萬物之間的關係而已。數學只是用來認識人類的工具，它帶來的既是一般性的知識，也是終極的知識。

二四七、習慣

所有的習慣都會讓我們的手變小、把我們的笑話變得更笨拙。

二四八、書

如果這本書不曾帶我們超越所有的書籍，那它還有什麼重要的呢？

二四九、追求知識的嘆息

「哎，我的物慾呀！這個靈魂裡沒有無私這件事，反而住著渴望一切的自己，它想透過許多獨立的個體去看、去摸，就像透過**自己的**眼睛和**自己的**手一樣——一個想把整個過去都拿回來的自己，不想失去任何有機會擁有的東西！哎，我的物慾正在焚身！哎，我可能還要重生輪迴上百次！」如果有人沒有經驗過這種嘆息，不會知道什麼叫作追求知識的熱情。

二五〇、罪

雖然明察秋毫的法官在審判女巫的時候深信巫術是一種罪行，甚至連女巫自己都對此深信不疑，但是這個罪並不存在。所有罪都是如此。

二五一、被誤解的受苦者

偉大的人受的苦和崇拜他們的人想的不一樣：最讓他們感到痛苦的是某些惡意會在瞬間產生卑鄙又小題大作的波動，簡單來說，他們會因為懷疑自己的偉大而感到痛苦——但不會是因為犧牲和殉道，那是他們的任務。只要普羅米修斯對人類有所同情，而且願意為了人類犧牲自己，他的內在就會感到幸福和偉大；但如果他對宙斯（Zeus）起了嫉妒、嫉妒凡人對宙斯的崇拜，這時他就會感到痛苦！

二五二、寧願有罪

「寧願有罪，也不要用沒有印著我們頭像的錢幣付錢！」這樣的我們才叫作主權獨立。

二五三、永遠在家

我們總有一天會達到我們的**目標**——然後帶著驕傲告訴別人我們這趟旅程經歷過什麼樣的千山萬水。其實我們之前都沒有發覺自己正在外出旅行，但也正因如此，我們到每個地方都誤以為自己還**在家裡**。

二五四、對抗尷尬

忙到不可開交就能超越所有尷尬。

二五五、模仿者

甲：「怎麼會！你不想要有人模仿你？」

乙：「我不想要別人學我做什麼，我想要的是每個人都能做給自己看：**我正在做的事**。」

甲：「所以——？」

二五六、表皮性

有深度的人都會希望有朝一日可以像飛魚一樣在浪尖上玩耍，這會帶給他們極大的幸福。他們覺得物體最好的地方，在於它們具有表面：物的表皮性——抱歉我用了這個字（sit venia verbo）。

二五七、出自經驗

有些人不知道自己多麼有錢，直到他得知哪些有錢人也會來偷他的錢。

二五八、否定偶然的人

沒有勝者會相信偶然。

二五九、來自天堂

「好與壞都是上帝的先入為主。」蛇曾經這麼說。

二六〇、乘法表

一個人永遠都是錯的，但兩個人就會開始形成真理——一個人沒辦法向自己證明，但兩個人就沒有人可以反駁。

二六一、原創性

什麼是原創性？原創性就是可以看見還不知名的事物，雖然這些事物就呈現在眾人眼前，但是還無法被命名。如同人類的習慣，總是要先有名字，他們才看得到東西的存在——原創的人大多都是為事物命名的人。

二六二、從永恆的觀點來看（sub specie aeterni）

甲：「你愈來愈加速遠離活人的世界了。不久之後，他們就會把你從名單上刪掉！」

乙：「這是享受死者特權的唯一方法。」

甲：「哪種特權？」

乙：「永遠不死。」

二六三、不帶虛榮

如果我們愛上了誰，我們就會想隱藏自己的缺點，不是因為虛榮心作祟，而是因為被愛的那位不該受苦。是的，愛人的人會想要讓自己看起來像上帝一樣——而且這也不是因為虛榮心作祟。

二六四、我們在做的事

我們在做的事，從來都不會有人懂，永遠都只有讚美和責備而已。

二六五、終極懷疑

人類最終的真理究竟是什麼？——是人類各種**無法反駁的**錯誤。

二六六、需要殘酷的時候

偉大的人會殘酷對待自己的美德以及次級的考量。

二六七、擁有偉大的目標

如果人擁有偉大的目標，不只可以高過自己的罪行以及審判他的法官，甚至還可以凌駕在整個公義之上。

二六八、是什麼造就了英雄？

同時迎向自己最大的痛苦與最大的希望。

二六九、你相信什麼？

相信所有事物的重要性都必須重新定奪。

二七〇、你的良心說了什麼？

「你應該變成你原本的樣子。」

二七一、你最大的危險是什麼？

同情。

二七二、你愛別人身上的什麼？

我的希望。

二七三、你會說誰是壞人？

永遠想要讓別人丟臉的人。

二七四、你覺得最人性的事情是什麼？

避免別人感到羞愧。

二七五、達到自由的印記是什麼？

不再對自己感到羞愧。

第四卷

聖雅納略（Sanctus Januarius）[87]
祢用火焰之矛，
擊碎了我靈魂的寒冰，
我的靈魂便起了波瀾，
朝著至高的希望之海邁去：
愈來愈光明、愈來愈健康，
逍遙在滿懷愛意的強迫裡——
它讚美祢的神蹟，
最美麗的雅納略！

熱那亞，一八八二年一月

二七六、新年

我還活著、我還在思考：我還必須活著，因為我還必須思考。我在故我思（sum, ergo cogito）：我思故我在（cogito, ergo sum）。每個人今天都可以說出自己的心願以及最可愛的想法，所以，我今天也想要來說一說自己對自己的期許，以及今年最先掠

87. 譯註：天主教聖人。

過我心頭的想法是什麼——這個想法將會變成我往後人生的根基、擔保、甜蜜！我想要愈來愈學會把事物的必然視為美，如此一來，我就能加入把事物變美的行列。熱愛命運（amor fati）：從今以後，這將會是我的愛！我不想對醜陋的事物發動戰爭。我不想控訴、不想再控訴提出控訴的人。我唯一的否定將會是**撇過眼不看**！總的來說，將來有一天，我只想當個對凡事都說好的人！

二七七、命中注定

生命中總會有某個關鍵的時刻：無論我們之前有多麼否定這個美麗而混亂的存在依然具有張羅一切的理性和良善，只要我們到了那個時刻，原本自由的我們就會再次陷入莫大的危險，精神變得不再自由，而且必須通過最難的考驗。也就是說，我們會開始思考每個人的生命是不是早就已經先被注定好的，而且這個想法會強烈到逼得我們不得不面對，再加上這個想法有個最佳代言人，因為我們自己也曾經實實在在地親眼目睹，我們遇見的所有所有事情都不斷為我們**帶來最好的安排**。

每天的生活似乎時時刻刻都只想不斷重新證明這個定理；好天氣或壞天氣，失去朋友、生病、受人誹謗、信件未寄達、扭到腳、逛個商店、別人提出的反證、打開書本、一場夢、一個謊言：無論發生什麼事，馬上（或不久之後）就會證明是「不可或缺」的事情——這件事不只充滿著深意，而且**對我們**也很有幫助！難道有比這個更危險的誘惑嗎？誘惑我們放棄信仰伊壁鳩魯那群無憂無慮、不知名的眾神，改信某位憂心忡忡、小題大作的上帝，祂甚至把我們每個人頭上的細髮都數算過了，就連最卑微的服務也不覺得噁心。

好吧，儘管如此我還是想說！我們要放過那群眾神，同樣要放過那些樂於服務的天才們，我們要知足，因為我們現在可以假設自己有辦法熟練地對事件進行解釋並安排妥當，無論在實務上還是在理論上都已經達到巔峰。我們也不要想說自己在智慧方面有什麼太高超的熟練技巧，畢竟我們偶爾還是會對彈奏樂器時出現的神奇和聲感到驚喜：那些和聲悅耳的程度好到我們不敢說那是自己做出來的。事實上，總是有某位神祇會和我們**一同**演奏——祂就是親愛的偶然，祂偶爾會牽著我們的手，就算命中注定再怎麼有智慧，祂想出來的音樂也不會比我們愚蠢的手做的音樂好聽。

二七八、想到死亡

身處在雜亂無章的小巷子裡、身邊充滿各式各樣的需求與聲音，這種生活為我帶來一種憂鬱的幸福：這裡時時刻刻都看得到許多享受、不耐煩、各種渴望；時時刻刻都有許多饑渴的生命與喝醉酒的狀態！然而在不久之後，這些發出吵鬧聲的人、活著的人、渴望生命的人全都會安靜下來！每個人的背後都站著自己的影子、黑暗的旅伴！這情況總是像移民船出發前的最後一刻：每個人都有更多的話想對彼此說，時間緊迫，大海不耐煩地在這片嘈雜聲後靜靜等候——如此饑渴、如此有把握將獵物手到擒來。

所有人、所有人都認為到目前為止的一切都不算數或聊勝於無，即將到來的未來才是一切。所以他們匆匆忙忙、大聲喊叫、彼此比大聲、彼此爭好處！每個人都想當未來的第一人——然而只有死亡和死後的寧靜才是這個未來唯一確定的事情，而且每個人都一樣！奇怪的是，就算這件事情肯定會發生，而且每個人都有份，為什麼幾乎不會對這些人造成任何影響，而且他們**根本**不覺得自己和死亡走得很近！我很開心可以看到這些人完全不想思考關於死亡的念頭！我很樂意做點什麼，讓他們覺得關於活著的念頭會**更加值得讓人思考**數百倍。

二七九、星星的友誼

我們原本是朋友，後來變得很生疏。不過這樣才好，而且我們也不想彼此遮掩和隱瞞，弄得好像我們對此感到慚愧一樣。我們本來就是兩艘船，各有各的目標、各有各的航線；我們也許可以彼此交會、共同慶祝某個節日，就像之前一樣，然後再靜靜地躺在港口曬太陽，彷彿這兩艘好船已經抵達共同的目的地。但是，我們的任務會再次用它的全能將我們彼此分開，推向不同的陽光和大海，也許我們從此不會再見面，也許我們還是會再見面，只是認不出彼此：不同的陽光和大海讓我們都變了樣！

我們必定會變得生疏，這就是**掌管著**我們的定理，正因如此，我們就該變得讓彼此更加敬佩！正因如此，我們從前的友誼就該獲得更神聖的紀念！大概會有一道看不見的巨大曲線和行星軌道，可以把我們如此不同的道路和目標都一併**包含在內**、算作其中的一小段——我們要把想法提升到這個境界！但是我們的生命太過短暫、視力太過孱弱，以致我們最多只能在崇高的意義上當朋友。所以，就算我們在這個地球上不得不相互為敵，也要**相信**我們之間存在著星星的友誼。

二八〇、追求知識的人要的建築

大概在不久之後，我們就有需要瞭解一下我們的大城市主要欠缺的是什麼：欠缺沉思的空間，這個空間必須要安靜、寬廣、延伸至遠方，還要有高大寬敞的廊廳提供給天氣太糟或太陽太大的時候使用，馬車與叫賣的聲音不能傳到裡面，而且出於更重視細節的禮貌，就算是神父也不能在裡面大聲禱告；整棟建築與設備都必須顯露出在一旁進行沉思的高尚性質。

沉思的生活（vita contemplativa）首先必須是宗教生活（vita religiosa）：教會建造的一切都看得出這種思想，但是教會壟斷沉思的時代已經過去了。就算這些建築已經不再被當成教堂使用，我還是不知道我們怎麼會有辦法滿足於這些教會建築；作為上帝之家以及世俗外的世界交際應酬的華麗場所，這些建築使用的都是一種太過激昂又太過拘束的話語，以至於我們這群心中沒有上帝的人不能在這裡對**我們的想法**進行思考。在這些會堂和花園漫步的時候，我們會想要把**自己**寄託在石頭與花草之中，我們會想要**在自己內心裡**散步。

二八一、懂得收尾

一流的大師有個特徵，就是他們在大大小小的事情上都懂得用完美方式進行收尾，無論是旋律的終止還是想法的總結、無論是悲劇第五幕的結局還是國家事件的收尾，皆是如此。二流的大師則永遠都會在接近尾聲的時候變得焦躁不安，無法像菲諾港（Porto fino）附近的山脈一樣帶著驕傲和平靜安穩的心情下水——而那裡正是熱那亞的港灣唱完旋律的地方。

二八二、步伐

從精神方面的行為舉止可以看出某些大才子是不是出身烏合之眾或平庸之輩：讓他們穿幫的正是他們思考的步伐，他們不會**走路**。就連拿破崙都很懊惱於自己沒辦法走得像個諸侯、走得「合法」，尤其人在某些時候真的必須要懂得怎麼走路，例如加冕儀式之類的場合。他在這些場合看起來也都只不過是個軍團的首領，驕傲、匆忙、非常有自信。有些作家會用層層堆疊的複雜句子像長袍一樣包裝自己、弄得沙沙作響，看到這些作家真的會讓人覺得有點好笑：他們想要藉此蓋住自己的**雙腳**。

二八三、正在預備的人

我很開心總總跡象都顯示有個更像男人、更像戰士的時代正在興起，而它將恢復勇氣的榮耀！因為這個時代將要為另一個更高的時代開闢道路，聚集那個時代所需的力量——那個時代將會知道什麼叫作英雄行為，也會為了思想和思想的結果**發動爭戰**。為此，我們現在需要許多進行預備的勇士，但是這些人不可能憑空出現，也不會來自現在爛成一團的文明與大城市的教育。我們需要的人必須懂得沉默、孤單、下定決心、心滿意足地持續做著別人看不見的工作；必須發自內心地喜歡在所有事物上尋找需要**克服**的部分；必須具備開朗、耐心、質樸、鄙視所有嚴重愛慕虛榮的行為，同時要在得勝的時候慷慨大方，寬宏大量地對待所有輸給自己的人，不去計較他們小小的愛慕虛榮；必須敏銳而自由地對所有勝利者進行判斷，衡量每一場勝利和名譽究竟有多少偶然的成份；必須有自己的節慶、自己的工作日、自己的哀悼日，習慣下達明確的命令，有必要也願意服從命令，無論下令還是服從都同感驕傲，同樣都會做好自己的本分。

我們需要的是更容易遭受危險的人、更富有成果的人、更快樂的人！因為，相信我！為了要從這個存在收獲最大的果效與最大的享受，祕密就在於：**活得危險一點**！把你們的城市建在維蘇威火山（Vesuv）旁邊！把你們的船送往未知的大海！帶著你們的人與彼此生活在戰爭之中！你們這群追求知識的人，只要你們沒辦法成為統治者或大財主，那就去當強盜和征服者！可以讓你們安安穩穩像個怯懦的小鹿躲在森林裡過活的時代很快就會過去了！知識最終肯定會把手伸向它應得的東西：它會想要**占領並統治**天下，而你們要好好跟著它！

二八四、相信自己

只有少數人有辦法相信自己：這群人當中有一部分的人之所以會相信自己，是因為他們可以藉此享受盲目的好處、讓自己的精神變得沒那麼精明（如果他們可以**徹底看清**自己，他們會看到什麼東西！）；另一部分的人則是後來才學會相信自己的，他們做的所有事情，無論有多麼好、多麼有本事、多麼偉大，首先都是為了反駁自己心中的懷疑：必須要先有辦法取信或說服**自己**，幾乎只有天才才辦得到。這是一群對自己最不滿足的人。

二八五、高人（Excelsior）！

「你不會再禱告、不會再敬拜、不會再帶著無限的信心宣告——你禁止自己在終極的智慧、終極的良善、終極的力量面前站著不動，也不會卸下思想的套具。你身處在極度的孤獨之中，沒有人是你永遠的守望和朋友。你的生活看不見頭上頂著白雪、心中帶著熾熱的高山。既不會有人對你施恩報仇，也沒有人會在最後一刻出手拯救。過去發生的事情都不再有個道理，未來遭遇的事情也不會是因為愛。你的心再也找不到地方休息、沒有不用尋求就找得到的地方，你抗拒任何的最終和平，你想要的是戰爭與和平的永劫輪迴。你是個斷念的人，你想要斷開一切嗎？誰會給你力量做這件事？還沒有人有過這種力量！」曾經有一座湖想要禁止自己的湖水往外流，所以在出口處建了一座大壩，從此以後，這座湖便開始愈漲愈高。也許斷念也會賜給我們力量，讓斷念本身可以讓人承受得住；也許當人不再**流向**上帝之後，他也會開始愈爬愈高。

二八六、插話

這裡全是希望；但如果你們自己的靈魂沒有發光發熱，也沒有體驗過晨曦，你們又能在這些希望當中看到或聽到什麼呢？我也只能做個提醒而已，再多就沒辦法了！推動石頭、把動物變成人類——你們想要我這麼做嗎？哎呀，如果你們還是石頭或動物，那你們就要先去找你們的奧菲斯。

二八七、對盲目充滿興致

漫遊者對他的影子說：「我的想法應該要告訴我目前人在哪裡，但它不應該先向我透露**要去哪裡**。我喜歡對未來一無所知，不想因為預先品嘗到應允的事物而敗給了不耐煩。」

二八八、高漲的情緒

我覺得大多數的人都不相信會有高漲的情緒，除非指的是只會持續幾個瞬間、最多不會超過十五分鐘的那種，只有少數人是例外，他們曾經親身經歷過，所以知道什麼叫作持續較久的高漲感受。但若是要說到永遠處在一種高漲感受中的人，活脫是這種唯一偉大的情緒化身——到目前為止，這都只是一場夢想、一種狂喜的可能：歷史還沒有給過我們確切的例子。儘管如此，歷史還是有可能生出這種人，前提是要創造出大量的有利條件，而且要把這些條件確定下來，就連碰到最幸福的偶然事件也不能被打亂。我們的靈魂時不時就會出現令人戰慄的例外狀態，但是對於那些未來的靈魂而言，這些都是尋常的狀態：持續的高低起伏、高高低低的感受、始終像在爬樓梯、又像躺在雲端上休息。

二八九、上船！

用哲學為自己的生活與思考方式進行整體辯護，會為每個人帶來什麼樣的效果——就好比一顆溫暖人心、賜福給人、豐富人的生命、特地照耀在個人身上的太陽，這顆太陽讓人不受到讚美與責備的影響，讓人在幸福與善意方面變得自足、富有、大方；這顆太陽會馬不停蹄地把壞事變成好事，全力讓事物開花、催熟，完全不讓大大小小的憂傷與不愉快像雜草一樣冒出來。

如果人們好好思量這一切，最後就會大聲喊出自己的要求：噢！如果可以再造許多新的太陽就好了！就連壞人、不幸的人、例外狀況的人都應該要有自己的哲學、自己的公理、自己的太陽！他們需要的不是同情！，雖然人類一直以來學的、練的都是這一套說法，但是我們必須忘掉這種高傲的念頭。我們不用為他們設立傾聽懺悔的人、通靈的人、原諒過錯的人！我們需要的是一套新的**公義**！以及一條新的口號！新的哲學！道德的地球也是圓的！道德的地球也會有對蹠點！對蹠點也有存在的權力！還有另一個世界等著我們去發現——而且不只一個！上船吧！你們這群哲學家。

二九〇、有一件事是必要的

讓自己的個性「風格獨具」，這是一門偉大又少見的藝術！這種藝術只有一種人能辦得到，他們會忽視自己與生俱來的所有強項與弱項，然後將一切放進自己的藝術家計畫，直到每一項都看起來充滿藝術和理性，就連弱項都讓人賞心悅目。加入大量的第二天性，鏟除部分的第一天性：兩件事情都需要日復一日的工作與長期的練習。加入第二天性可以掩蓋掉無法鏟除的醜陋，鏟除第一天性可以把醜陋的部分解釋成崇高。許多模糊的、無法賦形的部分都是為了遠方的景致而預備的：它們正對著遠方與無法估量的事物招手示意。

最終，當整件工作完成之後，人們就能看到品味多麼具有強制力、在大大小小的事情上都發揮統治與形塑的作用：品味的好壞沒有人們想得那麼重要——只要是品味就夠了！——品味是自定的法則，具有統治慾的強大天性會在這種強制、約束、完美中自得其樂；只要看到風格獨具的天性、被征服的天性、為人效勞的天性，他們強烈想要做點什麼的熱情就會得到寬慰，就算必須建立宮殿、設置花園，他們也不會願意讓天性放飛自由。

相反地，如果是無法自我控制的弱小天性，他們就會**恨惡**風格的約束：如果別人對他們施加惡毒的強迫，他們勢必會變得**粗鄙**；只要是為人效勞，他們會變成奴隸，因為他們恨惡提供服務。這種人（他們也可能是一流的才子）永遠都在追求將自己與周圍的環境塑造或闡釋成**自由的**天性，野性、任意、幻想、放蕩、出奇不意，而且他們在這方面做得很好，因為他們只能用這種方式對自己好！因為有一件事是必要的：人必須**達到**對自己感到滿意的地步，無論是透過哪種文學和藝術都可以，只有這麼做，人才不會變得面目可憎！對自己不滿意的人會一直處在想為自己報仇的狀態，然後我們這些人就會變成他們的犧牲者，就算只是永遠都得忍受他們醜陋的面容罷了。因為**醜陋**的面容會讓人變得又壞又陰沉。

二九一、熱那亞

我曾靜靜地看著這座城市好一陣子，包括這座城市的花園別墅，還有周圍一大片住著人的山坡地；看到最後，我必須說：我看到過去好幾個世代的**面容**，這個地區處處都反映著人們的大膽、有自信。這些人曾經在這裡**生活過**，也曾想繼續在這裡生活下去，這是他們的房子告訴我的；無論建築還是裝飾，他們的房子都放眼未來的好幾個世紀，而不是只為了倏忽即逝的一時半刻：就算他們常常對自己很苛刻，他們還是很懂得過生活。我永遠都能看到蓋房子的人將目光靜靜放在周圍遠遠近近的建築物，同樣放在城市、大海、山陵線，他的目光是暴力與征服的目光，他想把這一切都放進**他的**計畫中，然後把這一切都納為**己有**。

整個地區都遍布這種華麗又得不到滿足的自私自利，不斷想要掠奪和占有。正如同這些人不會承認遠方的界線、不斷渴望新的事物、不斷將新世界併入舊有的世界，他們在家鄉也永遠都在彼此對抗，還發明出一種表達自身優勢的方式，把自己的無邊無際放置在自己與鄰居之間。每個人都在重新將家鄉占為己有、用建築的思維征服家鄉的地土，彷彿要把家鄉變成房子周圍的景色。北方的法規讓人印象深刻，這裡充滿著法治與服從的精神，如果人們仔細去看這些城市的建築方式，就能猜出蓋房子的人靈魂中肯定都想默默與他人並駕齊驅、不落人後。但只要轉過一個彎，你就會遇到一個懂得大海、冒險、東方世界的人，這個人對法規與鄰居都嗤之以鼻，認為這一切都很無聊，並帶著嫉妒的目光衡量所有已經建立起來的舊事物。他會用一種調皮搗蛋的神奇想像力（至少在想像中）對這一切進行重建，加上他的做法、添上他的意義——就算只能維持一個陽光午後的片刻，但至少能讓他無法滿足的憂鬱靈魂感到滿足，放眼所見都是自己的，不再有陌生的事物出現在眼前。

二九二、致傳講道德的人

我不想從事任何道德行為，但如果有人這麼做，我想給他們一些忠告：如果你們想讓一切都失去榮耀和價值，就連上好的事物與狀態也不放過，那你們就繼續把這些事情掛在嘴邊好了，像你們一直以來做的那樣！如果你們把上好的事物與狀態擺在道德的第一順位，就像你們從早到晚都在談論美德的幸福、靈魂的安寧、公平正義、內在的施恩報仇；這些事情到最後一定會開始流行起來，巷弄裡每個人都在對它高談闊論：但是這些事情上面的金子也會因此磨損，更有甚者，這些事情**蘊含的**黃金可能也會變成鉛塊。真的，你們真的很懂怎麼把錬金術倒過來錬、把有價值的東西變得毫無價值。你們要試著用用看其他配方，才不會一直得到事與願違的結果：你們要**否定**那些好東西，不要讓它們接受烏合之眾的掌聲、不要讓它們這麼輕易就流傳在大眾之間；你們要把那些東西重新變成孤獨的靈魂羞於分享的奧祕，然後說，**道德都是隱密的**！如此一來，也許你們就能為那些好東西贏得唯一重要的一群人，我說的就是**具有英雄特質的人**。但必須讓他們感到害怕，而不是像之前一樣讓他們感到噁心！但願今日的人們在談論有關道德的話題時，不要像埃克哈特大師（Meister Eckardt）[88]說的那樣：「我求上帝讓我脫離上帝！」

二九三、我們的空氣

我們很清楚，誰會用像散步一樣的態度看待科學，他們用的是女性還有許多藝術家（非常遺憾）看待科學的方式：科學任務的嚴謹性會引發他們的暈眩與恐懼，因為科學在大大小小的事情上都不會得過且過，必須快速進行權衡、判斷、做出裁決。最讓他們感到害怕的是科學要的都是最難的事情、做的都是最好的東西，而且不會得到任何讚美與表揚，反而還會像在軍隊一樣，幾乎只聽得到**大聲的**責罵和尖銳的訓斥，因為做的好是規則、做不好是例外；但是這裡的規則和其他地方一樣都傾向沉默不語。

88. 譯註：德意志神學家。

所以「科學的嚴謹」就好比上流社會的各種形式和禮節，它們都會嚇跑圈子外的人。但只要習慣了科學的嚴謹，就完全不會想在其他地方生活，只想活在這股明亮的、透明的、有力的、帶有強大電流的空氣中，只想活在這股**男人的**空氣裡。對這種人來說，其他地方的空氣都不夠乾淨、也不夠流通。他很懷疑自己最好的藝術**在那種地方**是不是真的可以為誰帶來好處，甚至讓誰感到快樂；會不會在各種誤解當中平白浪費了半條人生；會不會一直都得小心翼翼、隱藏、克制自己——純粹只是在白費力氣！但是在**這片**嚴謹而明亮的環境中，他的力量可以得到完全的施展，他可以在這裡飛翔！所以他何必要再蹚入渾水？在那裡只能游來游去，平白弄髒了自己的羽翼！不必！

對我們來說，那裡太難生活了：我們有什麼辦法？我們生來就是要享受空氣、享受純淨的空氣；我們這群人是光的情敵，我們最想做的事情就是駕著以太粒子（Ätherstäubchen）[89]、像這些粒子一樣**朝太陽前進**，而不是遠離太陽！但是我們做不到，所以我們要做我們唯一可以做的事情：把光帶到地球上、做「地球的光」！為此我們才會有翅膀、才會這麼迅速和嚴謹；為此我們才會像火一樣這麼男人、這麼嚇人。但願那些不懂得靠我們取暖和照亮自己的人會對我們感到害怕！

89. 譯註：古希臘哲學家亞里斯多德假設的第五元素。

二九四、反對誹謗自然的人

有一群人讓我覺得很不舒服，自然的傾向到了他們那裡馬上就會變成一種疾病、某種扭曲人心，甚至是可恥的事情——**這些人**誘導了我們的看法，讓我們認為人類的各種傾向與內在驅力都是邪惡的；而**他們**正是我們如此不公平地對待自己天性的原因，對待所有自然也都是如此！其實有很多人**可以**優雅而無憂無慮地接受自己內在驅力的指引，但是他們沒有這麼做，因為他們害怕他們想像中的自然的「邪惡本質」！如此一來，人群之中就找不到太多高尚的氣質：高尚的特徵是不會對自己感到害怕、不會預期自己有任何可恥的部分、不會疑惑自己會被推向哪裡——我們都是自由的飛鳥！無論我們來到哪裡，我們的周圍永遠都會自由而陽光普照。

二九五、短暫的習慣

我很喜歡短暫的習慣，我認為這種習慣非常寶貴，可以用來認識**許多的**事物與狀態，並且深入其中甜蜜與苦澀的理由；我的天性很適合短暫的習慣，就算是在肉體健康的需求方面也一樣，而且放眼**所及**，從低端到最高端的需求都是如此。我一直相信

這件事會持續帶給我心滿意足，就連短暫的習慣也相信會有熱情、相信會有永遠；人們都說我很讓人嫉妒，可以找到並知道這件事情的存在：無論是中午還是晚上，我都能在這件事情上得到滋養；它會散發出直達心裡的滿足感、深入我心，讓我別無所求，不必再去比較、去鄙視、去憎恨。

然後會有那麼一天，這件好事會離我而去，但是它離去的時候不會讓我感到噁心，它會和平地離開、在我身上得到滿足，就如同我也在它身上得到滿足，彷彿我們都必須對彼此感恩，然後**帶著這種心情**握手道別。新的事物已經等在門口，我的信仰同樣等在那裡，我的信仰是永不氣餒的瘋子與智者！它相信這個新事物會是對的那個，也會是最後的那個。無論是餐點、想法、人、城市、詩作、音樂、學說、議程、生活方式，我都是這麼想的。

反之，我很討厭**持續性的**習慣；如果事情看起來必然會造就出持續性的習慣，我就會覺得身旁來了一位暴君、讓我的生命氣息變得**厚重**了起來，例如因著一件職務、因著持續與同一個人在一起、因著固定的居住地、因著只有一次性的健康。是的，我打從靈魂深處，對我所有的困苦、疾病，以及我身上所有不完美的地方滿懷著感激，因為這些事情為我留了許多後路，讓我可以逃離持續性的習慣。然而，對我而言最無法讓人忍受的事情、真正可怕的事情是完全沒有習慣的生命，這種生命會不斷要求人即興演出——這種生命可能會把我放逐到不毛之地、把我放逐到我的西伯利亞。

二九六、固定不變的名聲

固定不變的名聲在以前是一件極其有用的事情，只要社會還是由從眾的本能所統管，對於個人而言，最符合目的的做法就是**假裝**自己的個性以及自己正在做的事情不會改變，即使事實並非如此。「可以信任他，他不會變卦」：在任何危險的社會情況中，這都會是最富有意義的讚美。社會會對此感到非常滿意，隨時都有一個可靠的**工具**可以使用，美德方面用這個、野心抱負用那個、思考和熱情用另一個——它會用最高的榮譽來尊崇這種**天生的工具性**，不僅忠於自己，而且在各種觀點、奮鬥，甚至壞習慣上都不會改變。無論在什麼地方，這種評價總是會隨著所謂的善良風俗一起發展，教育出各種「個性」，然後把所有變動、變化、觀念的改變都**弄得聲名狼藉**。

就算這種思維能帶來莫大的好處，對於**知識**而言，它都會是最有害的判斷方式：因為追求知識的人隨時都會有意跳出來**反對**自己一直以來的想法，而且對於所有想在我們心中**定下來**的事物都採取不信任的態度，正是這種鍥而不捨的精神會被判定違反了善良風俗，然後變得聲名狼藉。追求知識的人的思維違背了「固定不變的名聲」，所以被視為是**不名譽**的事情；反之，固定不變的觀則會獲得所有的美名——時至今日，我們還是必須活在這種主流價值的強制之下！如果感受得到自己正身處在數千年來的價值判斷之中，而且這些判斷全都在和自己作對，那真的會很難生活下去！數千年來的知識很可能都帶著良心的譴責，而那些具有偉大才華的人，他們的故事肯定也帶著許多自我鄙視以及不為人知的淒涼。

二九七、唱反調的能力

每個人現在都知道可以承受別人唱反調是高等文化的標誌，有些人甚至還知道高等人會希望別人對自己唱反調，也會要求別人對自己唱反調，這樣別人才能為自己指出到目前為止有哪些做得不對的地方。但是唱反調的**能力**又比前兩種做法更為重要，要學會**問心無愧**地敵視大家習慣的事物、流傳下來的事物、被視聖過的事物，這是我們的文化真正偉大的、新的、令人吃驚的地方，也是精神得到解放後做出的最關鍵一步：有誰知道這件事？

二九八、嘆息

我在半路上捕捉到了這個想法，然後很快地用拙劣的文字將它固定下來，它才不會再次飛走。但是這個想法已經死在我的貧瘠文字上了，掛在那裡直打哆嗦——當我看著它，我已經不太知道自己當時怎麼可以這麼幸運抓到這隻鳥。

二九九、應該向藝術家學習的事情

如果有些事物既不漂亮、不吸引人、又不讓人渴望，我們可以用什麼方法把它變成這樣呢？而且我的意思是，這些事物本身就不是這樣！關於這件事情，我們必須向醫生學習一些技巧，例如他們會把吃起來很苦的東西稀釋一下，或是加入酒和糖進行調和；但我們也必須向藝術家學習更多技巧，因為他們確實不斷在追求這樣的發明與作品。首先要先遠離這些事物，直到已經看不太清楚，然後，**為了能繼續看見**，就必須在看的過程中加油添醋，或是拐個彎看；或是分段來看；或是改變它們的位置，讓它們稍微改變樣貌，只能從特定的觀點進行透視；或是透過有色玻璃來看；或是放到晚霞來看；或是為它們套上朦朧的外皮。我們應該要向藝術家學習這些技巧，而且還要比他們更有智慧。因為，每當藝術停止、生命開始的時候，他們細緻的力量就會停止發揮作用；但是**我們**想要當的是自己生命的詩人，首先要從最小、最日常的事情開始做起。

三〇〇、科學的前戲

你們真的相信，如果不是魔法師、鍊金術士、占星學家、女巫先走在科學的前面，用他們的預言和預兆先為**隱藏的禁制力量**創造出饑渴和良好的品味，科學會有辦法出現並得以成長茁壯嗎？你們甚至認為**預言**必須要做得比可以實現的還多、多到不可數的地步，某件事情才有辦法在知識的領域中得到實現？在我們的眼裡看起來是科學的前戲與預習，但是前人完全**不**這麼覺得，也**沒有**把這些事當成前戲來做；同樣地，對於遙遠的未來而言，也許所有的**宗教**看起來都像練習和前戲，搞不好以前的宗教是奇怪的工具，可以用來讓每個人享受上帝的自我滿足以及自我救贖的力量，真的！人們可以捫心自問，如果沒有宗教學校和史前故事，人真的有辦法學習怎麼對**自己**感到饑渴、怎麼從**自己**得到飽足嗎？普羅米修斯是不是得先**誤以為**自己偷了光、然後為此受罪，他最後才會辦法發現是自己創造了光，**因為自己渴望有光**？他才會發現不只是人，就連上帝也是他**親手**用手中的泥土創造出來的作品？一切都只是雕塑家創造出來的塑像？就像妄想、偷竊、高加索山（Kaukasus）、老鷹，以及所有追求知識的人都會面臨的普羅米修斯悲劇？

三〇一、沉思的妄想

高等人與低等人的差別在於高等人看的、聽的比低等人多很多，而且會邊看邊思考、邊聽邊思考——而這件事正好也區分了人與動物，以及高等動物與低等動物。對於那些朝著人性高度成長的人而言，世界正在變得愈來愈豐富；愈來愈多有趣的魚鈎朝著他拋過來；他的刺激不斷增加，他有興趣和沒興趣的類別也變得愈來愈多——高等人會變得愈來愈快樂，同時變得愈來愈不快樂。但是在這個過程中，有個妄想始終會如影隨行：他會認為自己像個**觀眾**和**聽眾**、正在觀賞生命這場大戲；他會說自己是**沉思的**天性，但是他忽略了自己也是生命真正的詩人，而且也正在繼續進行創作；他忽略了自己與這場戲的演員（所謂行動的人）之間有非常大的區別，而且也更不同於舞台**前**純粹來觀賞與來參加慶典的客人。

身為詩人的他肯定具有沉思的力量（vis contemplativa）、有能力回顧自己的作品，但更重要的是，無論別人怎麼看或怎麼想，他同時還擁有行動的人**缺乏**的創造力（vis creativa）。我們都是一邊感受一邊思考的人，我們真的不斷在**做**一些還不存在的事情：我們用評價、色彩、重量、觀點、位階、贊同、否定創造了一整個世界，而且這個世界永遠都在成長。所謂實踐的人（上面說的演員）會不斷背誦、不斷練習我們發明出來的作品，然後將我們的作品化為有血有肉的真實存在，甚至帶入日常生活。

在現在這個世界，只要是有**價值**的東西，都不是因為這些東西天生就帶有價值（天性永遠都是無價的），而是因為人們將價值賦予了它們，而**我們**就是那些賦予價值的人！我們先創造了這個**對人類而言具有某種重要性**的世界！但我們正好缺乏這方面的知識，如果我們在瞬間捕捉到了這個念頭，我們在下個瞬間就會再度忘記：我們錯估了自己最強的力量，太小看身為沉思者的自己、低估了整整一個層級，我們**既沒有像我們可以做得到的那麼驕傲，也沒有像我們可以做得到的那麼快樂**。

三〇二、世界上最快樂的人面臨的危險

具有細膩的感官與精緻的品味；習慣精選的最佳精神，也習慣身旁的真正美味；享有一個強大的、放肆的、大膽的靈魂；帶著平靜的眼神與堅定的步伐穿越生命，永遠帶著參加慶典的心情對極端的事物做好準備，對於尚未發現的世界與大海、人類與神祇充滿嚮往；側耳細聽所有開朗的音樂，彷彿勇敢的男人們、士兵們、水手們正在那裡進行短暫的休息與歡鬧，在心裡深處獲得的片刻享受中止不住淚水、禁不住快樂人的紫色憂鬱：有誰會不希望**自己**擁有這一切、這種狀態！這是**荷馬的幸福**！這種狀態來自為希臘人發明眾神的人——不對，是為自己發明出**屬於自己**的眾神的人！

但是人們也不要對自己隱瞞一件事：如果靈魂裡帶著這種荷馬的幸福，那也會是天底下最容易受苦的人！只有先付出這種代價，才能在存在的浪潮打上岸的貝殼之中買到最珍貴的那一個！擁有這個貝殼，人們就會在痛苦中愈變愈細膩，最後變得太過敏感，到最後只要一點點的不愉快和噁心就足以讓荷馬的生命變得索然無味。連年輕漁夫給他的小謎題都解不開！是的，這些小謎題就是世界上最快樂的人面臨的危險！

三〇三、兩位快樂的人

真的，儘管這個人很年輕，他還是很懂得**生命的即興演出**，就連最敏銳的觀察家都會對他嘆為觀止：雖然他一直在玩最大膽的遊戲，但是他似乎不會失誤。這讓人想起那些聲音藝術的即興大師，儘管他們就像凡人一樣時不時會彈錯音，但聽眾同樣會認為他們擁有神之手、怎麼樣都**不會犯錯**。其實他們都經過長年的練習，又充滿創意，所以無論手指或情緒讓他們偶然彈出什麼音，他們隨時都可以馬上把這個音帶入主題結構、為這個偶然灌注美麗靈魂與意義。

另一位就完全不一樣了。無論他想做什麼或計畫什麼，基本上都不會成功。他偶爾掛心的東西已經多次讓他跌入深淵，幾乎就要粉身碎骨；就算他可以逃出深淵，付出的代價也肯定不只「鼻青臉腫」而已。你們以為他會因此而不快樂嗎？他早就暗自下定決心，不要把自己的願望和計畫看得那麼重要。他說服自己：「如果這件事情做不成的話，也許那件事情就會做得成；整體來看，比起成功，我不曉得自己是不是更要感謝自己的失敗。難道我是天生固執的人、頭上頂著公牛的角嗎？生命帶給我的價值與成果在別的地方；我的驕傲與淒涼也在別的地方。對於生命，我懂的比別人更多，因為我太常差點就要沒命了。正因如此，我才會比你們所有人**擁有**更多生命！」

三〇四、我們做事是為了不做事

有些道德會說：「不要做這件事！要斷念！要戰勝自己！」這種道德實在讓我覺得很討厭。反之，有些道德會促使我一而再、再而三地去做某件事情、從早到晚不停地做、連在夜裡都會夢見它，完全不會再去想其他事情，除了：要把這件事情做到**好**，而且要好到只有**我**能做得到的地步！

只要有人能這樣過生活，不屬於這種生活的部分便會一個接著一個離他而去。他今天會看著這個離開、明天會看著那個離開，心裡不會帶有任何憎恨與反感；那些事物就像發黃的葉子一樣，只要輕輕颳起一陣微風，就能把它們從樹上帶走。或是他根本也看不見這些事物的離開，因為他的目光正嚴肅地看著自己的目標，只會看著前方，不會東張西望、不會回頭看、也不會向下看。「我們正在做的事情該決定我們什麼不要做，我們做事是為了不做事」——我很喜歡這樣，這是**我的**決定（placitum）。我不想張著眼睛努力讓自己變得貧乏，我不喜歡任何負面的美德，那種美德的本質就是否定和放棄。

三〇五、自我克制

那些教導道德的人會先站在制高點命令人要接受他們的暴力，藉此讓對方患上一種獨特的疾病：那就是很容易持續受到自然的情感衝動以及各種傾向所影響，像是一種發癢的症狀。無論他之後遇到什麼、被什麼拉走、被什麼吸引，或是受到什麼驅使，無論由內而外還是由外而內，這個敏感的人都會覺得自己的自制力出了問題。他不再能信任本能、不再能信任自由的振翅高飛，他會一直帶著抵抗的神情站在那裡，用武裝對抗自己，帶著銳利和猜疑的眼神，永遠守獲著自己變成的這座城堡。沒錯，他還可能會因此而**偉大**！但是對於其他人而言，他不僅變得讓人無法忍受，也常常為難自己，不僅貧乏，而且又接觸不到靈魂最美好的偶然！甚至也接觸不到其他的**教**

誨！因為，如果想向不是自己的事物進行學習的話，就必須要能暫時迷失自己。

三〇六、斯多噶教徒與伊壁鳩魯教徒（Epikureer）

伊壁鳩魯教徒會為自己尋找各種位置、人物，甚至事件，以符合自己在聰明才智方面極端容易受到刺激的特性，他會放棄其他的事物（意思是絕大多數的事物），因為這些事物的口味對他來說也許會太過強烈，也太重口味了。

反之，斯多噶教徒會練習把石頭和蟲子、玻璃碎片和蠍子吞下肚，而且還不能覺得噁心；練習到最後，無論存在偶然向他倒了什麼東西進去，他的胃都應該要覺得無所謂：他會讓人想起在阿爾及利亞（Algier）見識到的阿拉伯阿薩烏亞教派（Assaua）[90]；就像那群不會感覺到痛的人一樣，他也喜歡向受邀請來的觀眾進行沒有痛覺的表演，而這群觀眾正好就是伊壁鳩魯教徒最不想要的，畢竟他有自己的「花園」！

斯多噶很適合推薦給那些命運正在進行即興演出的人、那些生活在暴力時代，必須仰賴隨時都會突然變卦的人而活的人。但如果有人能稍微**看出**命運允許自己**安安穩穩地過日子**，那麼把自己變成伊壁鳩魯會比較好；所有從事精神工作的人一直以來都是這麼做的！對他們而言，如果失去了敏銳的感受，然後換上有如刺蝟般堅硬的斯多

90. 譯註：又寫作 Al-Īsāwīya，盛行於西北非的伊斯蘭教蘇菲派的一支。

噶外皮，那將會是最大的損失。

三〇七、有利於批判

你曾經把一件事情當成真理來愛，或是認為它非常有可能發生，但是你現在覺得它是錯的，所以你把它推開，自以為你的理性在這當中得到了勝利。但是在你還沒有變成現在這個模樣的當時（你永遠都會變成另一個模樣），這個錯誤在你看來也許就和你現在所有的「真理們」一樣必要，彷彿它是一層外皮，可以為你隱瞞或是遮掩掉許多你還不能看見的東西。為你殺掉當時那個想法的是你的新生活，而不是你的理性：**你不再需要它了**，所以它就從內部開始崩潰瓦解，然後非理性就會像蟲子一樣從裡面爬出來。每當我們進行批判，我們在做的都不是恣意妄為的事情，也不是無關個人的事情，我們會進行批判，證明我們體內有許多活生生的力量（至少絕大多數是這個樣子），這些力量會幫我們蛻掉一層皮。我們會提出否定，也必須否定，因為有某個東西活在我們體內，它**想要**自我肯定；也許我們還不認識它，也不曾見過！它的存在有利於批判。

三〇八、每天的歷史

你每天的歷史是由什麼構成的？你看一下自己的習慣，你每天的歷史正是由這些習慣組成的：這些習慣究竟是無數次懦弱與懶惰的結果，還是勇敢和創意理性的成就？儘管兩種情況如此不同，但無論是哪一種情況，人們都會給你同樣的讚美，而且你也真的都可以為他們帶來同樣的好處。對於只想要良心過得去的人而言，只要有讚美、好處，以及受人敬佩大概就夠了——但是對於你這個雞蛋裡挑骨頭的人來說還不夠，因為你**知道良心是怎麼一回事**。

三〇九、來自七重的孤獨

有一天，有一位漫遊者甩上身後的門，站著不動哭了起來。他說：「熱切追求真正的、真實的、不是表象的、肯定的事物！我都已經對它這麼壞了！為什麼這股驅力還要這麼陰沉又熱情地跟著**我**不放！我想要休息，但是它不允許我這麼做。許多事物難道不是都在引誘我要稍微停留片刻嗎！對我來說，到處都是女巫阿米達（Armida）[91]的花園。所以我的心裡一直不斷出現新的掙脫與苦楚！我必須邁開步伐，把這隻既疲

91. 譯註：義大利詩人塔索（Torquato Tasso）史詩作品《解放耶路撒冷》（*Das befreite Jerusalem*）中的女巫。

勞又傷痕累累的腳舉高。正因為我必須這麼做，所以我常常忿忿不平地回頭望向那個留不住我的美麗——**因為**它沒能留住我！」

三一〇、意志與浪潮

這波浪潮來得多麼貪婪，彷彿要實現什麼目標！它用駭人的速度爬進山谷最深處的角落！看起來像要趕在某個人之前採取行動；看起來像是那裡藏著什麼有價值的、高價值的東西。然後它回來了，速度變慢了一些，依然因為激動而臉色發白——它失望了嗎？它找到想找的東西了嗎？還是它只是在假裝失望？但是另一波浪潮又要到了，比第一波更加貪婪、更加狂野，而且它的靈魂似乎也充滿著祕密和尋寶人的慾望。這就是浪潮的生命，這就是我們這群人的生命，我們都是想要的人！

我就不多說了。然後呢？你們不信任我們？你們這群漂亮的怪物，你們在生我們的氣？你們不怕我會揭穿你們的祕密嗎？好吧！那就對我生氣吧，盡量抬高你們危險的綠色肉體，在我和太陽之前築一道牆，像現在這樣！真的，這個世界已經只剩下綠色的堤壩和綠色的閃電了。你們這群目空一切的人，你們想怎麼做就做怎麼做吧，因著慾望和邪念而咆哮吧，或是再度潛到水裡，把你們的綠寶石倒進最深的深淵，再把你們一綹又一綹數不盡的白色泡沫和浪花蓋在上面。對我來說這一切都很好，因為這一切都很適合你們，我也會為了這一切對你們好，我怎麼會背叛**你們**！因為，聽好了！我知道你們是誰、知道你們的祕密，也知道你們的族類！畢竟你們和我，我們都來自同一個族類！畢竟你們和我，我們都有一個共同的祕密！

三一一、沮喪的光

人不會永遠都是勇敢的，每當心累的時候，我們之中大概也會有人這麼哀號。「對人們造成痛苦太難了，噢，可又是必要的！如果我們不想把讓人生氣的事情留給自己，那麼我們藏起來過活有什麼用呢？難道不是更應該生活在熙來攘往之中，向個別的人彌補全人類都應該受的也必須受的罪嗎？用愚蠢對待愚蠢、用虛榮對待虛榮、用狂熱對待狂熱？世道已經偏差到這種放縱的程度了，難道這麼做不公平嗎？當我聽見其他人對我的惡意，我第一時間的感覺難道不是賠罪嗎？這樣很好！我彷彿聽見自己對他們說，我和你們太不相稱了，我這邊有太多真理了，可以的話，至少拿我的錢去過一天好日子吧！這是我的缺陷與錯誤決定、這是我的妄想、這是我的差勁品味、我的混亂、我的淚水、我的虛榮、我像貓頭鷹一樣躲起來、我的矛盾！說到這裡，你們忍不住要笑！那你們就笑吧、開心地笑吧！如果有事物想要用缺陷與錯誤決定來製造歡樂，那我就不會對它們的定理與天性感到生氣！確實，以前曾經有過『更美好』的時代，當時只要有什麼新一點的想法，人們就有辦法覺得自己**不可或缺**，然後帶著自己的新想法走到大街上，對每個人大喊：『看哪！天國近了！』我會覺得沒有我也沒關係。我們每個人都是可以或缺的！」但就像前面說的，如果我們勇敢的話，我們就不會這麼想了；我們也不會**想到**這件事。

三一二、我的狗

我曾為我的痛苦取名字，把它叫作「狗」——它和狗一樣忠心、一樣不知羞恥地纏著人不放、一樣逗人開心、一樣聰明。我可以嚴厲地斥責它、把我的壞情緒發洩在它身上：就像其他人對待自己的狗、自己的僕人、自己的朋友。

三一三、不畫殉道

我想像拉斐爾（Raffael）[92]一樣，不要再畫以殉道為主題的作品了。其他地方也找得到許多高尚的事物，不用非得和殘忍綁在一起；而且，就算我想把自己變成酷刑室裡高尚的獄卒，我的抱負也不會因此得到滿足。

三一四、新寵物

我想要身邊有自己的獅子和老鷹，這樣我就能隨時擁有眼神示意和預告，讓我知道自己強度的大小。今天的我必須低頭看著牠們，並且對牠們感到害怕嗎？牠們抬頭看我並感到害怕的那個時刻會再次出現嗎？

三一五、論最後一刻

風暴就是我的危險：奧立佛．克倫威爾（Oliver Cromwell）[93]死在自己的風暴手

92. 譯註：義大利畫家。
93. 譯註：英格蘭共和國護國公。

上，我也一樣會有讓我死在上面的狂風暴雨嗎？還是我會像燈一樣熄滅，不是被風吹熄的，而是因為累了，也受夠自己了——一盞燃燒殆盡的燈？又或是，我會把自己吹熄，好讓自己不要燃燒殆盡？

三一六、會發預言的人

會發預言的人是十分痛苦的人，你們感受不到，你們只認為這些人獲得了一種美好的「天賦」，而且你們自己大概也很想擁有這種天賦。然而，我想打個比方表達一下自己的想法。動物有多麼受到大氣和雲層中帶有的電荷所苦！我們看到某些物種擁有預知天氣的能力，例如猴子（在歐洲就能觀察到，不一定只能去到動物園或是直布羅陀〔Gibraltar〕島上）。但是我們沒有想到，正是他們的**痛苦**，造就了他們的預言能力！當雲帶逐漸靠近、天氣即將變化的時候，雖然還看不見，但是強大的正電荷會受到影響而突然變成負電荷，於是這些動物就會表現出像是有敵人正在接近的樣子，做好防衛或逃跑的準備；他們大多數會跑去躲起來，他們不會把壞天氣理解成天氣，而是理解成敵人，他們已經**感覺到**敵人的手正在伸向自己了！

三一七、回顧

每個生命週期都有自己真正的情感（Pathos），但只要我們身處在某個生命週期裡面，我們很少會意識到原來這就是情感，我們永遠只會認為它是自己唯一可能的理性狀態、全然是我們的**人格**（Ethos）使然——這裡用的是希臘人的說法以及他們的分類。音樂裡的某幾個音會讓今日的我回想起過去的一個冬天、一棟房子、一段極其離群索居的生命，以及我當時住在那裡的感受：我當時還以為自己可以永遠這樣生活下去。但是我現在知道了，那樣的生活完完全全都是情感和熱情使然，就好比這段痛苦又勇敢的、肯定能帶來安慰的音樂。這樣的事情無法持續個幾年，或甚至永遠持續下去，不然對這個星球來說就太「脫俗」了。

三一八、痛苦中的智慧

痛苦帶有的智慧和快樂一樣多：就像快樂一樣，痛苦也屬於維持物種延續的幾個主要力量之一。若非如此，痛苦早就消失了；痛苦會造成痛苦，這並不是拿來反對痛苦的理由，而是痛苦的本質。我在痛苦中聽見船長大聲下的命令：「把帆收起來！」

作為大膽的水手，「人」必須先熟練數千種張帆的方式，否則很快就會再次被大海吞下去，那他就完了。我們也必須懂得怎麼減少一點生活的能量，只要痛苦發出危險訊號，就是該減少能量的時候了；如果眼看著就要有風暴之類的巨大危險，我們就該盡可能不要「膨風」。這是真的，在巨大的痛苦逐漸逼近的時候，有些人反而會聽見相反的命令；當風暴來臨的時候，就是他們的眼神最驕傲、最逞凶鬥勇、最快樂的時候；是的，痛苦本身會為他們帶來最偉大的瞬間！這些人都是英雄，都是為人類**帶來痛苦**的大人物：這群為數不多或很少出現的人都需要拿和痛苦一樣的說詞為自己進行辯護，而且真的！人們也不應該拒絕他們的辯護！他們都是維持並促進物種延續的主要力量，即使他們只知道要反對人過得舒適，而且也不會掩飾自己對這種幸福感到噁心想吐。

三一九、當我們自己經歷的詮釋者

所有宗教創始人或類似這樣的人都不太曉得有一種正直的存在：他們從來沒有把自己的經歷化為知識方面的良心。「我到底經歷了什麼？我的心裡和周圍發生了什麼？我的理性夠清楚嗎？我的意志會反抗任何感官帶來的謊言嗎？會勇敢對抗幻想嗎？」他們沒有人會這麼問，即使是今天，仍然沒有任何親愛的宗教人士會這麼問。他們反而渴望**反理性**的事物，不想要讓滿足這種渴望變得太困難，所以他會經歷「神蹟」與「重生」，會聽見小天使的聲音！但是我們這群渴望理性的人會想要嚴肅地盯著我們自己的經歷，就像盯著科學實驗一樣，時時刻刻、日復一日！我們想要自己當自己的科學實驗，自己當自己的實驗動物。

三二〇、再相見的時候

甲：我還能完全懂你嗎？你還在尋找什麼嗎？**你的**角落和星星會在現在這個真實世界的哪裡？**你**可以從哪個位置把自己放進太陽，好讓你也福杯滿溢、讓你的存在有理？但願每個人都會為自己這麼做（你似乎這麼對我說）並且放棄漫無目的的說話、放棄為他人與社會擔憂的念頭！

乙：我想要的更多，我不是一個正在尋找的人。我想要的是為自己創造一顆屬於自己的太陽。

三二一、新的謹慎

我們不要再去想那麼多的懲罰、責備，以及改善措施了！我們很難去改變單獨的個人；就算我們做得到，也許不小心就會有什麼地方失敗了：**我們**反而會被這個人改變！我們反而要仔細看看，我們自己對**所有即將到來的事物**的影響有沒有辦法抵消並勝過他的影響！我們不要在直接的衝突中進行鬥爭！而且這一切都還是責備、懲罰，以及想要改善什麼的念頭。我們要把自己的境界再往上提高！我們要讓自己的榜樣愈來愈鮮明！我們要用我們的光讓別人黯然失色！不行！我們不要為了他的緣故而讓自己變得**暗淡**，就像所有施加懲罰的人和不滿的人一樣！我們寧願走到一旁！我們要撇頭不看！

三二二、比喻

那些思想家內在的星星全都在固定的軌道上移動，他們都不是最有深度的人；如果有人在自己裡面看見一片浩瀚的宇宙，還帶著大大小小的銀河，就會知道所有銀河都不是規律的；這些銀河會把人帶進存在的混淆與迷宮之中。

三二三、命運之中的幸運

如果命運讓我們為對手的陣營奮戰過一段時間，這將會是它帶給我們的最大表揚。藉此，我們**注定**未來會得到一場大勝利。

三二四、在生命之中（in media vita）

沒有！生命沒有讓我失望！我反而覺得它一年比一年更真實、更讓人渴望、更加神祕。自從偉大的解放念頭臨到我的那一天起，我就知道生命可以是一場追求知識的實驗，而不是一種義務、不是一場災難，也不是一套謊言！至於知識本身，就算它對其他人而言是不太一樣的東西，例如休息的地方，或是通往休息的道路，或是一種娛樂，或是一種無所事事，對我來說，它都是充滿危險與勝利的世界，在這個世界裡面，就連英雄般的感受都有跳舞和嬉戲的地方。「**生命是知識的手段**」——心中帶著這條原則，人不只能變得更勇敢，甚至還能**快樂地生活並快樂地大笑**！如果不懂得怎麼好好打仗並取得勝利的人，又怎麼會懂得怎麼好好大笑過生活？

三二五、屬於偉大的一部分

如果內在感受不到力量和意志去**造成**別人的巨大痛苦，要怎麼有辦法實現偉大？至起碼要有辦法受苦：在這方面，弱小的女性與奴隸常會有大師級的表現。但是，造成別人痛苦並聽見痛苦慘叫的時候，不會因為內在的困苦與不安全感而崩潰——這才叫偉大，這屬於偉大的一部分。

三二六、靈魂的醫生與痛苦

那些傳講道德的人以及那些神學家全都有一個共同的壞習慣：他們都在試著說服人，要人類相信自己的狀態並不好，需要一種極端激烈的終極治療。因為人類整體而言都太過勤奮地傾聽那些學說，而且已經有好幾百年之久，所以那些迷信最後真的變成人類的信仰，導致他們相信自己過得非常不好。他們現在太喜歡動不動就嘆氣、不再找得到任何生命的意義、彼此擺出哀怨的神情，彷彿生命讓他們難以**承受**。其實他們對生命非常有把握、無拘無束，而且熱愛生命，充滿各種難以形容的細膩手法去阻斷讓他們感到不舒服的事物、拔除痛苦與不幸的刺。

我覺得大家一直都在用**誇飾法**談論痛苦與不幸，彷彿誇大痛苦與不幸是一種良好的生活方式：人們反而刻意避談減輕痛苦的無數方法，例如麻痺，或是沖昏頭的想法，或是安靜的地方，或是好與壞的回憶、意圖、希望，以及許許多多的驕傲和同情，這些事物的效果幾乎就像麻醉劑一樣，而且人在極度的痛苦中也會自動陷入昏迷。我們非常懂得在苦澀中加入甜蜜，尤其是靈魂的苦澀；我們的勇敢和高尚都能帶給我們許多幫助，束手就擒與聽天由命時高貴的譫妄也是如此。幾乎不到一個鐘頭，損失就不再會是損失；我也不知道怎麼說，反正就是會從天而降賜給我們一個禮物，例如一股新的力量，即使只是一個重新得力的新契機！

那些傳講道德的人都在幻想壞人心中的「淒涼」！他們甚至都在**欺騙**我們熱情的人會有不幸！是的，確實是欺騙，他們非常清楚這種人其實都是超級幸福的人，但是他們絕口不提這件事，因為會違背他們的理論，他們認為所有的幸福只會出現在消滅熱情與意志沉默之後！最後是關於這些靈魂醫生的藥方以及他們宣揚的極端激烈治療——人們可以問：我們的生命真的有那麼痛苦和難受到需要用斯多噶的生活方式與石化來進行替換嗎？這樣做有好處嗎？我們的狀態**沒有差到**必須使用斯多噶的方式來讓自己過得很差！

三二七、嚴肅看待

絕大多數人的聰明才智都是一台笨重的、陰暗的、嘎嘎作響的機器，難以發動：每當他們想用這台機器進行工作和思考，他們就會把這個狀態稱為「對事情**嚴肅看待**」——噢，好好思考對他們來說肯定是一件非常令人難受的事情！每當他們要好好思考的時候，這些可愛的人面獸心看起來就會失去他們的好心情；他們會變得「嚴肅」！「只要有笑聲和快樂的地方，思考就不會有半點作用」：這些嚴肅的畜牲對所有「快樂的知識」都抱持著這種先入為主的偏見。好吧！我們就來指出這是一種先入為主的偏見吧！

三二八、讓愚蠢蒙受損失

人們堅定不移地相信利己主義完全是一種卑鄙無恥的行為，不斷傳講這種信仰的結果肯定會讓利己主義蒙受損失（我會再重複一百遍，他們這麼做都是**為了從眾的本能！**），尤其是它讓人無法問心無愧地從事利己行為，而且還命令人要在利己主義當中找出所有不幸的真正根源。「你的自私自利就是你生命的不幸」，這種講道已經講了數千年之久；就像剛才說的，這種說法會讓自私自利蒙受損失，大大地奪去自私自利的精神、開朗、創造力，以及美，還會讓自私自利變得愚蠢、醜陋、有毒！

古代哲學反而教導人們不幸有另外一個主要來源，從蘇格拉底開始，思想家便不厭其煩地傳講：「你們沒有想法又愚蠢、你們平平淡淡地照著規矩過日子、你們把自己擺放在鄰人的意見之下，這就是你們很少得到幸福的理由——身為思想家，我們思想家是最幸福的人。」這個反對愚蠢的說法有沒有比反對自私自利的說法更有道理，我們在這裡先不下定論；不過它肯定會讓人無法問心無愧地繼續愚蠢下去——這群哲學家讓愚蠢**蒙受損失**了。

三二九、悠哉與無所事事

美國人追求黃金的方式帶有印第安人的狂野，那是印第安人血統特有的狂野，而他們從不喘息的趕工方式（這是新世界真正的不良行為）也已經傳染給老歐洲，歐洲人開始變得狂野、開始變得奇怪又空洞。現在的人會對休息感到羞愧；只要思考得久一點，幾乎就會有人開始受到良心的譴責。人們會用手上的懷錶來思考中午要吃什麼，然後眼睛直盯著財經報紙不放——人們生活的方式就像一個永遠「有可能錯過」

什麼的人。「寧願做點什麼也不要什麼都不做」，這個原則是一條扼殺所有教育與高等品味的絞繩。一切的形式明顯都會毀在趕工的人手上：對於形式的感受、用來接收動作旋律的耳朵和眼睛也是如此。

證據就在於現在到處都要求一切都要**清清楚楚**、**明明白白到生硬的地步**，包括所有人與人要正當來往的場合，以及與朋友、女性、親戚、小孩、老師、學生、領導、諸侯交流的時候，人們沒有多餘的時間和精力再去搞各種儀式、各種交際應酬的禮節、各種聊天的精神，以及諸如此類的各種**閒暇**（Otium）。因為追求利益的生命會不斷強迫人要把他的精神用到一滴不剩，用在偽裝、鬥智、占得先機。現今真正的美德便在於比別人用更少的時間來做事情，所以也只剩下很少的時間來從事**被允許的**正當行為；但是人們真的沒有精力再去做這件事了，所以不只會想要「順其自然」，更想要笨手笨腳地徹底**躺平**。人們現在的**書信**往來也很符合這種傾向；書信的風格與精神永遠都是「時代的徵兆」。假如社交與藝術還有什麼娛樂可言，那只會是工作到精疲力盡的奴隸們想得出來的娛樂活動。

噢，無論我們有沒有受到教育，我們對於「快樂」全都非常容易滿足！噢，現在人的心裡對於快樂都愈來愈抱持著懷疑的態度！**工作**愈來愈變成唯一讓人心安理得的事情；想要獲得快樂的傾向已經改名叫作「休息的需求」，而且也開始讓人感到羞愧。「人要對自己的健康負責」，如果有人被抓到去參加鄉間派對，他就會這麼說。

是的，不久之後更有可能變成這樣，如果有人有沉思的生活傾向（意思是帶著想法和友人一起去散步），那免不了都要自我鄙視一番，覺得良心有所虧欠。但是！以前的情況剛好相反。在以前，工作才是讓人感到內疚的事情。如果被生活逼得不得不工作，上流社會出身的人會把自己的工作**隱藏起來**。奴隸工作的時候也會有壓力，覺得自己正在做讓人看不起的事情：「做事」本身就已經是讓人看不起了。「只有在閒暇和戰爭（bellum）的時候才會有高尚和名譽」，這段話來自古代先入為主的偏見！

三三〇、喝采

思想家不需要喝采與掌聲，前提是他有把握能得到自己的掌聲；他也不能沒有自己的掌聲。有人會放棄自己的掌聲以及各種類型的喝采嗎？我很懷疑，而且就連從不誹謗智者的塔西佗（Tacitus）[94]也這麼說過智者：連智者都會等到最後一刻才放棄對名聲的追求（quando etiam sapientibus gloriae cupido novissima exuitur）——他的意思是：永遠不會放棄。

94. 譯註：古羅馬歷史學家。

三三二、寧願耳聾也不要麻痺

從前的人們會想為自己創造名聲，但是現在這麼做還不夠，因為市場已經變得太大了，必須**大聲嚷嚷**才行。結果是連好喉嚨都在比大聲，用沙啞的聲音出售最好的商品；如果沒有沙啞的叫賣聲，從此就不會再有天才了。但這對思想家來說是個邪惡的時代：他必須學會如何在喧鬧聲之間找到自己的安寧，一直假裝自己聽不見，最後真的就聾了。然而，只要他還沒學會這麼做，他就會有不耐煩和頭痛致死的危險。

三三三、惡毒的時刻

所有哲學家大概都會有一個惡毒的時刻，他會心想，如果人們連我提出的爛理由都不相信的話，那關我什麼事！然後就會有某隻幸災樂禍的小鳥飛過他身邊，吱吱喳喳地說：「關你什麼事？關你什麼事？」

三三三、什麼叫認識

史賓諾莎說過，不要笑、不要難過、不要厭棄，而是要理解（non ridere, non lugere, neque detestari, sed intelligere）！這段話說得如此樸實又高尚，這就是他的風格。但是，這裡所說的理解到底和混合著前面三種感受的形式有什麼不同？各式各樣的內在驅力（想要嘲笑、想要控訴、想要詛咒）彼此衝突之後的結果？在認識成為可能之前，每一種內在驅力都必須先針對事物或事件提出自己片面的看法；然後各種片面的看法之間會出現鬥爭，偶爾再從鬥爭中產生一個中間點、平息紛爭、認為三方都有理，並且產生一種公平正義與契約——因為，藉由公平正義與契約的幫助，所有的內在驅力都能繼續維持在存在之中，而且彼此保有各自的權利。

這是個長期過程，但我們只會意識到最後和解的那一幕、最後的總結，因而認為理解就是一種和解、一種公正、一種良善。然而它只是**內在驅力彼此之間的某種比例**。長久以來，人們都把有意識的思考視為思考本身，直到現在，真相才開始慢慢浮現，我們在精神方面的作用絕大部分都是在無意識和無感覺中進行的，但是我認為這些相互鬥爭的內在驅力未來肯定會很懂得讓**彼此**感受到自己的存在，並且對彼此造成痛苦：這很有可能就是所有思想家都會突然經歷強烈虛脫的原因（戰場上的虛脫）。是的，也許我們正在進行鬥爭的心中具有某種隱藏的**英雄特質**，但肯定不是史賓諾莎說的神性、永恆自在。**有意識的**思考是最無力的思考方式，所以相對來說也是最溫和且最平靜的思考方式，尤其哲學家的思考：所以哲學家最容易受到認識的天性所誤導。

三三四、必須學會愛

我們在音樂中是這個樣子：人們必須先學會傾聽一段旋律音型，學會聽出其中的差別，學會將旋律音型劃分成獨立的生命；然後會需要透過努力與好意去**忍受**它的陌生，要有耐心去面對它的目光與表達，要有一顆溫柔的心去看待它的奇怪之處，最後那個瞬間就會來臨，我們會**習慣**它的存在，我們會期待它的出現，我們會料想得到，如果它不在的話，我們會想念它；於是它便不斷又不斷地對我們施加它的強制力與魔法，直到我們變成低聲下氣又欣喜若狂的愛人，除了它，也只有它，世界上其他的一切我們都不想要了。

但我們也不只在音樂中是這個樣子，對於我們現在所愛的一切，我們都是這樣**學會愛**的。我們對待陌生事物的好意、耐心、公正、柔情，最後永遠都會得到獎賞，因為陌生的事物會慢慢脫去它的面紗，顯現出難以言喻的美麗新樣貌：這是它對我們的好客表示的**感謝**。就連愛自己的人以前大概也是透過這種方式學會怎麼愛的，沒有其他的途徑了。愛也是必須學習的。

三三五、物理萬歲！

有多少人懂得怎麼觀察！在少數懂得觀察的人當中，又有多少人會觀察自己！「離每個人最遠的就是他自己」——所有追根究柢的人都知道這件事，這讓他們很不舒服。「認識你自己！」這句格言是透過神的口吻對人說的，聽起來簡直就像在幸災樂禍。但是，**幾乎每個人**都在談論道德行為的本質，而且他們談論的方式迅速、熱心、篤信、健談，再加上他們的眼神、他們的微笑、他們孜孜不倦地獻上殷勤，這一切都**證明**自我觀察是一件如此絕望的事情！人們似乎想要對你說：「但是親愛的，這正是**我最在行的**事情！你問對人了，你問到一個**有資格**回答你的人，別的不說，我剛好在這方面特別有智慧。事情是這樣的：當人判斷『**這樣很好**』，然後根據這個判斷推論『**所以這件事必須去做！**』，接著就去做他認為對並稱為必要的事情。如果是這樣話，那麼他做出行動的本質就是**道德的！**」

但是，我的朋友，你剛才跟我說的是三個行動，而不是一個。舉例來說，你判斷

「這樣很好」，這也是一個行動；難道做判斷的方式就不能是道德或不道德的嗎？**為什麼**你正好會認為這是對的？「因為我的良心告訴我這是對的；良心從來不會說不道德的話，畢竟是良心先決定了什麼是道德、什麼不是！」但是你為什麼要**聽從**良心說的話？你有多大的權力可以把這種判斷視為真實不虛？對於這種**信仰**，難道就沒有其他的良心了嗎？你完全不知道什麼叫作聰明才智的良心嗎？不知道你的「良心」背後還有一個良心嗎？在你判斷「這樣很好」之前，你的內在驅力、你的喜好與厭惡、你的經驗與非經驗，全都有過一段故事。你肯定會問：「這是**怎麼**形成的？」接著會問：「到底是**什麼**促使我去聽從良心的？」你聽從良心下的命令，很有可能就像聽話的士兵聽見長官的命令。或是像個婦人愛著對她發號施令的人。或是像個阿諛奉承的人或懦夫對下命令的人感到畏懼。或是像個笨蛋跟隨別人的命令，只因為他沒有任何反駁要提出。簡單來說，你可能會有上百種聽從良心的方式。但是你把這個判斷或那個判斷當成良心說的話，也就是說，你覺得某件事情是對的，**原因**可能在於你從來沒有對你自己進行過思考，盲目地接受別人從小就告訴你的那些所謂**對的**事情；又或是因為一直以來你得到的麵包和榮譽總是與你稱為義務的東西綁在一起——你會認為它是「對的」，是因為你覺得它是**你的**「存在條件」（但是你無法反駁你也有存在的**權力**！）。

堅定不移的道德判斷很可能還會是你這個人很可悲、很沒有人格的證據，你的

「道德力量」很可能源自於你的固執，或是你沒有能力看到新的理解！而且，簡單來說，如果你思考得再細膩一點、觀察得再好一點、學得再多一點，那麼你無論如何都不會再把你的「義務」和你的「良心」稱為義務和良心了。看透**道德判斷都是怎麼產生的**之後，你就不會有興致再去使用這些慷慨激昂的字了，就像你已經不愛使用其他過於激情的字眼，例如「罪」、「靈魂的永生」、「救贖」。然後千萬別向我提到定言令式，我的朋友！這個字會讓我的耳朵發癢，雖然眼前的你很認真，但我還是禁不住想笑。我想到老康德，他把「物自身」（同樣是一件非常可笑的事情！）**騙到手**，報應就是逐漸受到「定言令式」的侵擾，心裡又因為**迷失方向而不知不覺回到**「上帝」、「靈魂」、「自由」、「不朽」，就像一隻狐狸，因為迷路而又在不知不覺中走回自己的籠子——之前**打破**這個籠子的正是牠的力量和聰明！

怎麼會？你對自己心中的定言令式感到讚嘆不已？讚嘆所謂道德判斷的「堅定不移」？讚嘆「所有人對這件事都會做出和我一樣的判斷」的「絕對」感受？你要讚嘆的反而是你在其中的**自私自利**！你要讚嘆的是自私自利的盲目、小題大作、簡單明瞭！自私自利的原因在於覺得**自己的**判斷是通用的法則；而盲目、小題大作、簡單明瞭的自私自利則是因為它會洩漏你還沒有發現你自己，還沒有為自己創造出屬於自己的、最獨特的理想；也就是說，這個理想永遠不會是其他人的理想，更別說是所有人的理想，所有人的！

如果有誰還會做出「每個人在這個情況都會採取這種行動」的判斷，那麼他在自我認識的這條路上還走沒有五步，不然他應該會知道世界上既沒有一模一樣的行動，未來也不可能有；過去的種種行動都是唯一而且不可逆的，而未來的各種行動也會是如此。所有的行動準則都只涉及粗略的外在條件（就連迄今為止最內在又最細膩的道德準則也全是如此），雖然準則大概可以實現平等的表象，**但最多也只有表象**而已。無論是從現在的觀點去看，還是事後再進行回顧，**每一個**行動都不會是透明的，我們認為的「好」、「高貴」、「偉大」，從來都沒辦法透過我們的行動**加以證實**，因為每個行動都是不可知的。在我們做出行動的動力裝置當中，我們的意見、價值觀與價值體系肯定都是最有力的幾條槓桿，但是每一種情況的運作法則都是不可證的。所以我們要把目光縮限在**清理**自己的意見與價值觀，縮限在**創立屬於自己的新價值體系**，但是我們就不要再去苦苦思考「我們行動的道德價值」了！

是的，我的朋友！真的是時候對人們這樣喋喋不休談論別人的行為感到噁心了！我們應該要對道德審判感到反胃！有一群人什麼都不用做，只想拖著過去，想辦法再多延續一小段時光，這些人從來就沒有活在當下過。我們讓這些人自己去喋喋不休、自己去享受噁心的品味就好；許多人、絕大多數的人都是這樣！但是我們**要成為自己原本的模樣**，全新的人、前無古人、後無來者、無法比擬、自己制定自己的法則、自己創造自己！為此，我們必須成為最好的學生，發現世界上合法與必要的一切：我們必須是**物理學家**，才能成為那種意義上的**創造者**。到目前為止，所有的價值觀和理想都建立在**沒有**或是**違反**物理知識的基礎上。正因如此，物理萬歲！而**逼使**我們從事物理的那個更是萬萬歲，——我們的誠實！

三三六、大自然的吝嗇

為什麼大自然對人類這麼吝嗇，不讓各人根據各人內在的亮度發光？為什麼偉大的人不能像太陽一樣，無論日出日落都呈現出美麗的樣貌？如果可以這麼做的話，就能更加清楚明白地活在人群之中了！

三三七、未來的「人性」

如果我用遙遠的未來眼光回頭看向現在這個時代，我會認為現代人最奇怪的地方就是他特有的美德與疾病，也就是所謂的「歷史意義」。這將會是歷史上一個全新的、陌生的開端。假如人們願意給這株幼苗數百年的時間成長，它最後就能長成一棵神奇的植物，帶著一股神奇的香味，我們的舊地球就可以因為它的緣故讓人住起來比以前更舒適。我們現代人已經開始打造一種未來的、十分強大的感受，就像打造鎖鏈一樣，一環接著一環，但是我們幾乎不知道自己在做什麼。我們會覺得這麼做的原因似乎不是為了某種全新的感受，而是在減少一切舊有的感覺：歷史意義還是那麼地冷冰冰又可憐兮兮，許多人都會受到它的侵襲，有如寒流來襲，讓人變得更加冷冰冰、更加可憐兮兮。

對於其他人來說，歷史意義就像一種徵兆，代表有個新時代正在悄悄地來臨，而我們的星球在他們眼裡就像是個憂鬱的病人，他把自己年輕時的故事寫下來，只是為了忘掉眼前的一切。事實上，這就是全新感受的其中一種特色：如果有人感覺全人類的歷史都是**自己的歷史**，他就能概括感受到病人的悲傷，因為想起了健康；感受到老人的悲傷，因為想起了年輕時候的夢想；感受到愛人的悲傷，因為心上人被搶走了；感受到殉道者的悲傷，因為理想破滅了；感受到英雄在黃昏時分的悲傷，因為這場戰役沒有結果，卻為他帶來了傷口，也讓他失去了朋友。

但是要承受這些悲傷的巨大總和，要有能力承受得起，又要依然還是個英雄，在第二場戰役開始時向晨曦和自己的幸運致上問候；要做個向前向後都能放眼數千年的人；要繼承所有過去的高尚精神，要擔負起責任義務；要當所有舊貴族當中最高貴的那一個，同時要是這個時代還不曾見過或夢過的、新興貴族的第一人：把一切放在自己的靈魂上，最古老的、最新的、人類的種種損失、種種希望、種種征服、種種勝利。最後再把這一切全部濃縮在同一個靈魂、同一個感受裡。這樣做勢必會帶來人類迄今為止還沒有見識過的幸福，上帝的幸福，充滿著愛與力量、充滿著淚水，也充滿著歡笑，這種幸福就像傍晚的太陽，不斷將自己取之不竭的財富分送出去、倒在海裡，然後像這顆太陽一樣，如果連最窮的魚都能用黃金做的船槳划船，那才會是它覺得自己最富有的時候！這種上帝般的幸福就會叫作——人性！

三三八、痛苦的意志與富有同情心的人

當個以同情心見長的人，這對你們自己來說是有益的嗎？如果是的話，這對痛苦的人來說是有益的嗎？我們暫時先把這個問題放在一旁不去回答。我們個人最大的痛苦幾乎沒有其他人能懂，也幾乎沒有其他人碰得到，即使最親近的人和我們同吃一鍋飯，他也看不見我們的痛苦。但只要人們**注意到**我們正在受苦，他們就會用膚淺的方式解釋我們痛苦，到哪兒都一樣；同情心的本質之一就是將陌生的痛苦**去**個人化。我們的「恩人」比敵人更會縮小我們的價值和意志。做給不幸之人的善行大多都會讓人生氣，因為富有同情心的人都會草率地用聰明才智玩弄命運，他完全不知道不幸對於

你我的內在而言代表什麼樣的後果與糾結！

我的靈魂有一套經濟結構，可以透過「不幸」進行平衡，得以爆發出新的泉源與需求，得以癒合舊的傷口，得以擺脫所有的過去——這一切都和不幸有關，但是富有同情心的可愛人士覺得這一切都無關緊要，他想要**伸出援手**，沒有想到原來不幸也會是個人的必需品，他沒有想到你我除了好事以外，同樣會需要驚嚇、缺乏、變窮、午夜、冒險、犯難、失誤，甚至也沒有想到，（我想用神祕學的說法來表達）想要通往自己的天堂，永遠都必須穿越自己的快感地獄。沒有，他什麼都不知道：「同情教」（或是「同情心」）命令人要伸出援手，而人們相信，只要第一時間伸出援手，就是給了最大的幫助！剛開始信仰這個宗教的你們，如果你們真的會拿這種對待別人的心態來對待自己；如果你們連一個小時都不想讓自己的痛苦擺在自己身上，不斷想著怎麼從大老遠就開始預防任何可能的不幸；如果你們覺得痛苦與厭惡是玷污存在的污點，是不好的、令人深惡痛絕的、應該要被消滅的，那麼，除了你們的同情教之外，你們心裡其實還有另一個宗教，而且這個宗教也許就是同情教之母：**愜意教**。

哎，你們有多麼不懂人類的**幸福**，你們這群愜意的好心人！因為幸與不幸是一對兄弟、一對雙胞胎，他們會一起長大，或者像你們的情況一樣，一起**長不大**！但我們回到開頭那個問題。人怎麼會有辦法保持在**自己的**路上！旁邊總是不斷有人對著我們大吼大叫；我們看不太到那裡有什麼，但也沒必要馬上放下自己的事情跑去看個究竟。我知道，有上百種光榮體面的方式可以偏離**自己的道路**，而且真的都是極其「道德的」方式！沒錯，現在那些傳講同情與道德的人甚至會說唯一有道德的行為就是：偏離**自己的**道路去幫助身邊的人。我也明白，我只要正眼看待一件真正的苦難，我同樣會迷失自己！如果有正在受苦的朋友對我說：「你看，我就快死了；答應我，跟我一起死。」我就會答應他，就像看到那些為了自由而奮鬥的山地民族，同樣會促使我付出自己的生命向他們伸出援手——我有提出這個爛例子的好理由。是的，這些激發同情、呼求幫助的人甚至暗藏著某種誘惑：我們「自己的道路」是一件太過辛苦、太過困難、離其他人的愛與感恩太過遙遠的事情，所以我們不會排斥逃離這條道路、逃離它、逃離我們自己的良心、逃到別人的良心之中、逃進「同情教」的可愛廟宇。

一旦現在哪裡爆發了某場戰爭，那個民族的高貴人士心中都會同時爆發出一股需要保密的興致，他們會欣喜若狂地奔向新的**死亡**威脅，因為他們覺得為祖國犧牲奉獻可以獲得那個已經找了很久的機會，得以**偏離自己的目標**。對他們來說，戰爭是一種繞過自殺的契機，但是繞得心安理得。有些事情就省略不說了，但是我不想略過我自己的道德，它正在對我說：你要低調地過活，這樣你才能為自己而活！而且活就對了，**不用去知道**你的時代認為什麼最重要！要在你和現在之間隔出至少三個世紀的厚皮！要把現在的大吼大叫、戰爭與革命的喧鬧全都當作喃喃自語！你也會想伸出援手，但是你只會對一些人提供幫助，因為這些人擁有和你一樣的痛苦與希望，你完全

理解這些人的苦難，他們是你的**朋友**，而且你只能用幫助自己的方式向他們提供幫助：我想要把他們變得更勇敢、更能忍耐、更簡單、更快樂！我想要教會他們現在很少人懂的事情，而且是那些傳講同情的人最不懂的事情——**一起快樂！**

三三九、女性的生命（vita femina）

就算集合所有的知識與所有的好意，也不足以看到一部作品最終極的美麗；這件事情需要一些極為少見的偶然條件，才能讓山頂的雲霧為我們散去，山頂的陽光為我們璀璨。我們不只要站在正確的位置上看，我們的靈魂還必須先摘掉自己高處的面紗，需要外在的表達形式與比喻，這樣才能找到支撐點，隨時有辦法掌握自己。但這一切很少能同時出現，所以我覺得最高的良善，包括作品、行事、人、自然，對於大部分的人來說，甚至是對最好的人來說，都是遮蓋和隱藏起來的事情。但是向我們顯現的，**只會向我們顯現一次！**

希臘人可能會向神禱告說：「所有美的東西都來個兩三份！」哎，他們確實有呼求眾神的好理由，因為不屬神的現實完全不會給我們什麼美的東西，頂多就那麼一次！我想說的是，世界上充滿著許多美麗的事物，儘管如此，這個世界還是非常貧乏，缺乏美麗的瞬間，也缺乏這些事物的顯現。但也許這就是生命最強的魔法：有一條用許多美麗的可能性編織而成的金色面紗蓋在上面，應許、反抗、害羞、嘲諷、同情、誘惑。是的，生命是個女人！

三四〇、臨死之前的蘇格拉底

我們敬佩蘇格拉底的勇氣和智慧，包括他做的一切、說的一切，以及沒有說的一切。他是充滿嘲諷又受人愛戴的惡棍、雅典的捕鼠人，他會讓傲慢的少年們全身發抖和啜泣；他不只是歷史上最有智慧的空談家，他不說話的時候也同樣偉大。我希望他在生命的最後一刻依然保持沉默——如果是這樣的話，他的才華也許就能邁進更高的境界。不知道是死亡、還是毒藥、還是虔誠、還是惡意，某個東西讓他在最後一刻選擇開口說話，他說：「噢，克里同（Kriton）[95]，我還欠阿斯克勒庇俄斯（Asklepios）[96]一隻雞。」這個可笑又可怕的「遺言」對有耳朵的人而言，聽起來就像是：「噢，克里同，**生命是一種病！**」這是有可能的！像他這樣開朗的男人，在世人眼中過著像士兵一樣的生活，他居然是悲觀的人！他一直以來都只對生命擺出善良的面容，終其一生都把他最終的判斷、最內在的感覺隱藏起來！蘇格拉底，蘇格拉底**受生命所苦**！而

95. 譯註：柏拉圖《克里同篇》中蘇格拉底的追隨者。

96. 譯註：希臘神話中的醫神。

他為此選擇報復——用這句隱蔽的、讓人毛骨悚然的、虔誠的、褻瀆的遺言！蘇格拉底還用得著進行報復嗎？他豐盛的美德是否缺乏了一絲度量？哎，朋友們！我們還得勝過希臘人才行！

三四一、最大的負擔

如果有一天或有一夜，有個惡魔溜進了你最孤獨的孤獨之中，對你說：「你從以前到現在過的這種生活，你還必須再過一次、再過無數次；而且不會有什麼新的出現，每一次的痛苦、每一次的快樂、每一次的想法與嘆息、生命中所有說不盡的大小事物，這些你全都得再經歷一次，而且順序不會有所改變——連同這隻蜘蛛以及林間的月光，連同這個瞬間以及眼前的我。存在的永恆沙漏會一遍又一遍地翻轉。你也是一樣，你是沙漏中的一粒塵埃！」如果是這樣的話，你會俯伏在地、咬牙切齒地咒罵眼前對你說這些話的惡魔？還是你有經歷過一個令人難以置信的瞬間，在那個瞬間你會回答他：「你是上帝，我從來沒有聽過那麼像上帝的話！」如果那個惡魔的想法掌控了你，它就會改變你原本的模樣，也許還會把你消磨殆盡；因為無論是誰，只要被問：「你還會想再來一次、再來無數次嗎？」都會對他的行動施加最大的負擔！或者，你必須怎麼好好對待自己以及自己的生命，才有辦法**別無所求**，只求這個最終的、永恆的認可與蓋棺定論？

三四二、悲劇開始（incipit tragoedia）

當查拉圖斯特拉（Zarathustra）[97]三十歲的時候，他離開他的家鄉與烏爾米湖（Urmi）走入山中。他在這裡享受自己的精神與孤獨，十年來從不感到疲累。但是他最後改變心意。有一天早晨，他伴著晨曦起床，走到太陽面前對它如是說：「偉大的星球！如果你沒有可以照亮的對象，那麼你會幸福嗎！十年來你都從這裡上來我的山洞，如果沒有我、沒有我的老鷹、沒有我的蛇，你一定會對你自己的光和這條路感到厭煩；但是我們每天早上都在等待你的到來，取走你的豐盛，並為此對你祝福。你看！我對我的智慧感到厭煩了，就像一隻採了太多花蜜的蜜蜂，我需要別人向我伸手，我想要分送、想要分享，直到人類之中的智慧人都能再次對自己的愚蠢感到快樂，貧窮人都能再次對自己的富有感到滿足。為此，我必須下山，就像你晚上會走進大海的背後，將你的光帶給地下世界，你這顆豐盛的星球！我必須像你一樣**下山**，就像人們說的那樣，我也要下到他們那裡去。所以就祝福我吧！你這顆平靜的眼球，你

97. 譯註：祆教的創始人。尼采在自傳曾經說過，查拉圖斯特拉之於他，就如同蘇格拉底之於柏拉圖。

有辦法不嫉妒地看著最大的幸福！祝福這個想要滿溢出來的杯子吧！讓金色的水從它流出來，無論去到哪裡都能承載你幸福的餘暉！這個杯子想要倒空自己，查拉圖斯特拉想要再次變成人。」於是查拉圖斯特拉便開始下凡了。

第五卷

我們這群無所畏懼的人。

屍體呀，你在發抖嗎？如果你知道我在哪裡的話，你會抖得更厲害。

蒂雷納（Turenne）[98]

三四三、我們的開朗是怎麼一回事

近期最大的事件——「上帝已死」，基督教上帝的信仰已經不值得信了——這個事件已經開始將歐洲籠罩在它的陰影之下。至少對少數眼力夠好、夠敏銳的人來說，他們眼裡的**猜疑**看得見這場戲正在上演，彷彿某顆太陽已經下山了，某種古老的深信不疑已經變成了懷疑不信：在他們的眼裡，我們的舊世界每天都在變得更像傍晚、變得更不可信、變得更加陌生、變得更「老」。但最主要的應該是，這個事件太大、太遠、太偏離多數人的理解力了，所以它的消息連**略有耳聞**都稱不上；更別說許多人已經知道這個事件會產生**什麼**後果了——在這個信仰的地基被掏空之後，一切肯定會開始跟著倒塌，因為一切都建立在這個信仰上面、倚靠著它、深入其中，例如我們歐洲的道德觀。

即將來臨的這一長串斷裂、崩毀、下沉、傾倒的過程，有沒有人能猜得出接下來

98. 譯註：法國元帥。

會發生什麼事，而且還要瞭解到足以充當這套駭人邏輯的教導者與預告人，足以扮演這場大黑暗與日全食的先知？地球上大概還沒有這樣的人。我們是天生的猜謎專家；我們彷彿都在山上等待，把自己放置在今日與明日之間，橫跨在今日與明日的矛盾之間；我們是下個世紀最先出生的人，而且還是早產兒，照道理來說，我們**應該**已經能看見即將籠罩歐洲的黑影才對。但到底是什麼原因，甚至連我們都眼睜睜地看著這場黑暗的到來，既沒有真正地參與其中，也沒有為**我們自己**感到擔心害怕？

也許我們還過於處在這場事件**最先**造成的**後果**裡面——而且這些後果與人們期待的正好相反，這場事件的後果對**我們**而言既完全沒有帶來悲傷，也完全沒有造成黑暗，反而像是一種新形的、難以形容的光芒、幸福、減輕、鼓勵、晨曦……事實上，我們這些哲學家與「擁有自由精神的人」在得知「舊上帝已死」的時候，我們感覺自己像是被一片新的晨曦所照耀；我們的心裡充滿感恩、讚嘆、預想、期待——我們終於再次覺得眼前的天際一片自由（即使不是亮的）；我們的船終於又能再次出航，迎向各種危險；追求知識的人終於又能進行各式各樣的冒險；這片大海、**我們的**大海又再次開闊了起來，也許從來都不曾有過如此「開闊的大海」。

三四四、我們還有多虔誠

信念在科學裡面是沒有公民權的，人們非常有理由這麼說：如果這些信念願意接受保守的假設、暫時性的實驗立場、調節用的虛構（regulative Fiktion），它們才會有權利進入知識的領域，也才能在其中擁有某種價值，至少可以限制這些信念持續接受警方的監視，而這個警方就是懷疑。但是仔細想想，這個意思難道不是，如果信念**不再**是信念，它就能進入知識的領域？科學精神的紀律難道不會因此開始禁止自己再接受任何信念嗎？……事情大概就是這樣，只剩下一個問題：**為了讓這個紀律開始運作**，難道不需要有個無條件的信念在那裡發號施令，並且將其他的信念全都奉獻給自己嗎？看，就連科學也建立在信仰之上，根本就沒有「無條件的」科學。

真理究竟必不必要，這個問題不僅可以未問先答，而且必須答得如此肯定，讓定理、信仰、信念可以在其中顯現出來：「**只有**真理才是必要的，相較之下，其他的事物全都只有次等的價值。」這種無條件追求真理的意志，這是什麼？**是不想讓自己受騙**？還是**不想騙人**？當然也可以用後面這種方式詮釋追求真理的意志，前提是要把個別的情況「我不想欺騙**自己**」概括進「我不想騙人」裡面。但是，為什麼不想騙人？為什麼不想讓自己受騙？要注意，第一種情況的理由和第二種情況的理由坐落在兩個完全不同的領域。人們之所以不想讓自己受騙，是因為覺得受騙是一件有害的、危險的、充滿不幸的事情，在這層意義上，科學就會是一種長時間的聰明、謹慎、有用，但是人們也可以合理地對它提出反駁：怎麼會？不想讓自己受騙真的就沒那麼有害、沒那麼危險、沒那麼充滿災難嗎？你們怎麼有辦法打從一開始就知道存在的性質是什麼？怎麼有辦法決定比較占優勢的是無條件的懷疑還是無條件的信任？假如許多信任**和**許多懷疑都是必要的，那麼科學要從哪裡取得他們的基礎信仰，無條件地堅信真理比其他事物與其他信念更重要？如果真理**和**非真理兩者都不斷地顯示自己的有用，那麼這種堅定不移的信念根本不可能出現，而且這就是事實。

也就是說，雖然現在存在著無可爭辯的科學信仰，但是它的源頭並非來自有用與否的算計，反而是因為人們不斷向它證實「追求真理的意志」以及「不計代價追求真理」都是既無用又危險的事情，所以它才要**反其道而行**。「不計代價」：噢，如果我們把信仰一個接著一個放在祭壇上宰殺、獻祭，我們就會很懂這句話的意義！所以，「追求真理的意志」的意思**不是**「我不想讓自己受騙」，而是——別無選擇——「我不想騙人，也不想欺騙自己」。**我們這就來到了道德的領地**。因為，如果人們應該得做個樣子，而且也真的做了個樣子！彷彿生命的目的就是做做樣子，我的意思是，彷彿生命的目的就是錯誤、欺騙、偽裝、迷眩、自我蒙蔽；如果生命的偉大形式確實總是出現在變化多端（**πολύτροποι**）又不讓人有所顧忌，那麼人應該要徹底地捫心自問：「為什麼你不想騙人？」說得好聽一點，這種信心也許是一種唐吉訶德的行為

（Don-Quixoterie），只不過是熱情了一點的荒唐可笑；但是這種信心也可能是另一種更糟的情況，也就是敵視生命的、帶有破壞性的原則……「追求真理的意志」，這可能也會是暗中追求死亡的意志。

如此一來，就可以把「為什麼要有科學？」的問題歸結到道德問題上：如果生命、自然、歷史都是「不道德」的話，那麼**到底為什麼要有道德**？毫無疑問，在科學信仰大膽預設的終極意義上，說真話的人**認同的會是另一個世界**，而不是生命、自然、歷史的世界；只要他認同的是「另一個世界」，怎麼？他難道不用同時否定了與那個世界相反的這個世界、**我們的**世界？……但人們以後一定會懂我現在指的是什麼，也就是，我們的科學信仰一直都還是奠基在**形而上的信仰**之上，我們這群追求知識的人，我們這群心中沒有上帝、反對形上學的人，就連**我們的**火都還是取自古老的千年信仰點燃的大火，那個基督信仰，同樣是柏拉圖的信仰，他們都相信上帝就是真理、相信真理是屬神的……但是，如果這個信仰變得愈來愈不可信，如果不再有任何事物證實是屬神的，除非是錯誤、盲目、謊言——如果上帝本身證實是我們說了最久的謊言，那該怎麼辦？

三四五、道德是種問題

到處都在遭受缺乏人力造成的損失；虛弱的、單薄的、熄滅的、自我否定與自我否認的人不再適合從事任何好事情，尤其不適合從事哲學工作。無論在天上還是地上，「無私」都是沒有價值的；重大的問題需要靠**偉大的愛**來解決，而只有強大的、周全的、有把握的、重心穩穩坐落在自己身上的精神力才有辦法給出這樣的愛。一個思想家有沒有用個人的心態去面對自己的問題，以致他的命運、他的苦難、他最大的幸福都包含在這些問題裡面；又或是他會用「非個人的」心態去面對自己的問題，只懂得透過冷冰冰的想法與好奇的觸角去觸碰和理解這些問題。這兩種情況有非常大的差異。可以掛保證的是，第二種情況不會出現任何的結果，因為，假設重大的問題可以被理解，這些問題也沒辦法被膽小的青蛙和弱者所掌握，這些問題的品味亙古以來就是這樣；順帶一提，這個品味和所有勇敢女性的品味如出一轍。

無論在書中還是在現實當中，我怎麼都遇不到有誰會用個人的心態去面對問題，把道德當作問題，然後認為問題是個人的苦難、折磨、快感、熱情？顯然道德一直以來都不是問題，反而是人們在經歷各種猜疑、爭吵、矛盾之後達成的共識；道德是和平的聖地，連思想家都能在這裡得到休息、喘一口氣、重新振奮精神。我看不見有誰敢對道德的價值判斷進行**批判**，我甚至都要懷念起科學的好奇實驗了，懷念起心理學家和歷史學家愛挑剔的、具有實驗精神的想像力，他們可以很輕易地先把問題說出來、從空中抓下來，雖然不是真的很知道自己抓到的是什麼。

我幾乎找不太到有什麼開頭可以把這種感覺和價值觀寫成一部**發展史**（既不是要進行批判，也不是在寫一部關於倫理系統的歷史）：每一次我都全力以赴，為的就是鼓勵人們從事這種歷史的愛好與天賦——今天看來，我覺得全是白費工夫。這些道德史學家（尤其是英國人）根本沒什麼料，他們還是習慣站在特定道德的命令之下，心中沒有半點存疑，傻傻地扮演隨從與舉盾牌的角色，自己卻不自知；例如他們還在忠心耿耿地傳講歐洲基督教的民間迷信，認為道德行動的特徵就坐落在無私、自我否定、自我犧牲，或是共感、同情裡面。他們通常在預設立場裡會犯一個錯誤，他們會宣稱各個民族（至少是溫順的民族）對某個道德定理達成共識（consesus），由此得出無條件的約束力，而且對你我而言也是如此；或者，當他們發現不同的民族**必然**會有不一樣的道德觀之後，他們會反過來得出**所有**道德都沒有約束力的結論：這兩種做法都很幼稚。

他們當中有一些比較敏銳的人，揭穿並批判了某個民族對於道德提出的愚蠢看法，或者揭穿並批判了人對於所有人類道德提出的愚蠢看法，關於道德的起源、宗教的制裁、自由意志的迷信等等。也許是吧，但是這些人的錯誤就在於他們誤以為自己已經對道德進行批判。儘管他們的批判，規定裡的「你應該」仍然具有完全不同的價值，這個價值無關乎諸如此類的意見，也無關乎有多少錯誤在裡面雜草叢生——這些規定對病人而言肯定具有藥用價值，而且完全無關乎這位病人對於醫藥的想法是科學的，還是像老婦人一樣。甚至連錯誤都有可能**生出**道德。即便有這樣的認知，道德價值的問題還是沒有解決。迄今為止，還沒有人針對那個最有名的藥物（所謂的道德）進行過**價值方面**的考察：最先開始的第一步之一就是，對它**提出質疑**。好吧！這就是我們的工作。

三四六、我們的問號

你們居然不懂這個？事實上，人們必須要付出努力才能懂我們在說什麼。我們還在尋找文字，也許也還在尋找耳朵。但我們是誰？難道我們要用最古老的表達方式稱呼自己是心中沒有上帝的人，或是不信的人，或是不道德的人，我們應該不會覺得這些稱呼足以形容我們：我們三種人都是，只是都已經發展到很晚期的階段，所以，各位好奇的先生啊，人們無法理解，**你們**也無法理解我們的心裡是什麼感受。

不！我們已經沒有脫離教會的人的苦澀與熱情了，那些人因為不信了，所以必須先為自己安排好一個信仰、一個目的、一種殉道！但是我們已經認清事實了，而且在事實當中不斷地滾，滾到我們的心裡變得又冷淡又剛硬。我們已經認清這個世界上完全沒有發生過什麼屬神的事情，按照人類的標準而言，甚至也不曾發生過什麼理性的、憐憫的，或是正義的事情。我們知道我們生活的這個世界是不屬神的、不道德的、「沒有人性的」——我們長期以來都用錯誤和欺騙的方式對它進行解釋，不過也是根據我們敬拜的願望與意志，也就是：根據我們的**需求**。因為人是敬拜的動物！但人也是懷疑不信的動物，這個世界配**不上**我們曾經相信的一切，這個事實大概就是我們猜疑到最後最有把握的事情。

有多少懷疑不信，就有多少哲學。我們不能說這個世界**比較沒有**價值。如果有人想要發明價值，然後**超過**真實世界的價值，現在的我們一定會覺得很好笑，我們才剛放棄這種想法而已，那是人類的虛榮心與非理性所導致的放縱與誤入歧途，只是一直以來都沒有人這麼認為。這種想法最後一次出現的地方是現代的悲觀主義，以前則以更強烈的形式出現在佛陀的教導之中；但是就連基督教裡也帶有這樣的想法，只不過說得更加令人懷疑也更加曖昧不明，因此也沒那麼有誘惑力。「人要**對抗**世界」；人是「否定世界」的原則；人是衡量事物價值的標準；人是審判世界的人，最終也會把存在本身放到他的天平上秤一秤，然後覺得存在的重要實在太輕了——我們已經意識到這些心態有多麼乏味，而且也因此覺得很掃興。

如果我們發現「人**與**世界」被並列在一起，兩者之間只隔了一個狂妄的小字

「與」，我們真的會笑出來！但又怎麼了？我們難道不是透過笑而在鄙視人類這件事上向前邁進了一步嗎？悲觀主義、鄙視**我們**可知的存在，難道在這些事上不也都是如此嗎？難道我們不也陷入了對立的猜疑？對立的一方是我們到目前為止帶著敬拜的心情居住的世界，為了這個世界的緣故，我們也許還會想要**堅持**活下去；對立的另一方則是另一個世界，**也就是我們自己**。這是個對我們自己不留情面的、徹底的、最深層的猜疑，這個猜疑愈來愈控制了我們歐洲人的想法，而且情況變得愈來愈糟糕，很有可能輕易地將下一個世代推向可怕的二選一：「要麼廢除你們的敬拜，要麼廢除——**你們自己！**」第二個選項也許就是虛無主義；但難道第一個選項也不是虛無主義嗎？這是**我們的**問號。

三四七、有信仰的人與他們信仰需求

人需要多少信仰才能過得好，需要多少「固定的事物」讓他緊抓著不放，他才不至於搖晃：這是衡量這個人的力量的標準（或說得更明白一點，衡量他到底有多弱）。我覺得現在的老歐洲大多數人仍然需要基督教，所以基督教才會一直有這麼多人信。因為人類就是這樣：他可能數以千次地反駁一個信條——假如他需要這個信條的話，他又會一再認為它是「真的」——根據《聖經》裡面那個著名的「力量的證據」。

有些人需要形上學，但也有人猛烈地要求凡事都要有個明確的答案，於是科學實證便在今日的廣大群眾中蔚為風潮，這種想要完全抓住某個東西的要求（雖然人們會因為太過想要而被沖昏頭，只因為有確切的理由就更加草率而未經思慮地接受），這也都是想要有個支撐和倚靠的需求，簡單來說，就是弱者的本能。雖然這個本能沒有創造出宗教、形上學，以及各種類型的信念，但是它會保藏這些東西。事實上，在這些實證主義系統的周圍瀰漫著某種悲觀主義的黑暗，帶著疲乏、宿命論、失望、害怕新的失望，或是帶著顯露出來的憤怒、壞心情、憤憤不平的無政府主義，以及弱者的感受呈現出來的所有症狀與化裝舞會。

我們這個時代最聰明的人會激進地迷失在最卑微的角落，例如愛國主義（我指的是法國人說的沙文主義〔chauvinisme〕、德國人說的「德意志」），或是按照巴黎自然主義（naturalisme）的方式在美學方面進行角落裡的信仰宣告（他們只取出並揭露自然叫人驚訝又噁心的那一部分，現在的人喜歡把這個部分稱為最真的真理〔la verité vraie〕），或是彼得堡式的虛無主義（意思是無信仰的信仰，甚至會為此殉道）。這一切再再顯示出人們需要信仰、倚靠、支柱、依靠……缺乏意志的地方就是最渴望信仰、最迫切需要信仰的地方，因為意志是發號施令的情緒，所以是獨斷力與力量的關鍵指標。也就是說，愈不懂得發號施令的人，就會愈迫切渴望有人可以對他下達命令、嚴厲地下達命令，他會渴望上帝、渴望諸侯、渴望有聽取懺悔的神父、渴望教條、渴望黨派的良心。

由此可知，佛教與基督教這兩大世界宗教之所以會形成，尤其是它們之所以會突然散播開來，理由很有可能在於嚴重生病的意志。而真相確實是如此：兩大宗教都發現可以透過生病的意志堆疊各種無意義的「你應該」，要求多到令人絕望的地步；兩大宗教都教導人要在意志疲弱的時代狂熱起來，藉此提供無數的人一個支持，讓他們享受意志，重新擁有想要做點什麼的可能。因為狂熱是弱者和沒有把握的人唯一可以達到的「意志強度」，同時是一種對感官和智力系統進行催眠的行為，有助於將過多的營養（營養過剩）集中在主導的單一視角和感覺上——基督徒會把這個稱作是他們的信仰。如果有人把別人一定要對他發號施令當成了自己的基本信念，他就會變成「有信仰的」人；如果不是這樣，就有可能擁有自己做決定的興致與力量、意志的自由，然後精神就能向每一種信仰告別，不會再希望凡事都要有個明確的答案，還能熟練地站在最危險的鋼索上，能挑戰各種可能，也能站在懸崖邊跳舞。這種精神將會是可以作為典範的自由精神。

三四八、論學者的起源

歐洲的學者們來自各式各樣的階級與社會條件，就像不需要特殊土壤的植物，因此，無論他們願不願意，他們本質上就是民主思想的載體之一。但是出身會洩漏他們的祕密。如果人們曾經受過訓練，能從一本學術專書、一篇科學論文看出學者們在聰明才智方面有什麼特殊性（每位學者都有自己的特殊性），而且人們還能抓到他們的特殊性都做了些什麼，那麼人們幾乎總是能在這些特異體質背後看到學者們的「早期經歷」、他的家庭，尤其是他們家從事的手工藝與職業類別。如果有人感覺「事情已經得到證實，所以我把該做的事都做完了」，那麼這個人在血統和本能上一般都會是學者的祖先，他會從自己的視角認可「已經做完的工作」——勤奮世代眼中的「好工作」一向都會有信仰證據的症狀。

以文書辦公人員的兒子們作為例子，他們的主要任務是整理各式各樣的材料、分別放進不同的抽屜、分門別類，這件事告訴我們，假如他們成為學者的話，先天就會傾向把已經分門別類的問題視為幾乎已經解決的問題。有一些哲學家其實只有格式化的頭腦，祖傳手藝的形式已經變成了他們的內涵。分類與劃分範疇的天分會透露出一些訊息；無法倖免的是，人都是自己父母的小孩。就算作為研究人員，律師的兒子必然還是律師，起初他還會有所顧忌，想在自己的事情上保留權利，但他也許很快就會運用起這項權利了。基督教神職人員與學校老師的兒子們則是有個很好認的特徵，他們看事情的方式都很天真又有把握，而且作為學者的他們也是一樣，才剛大膽而熱情地提出什麼看法，他們就會認為這些看法已經獲得證實了，他們已經非常習慣別人相信他們，這也是他們的祖傳「手藝」！

反之，如果是猶太人，根據他們的事業以及民族的過去，他們最不習慣的就是別人相信他們，大家以後可以仔細看一下猶太裔學者，他們全都非常看重邏輯學；換句話說，他們看重的是透過理由來迫使別人認同。他們知道，就算人們厭惡他們的種族和階級，就算人們不願意相信他們說的話，只要用邏輯就一定能贏得勝利。所以，沒有比邏輯更民主的事物了，邏輯不會在意一個人的威望，就算那個人的鼻子是彎的，邏輯也會認為是直的。（附帶一提：歐洲真的要大力感謝猶太人為他們帶來邏輯化，讓他們更加習慣使用清晰的頭腦，尤其是德國人，這個種族的推理思考能力少得可憐，他們到現在都還是最該先被「洗腦」的人。只要可以發揮影響力，猶太人都會教導人要區分得更開一點、推論得更準一點、寫得更亮、更乾淨一點。他們的任務永遠都是讓一個民族變得「更明智」。）

三四九、再論學者的起源

想要自我維持是一種困境的表現，也是生命基本的內在驅力受到限制之後的結果，不然這股驅力會不斷追求權力擴張，往往會對自我維持提出質疑，並且為了貫徹意志而犧牲自我維持的本能。如果有哪些哲學家認為所謂的自我維持才是關鍵的內在驅力，而且也不得不如此認為（例如得了肺結核的史賓諾莎），人們要把這種想法當成症狀來看待：這些哲學家自己都是處在困境當中的人。

我們現代的自然科學之所以會和史賓諾莎的教條如此糾纏不清（而且最近還粗糙地扯上達爾文主義令人無法理解又偏頗的「生存鬥爭」學說），原因大概在於自然研究者的出身背景：他們大多來自「民間」，這些人的祖先都是貧窮的小老百姓，非常知道突破困境有多麼困難。整個英國的達爾文主義都散發著英國人口過多而導致的污濁空氣、散發著小老百姓困苦不堪的氣味。但是，作為自然研究者，人們應該要從人的角落走出來，自然界沒有困苦的籠罩，反而充滿著豐盛、揮霍，甚至一切都多到沒有意義。生存鬥爭只是一種例外，那只不過是生命意志暫時性的緊縮；無論在哪裡，大大小小的鬥爭都圍繞著優勢、成長、擴張、權力，這些鬥爭根據的是追求權力的意志，而這也正是生命的意志。

三五〇、向宗教人(homines religiosi)致敬

對教會發起鬥爭——因為有好多種意思——肯定也是由比較粗鄙的、比較快樂的、比較親密的、比較膚淺的人去對抗比較沉重的、比較深奧的、比較沉思的,或說比較邪惡的、比較猜疑的人。後面這群人長期以來都在懷疑存在的價值,苦苦思索自己的價值,所以激怒了民眾粗鄙的本能、感官的快樂、「善良的心」。北方國家永遠都沒有正確理解,整個羅馬教會其實都奠基在南方國家對於人性的猜疑上:承襲自深不可測的東方國度、古老又神祕的亞州,以及亞洲人的沉思。基督新教就已經是一場人民起義了,為的是比較老實的、比較真性情的、比較膚淺的人(北方人的心腸永都比南方人好,而且也比南方人膚淺);但法國大革命才真的是完全且隆重地將權杖交到「好人」的手裡(包括綿羊、驢子、鵝,以及所有膚淺到無可救藥的、愛哭愛鬧的,這些都已經可以送進「現代思想」的瘋人院)。

三五一、向神父的天性致敬

我在想,民眾對於智慧的理解(今天有誰不是「民眾」?)包括聽明、有膽識、

穩重、虔誠，還要有鄉下神父的溫厚，然後可以躺在草地上，嚴肅而反覆地**靜靜看著**人生——哲學家們會覺得這種形象和自己八竿子打不著，大概是因為他們不夠「民眾」，不夠像鄉下來的神父。也許要到最後的最後，哲學家們才慢慢學會相信民眾**有可能**理解自己從來沒有想過的事情、可以理解追求知識的巨大**熱情**、可以理解追求知識的人為什麼非得要持續地活在終極問題的烏雲之中、持續地活在最困難的職責裡面（完全不能只是靜靜地看、不能置身事外、不能無所謂、不能肯定、不能客觀……）。

但是，如果要民眾自己說出他們心目中理想的「智者」，他們尊敬的會是另一種人，而且他們有千百倍的權利用最好的話語和敬意去崇拜這樣的人：溫柔、嚴肅、質樸、禁慾，以及諸如此類的神父天性。民眾對智慧的敬畏都帶有對這種人的讚美。除了這些男人，民眾還有什麼理由向其他人表示感恩？這些男人既屬於民眾也出於民眾，但又像是獻上的、被揀選的、**犧牲**自己幸福的人（他們也覺得自己已經向上帝擺上），民眾可以不受懲罰地在這些男人面前傾訴自己的內心，藉此**擺脫**自己的祕密、憂慮，以及更糟糕的事情（因為人只要「分享」，就可以擺脫自己；而且「自白」過後，人就能忘記）。

這是一種生活所需，因為靈魂的垃圾也需要排放的管道，需要潔淨的水進行清洗，需要源源不絕的愛，需要強大、恭順又純潔的心靈，願意為這種非公開的健康照護工作犧牲奉獻——因為當神父、作為人祭，**就是**一種犧牲……。民眾會覺得這種被犧牲的、沉默的、嚴肅的「信仰」人士都是**有智慧的**人，也就是得道的人；覺得這些人比起惶惶不安的自己更「有把握」。誰會覺得民眾的敬畏以及他們說的話沒有道理呢？但是，反過來說也是公平的，即使是在哲學家之中，神父也永遠都會是「民眾」，而**不是**得道的人，主要的原因在於哲學家自己不相信有所謂「得道的人」，所以如果有人抱持著這種信仰與迷信，他們就能嗅出「民眾」的氣味。

在希臘，發明出「哲學家」這個字的是**謙虛**，這種謙虛來自驕傲又專橫的怪物，例如畢達哥拉斯、例如柏拉圖；至於自己說自己有智慧，這種華麗的傲慢讓給假裝自己有才華的演員們就好。

三五二、道德幾乎不可或缺到什麼程度

裸體的人通常有可恥的外貌——我說的是我們歐洲人（而且不是歐洲的女性！）。假設宴會上的人突然發現自己中了魔法師的詭計，每個人都被脫去外衣、赤身露體，我相信他們不只再也快樂不起來，而且連胃口最好的人也會吃不下去。我們歐洲人似乎完全不能沒有化裝打扮、不能不穿衣服。這些「道德人士」把自己包裝在道德公式與禮節的概念之下，好心地把我們的行動隱藏在義務、美德、集體意識、正

直、自我否定等概念之中，難道他們沒有變裝的好理由嗎？

我並沒有要人偽裝人類的邪惡與下流，也沒有要人把我們體內那隻下流的野蠻動物裹在衣服裡；我反倒認為，作為**溫馴動物**的我們看起來才是可恥的，才會需要道德的偽裝——歐洲人的「內在」還遠遠不夠下流，所以不能「秀出來」（而且也不**美**）。歐洲人把自己**偽裝成有道德**的樣子，因為他已經成了一隻生病的、體弱的、殘廢的動物，所以他才有「溫馴」的理由；因為他幾乎就是個畸形兒、只長了一半、虛弱、笨手笨腳……需要道德偽裝的並不是掠食動物的可怕，而是群居動物本身就根深柢固的平庸、恐懼、無聊。**道德是歐洲人的裝飾**——我們就承認吧！——它把歐洲人裝扮得更高尚、更重要、更有威望、更「屬神」。

三五三、論宗教的起源

宗教創始人最主要的一種發明是：創立一種特定的生活方式與日常習俗，它會發揮規訓意志（disciplina voluntatis）的作品，同時消除無聊。另一種發明則是：給予這種生活方式一種**詮釋**，藉此讓這種生活看起來受到最高價值的普照，讓它變成一件好事，所以人們不只要為它奮鬥，也許還要為它付出生命。事實上，在這兩種發明之中，第二種發明比較接近本質，因為第一種發明通常都是已經存在的生活方式，只是和其他生活方式同時並存在一起，所以人們沒有意識到這種生活方式具有什麼價值。

一般來說，宗教創始人的重要性與原創性就在於他能**看見**這種生活方式、**選擇**這種生活方式、**猜出**這種生活方式的用處，以及可以怎麼對它進行詮釋。例如耶穌（或保羅）在羅馬的行省找到了小老百姓的生活方式，那是一種謙虛的、有美德的、受到壓迫的生活；他對這種生活提出解釋，賦予這種生活無上的意義與價值——藉此讓人有勇氣鄙視其他的生活方式、讓人安安靜靜地從事主護村的（Herrenhut）狂熱[99]、在地下狀態暗中維持自信、讓自信不斷增長再增長、直到最後準備好「戰勝這個世界」（也就是羅馬以及羅馬帝國的貴族階級）。佛陀同樣找到一種人，散落在他們民族的各個階級與社會地位，因為這些人很懶惰，所以他們都是好人、心地都很善良（尤其是不具攻擊性），而且，同樣是因為懶惰，他們過著禁慾的生活，幾乎沒有任何需求。佛陀明白這些人在慣性（vis inertiae）作用下無可避免一定會進入信仰，這個信仰會向他們做出承諾，可以**避免**再次回到世俗的辛勞當中（也就是工作以及一切的行動），佛陀的天才之處就在於這個「明白」。

宗教創始人都知道特定靈魂的平均樣貌，他們在這方面的心理學知識十分可靠，原本沒有人**知道**這些靈魂其實同屬於一個圈子，宗教創始人將他們拉在了一起；從這點來看，創立一個宗教永遠都會是一場長期的認知慶典。

99. 譯註：德意志神學家青岑多夫（Zinzendorf）為摩拉維亞兄弟會建立的庇護村。

三五四、論「物種天賦」

如果我們開始理解自己可以放棄自己到什麼程度，我們才會開始碰觸到意識的問題（說得更正確一點：自我意識的問題）。我們現在對這方面的理解起始於生理學與動物史（也就是說，這兩個學科需要兩個世紀的時間，才有辦法追上萊布尼茲〔Leibniz〕[100]飛在很前面的猜疑）。我們也許有能力進行思考、感覺、想要做點什麼、回想起些什麼，我們也許同樣有能力進行各種意義上的「行動」，儘管如此，這一切都不需要先「走進我們的意識」（比喻的說法）。

即便彷彿不曾看過鏡子中的自己，生命還是有可能的，畢竟我們現在絕大部分的生命歷程確實都不曾這樣照過鏡子，包括我們思考的、感覺的、想要做點什麼的生命，雖然這在比較老派的哲學家耳中聽起來會是一種侮辱。如果意識基本上是多餘的話，那麼意識到底是為了什麼？如果人們想要聽我回答這個問題，而且想聽我有點放縱的猜測，那麼我會認為，意識的敏銳與強度永遠都與一個人（或動物）的表達能力有關，而表達能力又與表達的需求有關：人類非常善於表達並且讓其他人理解自己的需求，不過我所謂的表達需求並不是指有意識的人就必須仰賴其他人過活。

如果是以整個種族以及世代的系譜來看，只要人長期迫於苦難而有表達的需求，需要快速而細膩地理解彼此的意思，就會大量出現表達的藝術與力量，彷彿是一種逐

100. 譯註：德意志哲學家。

漸堆積的能力，正在等待一個繼承人來揮霍（這些繼承人就是所謂的藝術家、演說家、傳道人、作家等等，這些人全是系譜的最後一個成員，每一位都是「晚出生的」〔這個字的意思最貼切〕，而且他們本質上都是揮霍的人）。假如這個觀察是對的，那麼我就能繼續推進到下一個猜測：只有在有表達需求的壓力之下，才會發展出意識；打從一開始就只有人與人之間（特別是下命令的人與聽從命令的人之間），意識才有必要、才派得上用場，也只會根據有用的程度進行發展。

意識其實只是人與人之間的聯結網，而且也只有這樣，才有必要發展出意識。離群索居的人以及靠掠奪為生的人，應該不會需要意識。我們之所以會意識到自己的行動、想法、感覺、移動——至少意識到其中的一部分——這個結果來自一種可怕的、長期控管著人類的「必須」：作為最容易遭受危害的動物，人類需要幫助和保護、需要同類，他必須懂得表達自己的苦難、必須懂得讓別人知道自己在說什麼。為了這個目的，他必須要先有「意識」，也就是自己「知道」自己缺的是什麼、「知道」自己處在什麼情緒、「知道」自己在想什麼。因為，再說一次：人類就像各種生物一樣，一直都在思考，只是不知道自己正在思考；有意識的思考只是思考的其中一小部分；或說，最表面的、最不好的部分，因為只有有意識的思考才會出現在文字裡面，也就是表達的符號，這是意識來源自我揭露的方法。

簡單來說，語言的發展與意識的發展（並非理性的發展，而是理性意識到自我的過程）是同時進行的。此外，也應該要知道，人與人之間的溝通橋樑不只有語言，還有眼神、握手、表情；我們有多麼迫切用符號向其他人傳達我們的感受，我們就會有多少意識到自己的感受、就會有多少力量鎖定這些感受，彷彿獨立於我們之外。發明符號的人也是自我意識愈來愈清楚的人。因為人類是社會動物，所以他才開始學著怎麼意識到自己，而且他一直都在這麼做，愈做愈多。大家可以看得出來，我的想法是，意識不屬於人類作為個體存在的一部分，而是來自人類身上的群體與從眾天性；從而可以推斷出，意識只會隨著群體和從眾的好處得到細緻的發展；因此，就算我們每個人的出發點都是好的，想要盡可能用個人的方式瞭解自己、「認識自己」，但是我們永遠都只能意識到非個人的部分、「平均的部分」。我們的想法本身會不斷被意識的特性（被在其中發號施令的「物種天賦」）蓋過去，然後透過翻譯重回從眾的觀點。

毫無疑問，我們的行動其實全都是私人的、唯一的、無限個人的，而且無與倫比；但是，一旦我們把行動翻譯成意識，這些行動看起來就不再會是無與倫比的了……就我所瞭解的現象主義（Phänomenalismus）與觀點主義（Perspektivismus）而言，動物的意識都帶有一種天性，我們可以意識到的世界只是個表象的符號世界，一個普遍化的、粗鄙化的世界；正因如此，有意識的一切都會變得平庸、淺薄、相對愚蠢、普遍，也會變成符號、從眾的特徵。有意識的過程全都伴隨著徹底的敗壞、造假、表面化、普遍化。最後，增長的意識是一種危險。如果有人生活在最有意識的歐洲人當中，就會知道意識甚至是一種病。人們大概猜得出來，我在意的並不是主體與客體之間的對立：主客體之間的劃分讓專門從事知識理論的人去研究就好，他們都陷在（民眾形上學的）文法圈套裡面了。我在意的更不會是「物自身」與現象之間的對立，因為我們「知道」的還差得遠，沒辦法進行這樣的劃分。我們根本沒有用來進行認知以及處理「真理」的器官，我們「知道」（或是相信，或是想像）的範圍不會超出對群眾利益與物種利益有用的事物，甚至連被稱為「有用」的事物最終也只是一種信仰、一種想像，而且也許正是未來會導致我們滅亡的愚蠢。

三五五、「知識」這個概念的起源

我從街坊巷弄得到了這個解釋，我聽到民眾裡有人說「他知道我」。這時我問自己：民眾究竟是怎麼理解知識的？如果他們想要擁有「知識」，他們要的究竟是什麼？

其實就只有這個：把陌生的事物歸因於已知的事物。而我們這些哲學家，我們對知識的理解有比他們多嗎？已知的事物，這個概念的意思是：我們習以為常的事物，所以我們不會對它感到驚訝，它是我們的日常、某種綁住我們的規則，還有我們家裡所知的一切。怎麼？我們對於知識的需求難道不是因為我們需要已知的事物嗎？難道不是因為我們想要在所有陌生的、不尋常的、有疑問的事物當中，發現不再使我們不安的部分嗎？難道命令我們進行認知的不是恐懼的本能嗎？難道追求知識的人不是在歡呼自己重新獲得了安全感嗎？……當哲學家把世界歸因於「想法」的時候，他們會誤以為自己「認識」這個世界。哎，這難道不是因為那個「想法」是他已知的、尋常的想法嗎？難道不是因為他不用太過害怕那個「想法」嗎？

噢，這些追求知識的人真的很知足！人們應該要再去看看他們的原則以及他們對世界謎團提出的解答！如果他們在事物上面、事物下面、事物後面發現我們已經非常熟悉的東西，例如乘法表，或是我們的邏輯，或是我們渴望和想要的東西，他們馬上就會變得非常快樂！因為「已知就是認識」：這是他們的共識。就連他們之中最小心謹慎的人也認為，已知的事物至少比陌生的事物容易認識。例如，按照方法而言，必須要以「內在的世界」、「意識的事實」作為出發，因為它是我們更加熟知的世界！這種說法大錯特錯！已知的事物是尋常的事物，而尋常的事物是最難以「認識」的事物；意思是，難以被當成問題來看待，難以被看作陌生、遙遠、「坐落在我們之外」……相較於心理學與意識原理的批判（人們可能會說這些都不是自然科學），自然科學之所以可以提供巨大的安全感，理由就在於他們把陌生的事物當作客體。反之，想要把不陌生的事物當作客體，這可以說是一件既矛盾又荒謬的事情了……

三五六、歐洲愈來愈「藝術家」到什麼程度

時至今日——就算是在我們這個過渡時期，許多事物都已經停止逼迫人一定做什麼事情——幾乎每個歐洲男性都會受到生計問題所逼，被迫接受一個特定的角色，所謂的職業。有些人有自己選擇角色的自由（表面上的自由），大部分人的職業則是被選擇的結果。這件事真的非常奇怪，上了一點年紀之後，幾乎所有歐洲人都會把自己和自己的角色混淆在一起，成了自己演的「好戲」的犧牲品；他們自己都忘記了，當初在選擇「職業」的時候，他們有多麼受制於偶然、情緒，以及恣意妄為。他們也許有能力扮演許多不同的角色，但已經太晚了！

看得更深入一點，角色真的變成了人物，藝術真的變成了自然。過去曾經有些時代，人們會帶著堅固的信心，甚至虔誠的心態相信自己天生注定要走這一行、吃這行飯，就是不想承認其中帶有偶然、角色、恣意妄為的成分。階級、行會、繼承而來的商業特權全都靠著這種信仰在中世紀建立起一座座巨大的社會高塔。無論如何，這些高塔都有一點值得稱讚：歷久彌新（在這個世界，耐久度正好是特級的價值！）。但

也有一些時代、真正民主的時代，人們愈來愈不相信剛剛說的這套信仰，取而代之的是某種大膽的相反信仰與觀點，包括雅典人在伯里克里斯（Perikles）時代注意到的信仰，以及現在愈來愈想變成歐洲信仰的美國信仰：這些時代的每個人都堅信自己幾乎什麼都會，幾乎可以勝任各種角色；每個人都在測試自己、即興演出、進行新的嘗試、試試自己有沒有興趣；這些時代的自然全都不再自然、全都變成了藝術……希臘人是最先踏入這種角色信仰的一群人——也可以說是馬戲演員的信仰——眾所皆知，他們一步又一步地經歷了一場奇怪的、不全然值得效仿的變化：他們真的變成了演員；他們以演員的身分讓全世界都為他們著迷，他們戰勝了全世界，最後變成了「戰勝世界的女子」（因為戰勝羅馬的是希臘演員〔Graeculus histrio〕，而不是天真的人口中的希臘文化……）。

但是我很擔心，假如人們有興趣去看的話，就會發現我們現代人顯然已經完全走在相同的道路上。每當人開始發現自己可以扮演一個角色到什麼程度、有能力當演員到什麼地步，他就變成了演員……於是新的人類物種就會開始崛起，這些人沒辦法在固定的、有限制的年代裡生長，或是會被壓在「下面」、壓在禁令之下，被質疑為寡廉鮮恥。於是歷史最有趣也最瘋狂的年代就會開始崛起，「演員」（所有類型的演員）就會變成真正的主人。但是這種情況對另一種人就會愈來愈不利，最後會讓他們完全消失，尤其是大「建築師」；建造的力量現在都變得有氣無力；制定長遠計畫的勇氣也開始失去信心；開始找不到有組織能力的天才——誰還敢從事估計得花數千年才有辦法完成的工作？

進行評估、承諾、先行計畫未來、為自己的計畫做出犧牲，以致一個人的價值與意義只剩下偉大建築當中的一塊石頭。為此，他必須先變得堅固，必須先變成「石頭」。這種基本信仰已經後繼無人了……這種人更不會是——演員！簡單來說，哎，人們還會對此保持沉默一段很長的時間！人們現在開始不建造的、沒有能力建造的，正是古老意義上的社會。現在缺乏建造社會所需的一切，尤其是材料。我們所有人都不是建造社會的材料，這就是現在的真理！我覺得無所謂，暫時就讓現今最短視近利的人去相信相反的事實、懷抱希望、做夢、大聲疾呼、寫作，這些人就是我們的社會主義人士，他們也許是最正派的人，但無論如何也是最讓人喪失行動能力的人；畢竟人們已經能在所有桌上和牆上讀到他們寫的未來字眼「自由社會」。自由社會？對！對！但是先生們，你們知道自由社會要用什麼建造嗎？要用木頭做的鐵！要用那種有名的木頭做的鐵！而且還不曾用過木頭做的……

三五七、談老問題：「德意志是什麼？」

人們要暗自估算一下那些德意志頭腦帶出來的哲學思想成就：在某個被允許的意義上，它們可以被算作是為整個種族帶來好處嗎？我們有辦法說，這些成就也是「德意志靈魂」的作品，至少也是德意志靈魂的表徵嗎？就像我們習慣把柏拉圖的理型癖（Ideomanie）以及他近乎宗教式的理型狂熱（Form-Wahnsinn）當成是「希臘靈魂」的成果與證明。或者應該顛倒過來才是對的？這些思想成就會不會都是個人的，都是這個種族精神的例外，例如歌德心安理得地進行異教信仰？或是俾斯麥（Bismarck）[101]在德國人之中心安理得地進行馬基維利主義（Macchiavellismus）、他所謂的「現實政治」（Realpolitik）？搞不好我們的哲學家甚至還違背了「德意志靈魂」的需求？

簡單來說，德意志的哲學家真的是哲學界的德意志人嗎？我想到三個案例。首先是萊布尼茲無與倫比的見識：他認為意識只是想像的附屬品，而不是必要和本質上的特徵；也就是說，我們稱為意識的東西只構築了我們世界的狀態（也許還是一個有病的狀態），遠遠還不是這個世界本身。這個論點不只反駁了笛卡兒（Descartes）[102]的說法，也反駁了在他之前進行哲學思考的一切。這個想法的深度迄今仍然讓人取之不盡、用之不竭，但這個想法有什麼德意志之處嗎？有理由推測拉丁國家的人就不容易想到這種眼光的翻轉嗎？因為這確實是一種翻轉。其次，我們回想一下康德對「因

101. 譯註：德意志政治家，德意志帝國成立的主導人物。

102. 譯註：法國哲學家。

果」這個概念提出的大哉問；他並不是在對休謨（Hume）[103]的說法提出質疑，反而開始謹慎地界定出這個概念適用的範圍（人們直到現在都還沒有完成界定）。第三則是黑格爾令人驚訝的操作，打破了所有邏輯的習慣與壞習慣。他的學說宣稱所有種類的概念都是從彼此發展出來的，這個定理為歐洲有才華的人預備了最近的那場大型科學運動：達爾文主義——因為沒有黑格爾，就不會有達爾文。黑格爾的創新之處在於他是首先將關鍵的「發展」概念帶進科學的人，但這個創新有什麼德意志之處嗎？

是的，毫無疑問，我們在這三個案例中都可以感覺到自己「揭露」了什麼、猜到了什麼，既是感恩、又是驚訝，這三個引人深思的定理分別都是德意志自我認知、自我經驗、自我理解的一部分。我們透過萊布尼茲感覺「我們的內在世界比較豐富、比較廣泛、比較隱密」；身為德意志人的我們透過康德懷疑科學知識是否具有最終的有效性、懷疑所有可以透過因果關係（causaliter）認識的事物，在我們眼中，可以認識的事物都比較沒有價值。就算黑格爾不曾存在，我們德意志人也都會是黑格爾的信徒，因為我們（與拉丁國家的人不一樣）強烈地認為變化和發展會比「就是這樣」更具有深意和更豐富的價值；我們幾乎不相信「是」（Sein）的概念有什麼合理性；我們同樣不傾向承認人類的邏輯就是邏輯本身，或是唯一的邏輯（我們反而想要說服自己，人類的邏輯只是一個特殊案例，搞不好還是最奇怪又最愚蠢的案例之一）。

第四個問題是，從事悲觀主義、探討存在價值的叔本華是否一定會是德意志人？

103. 譯註：蘇格蘭哲學家。

我不這麼認為。基督教的上帝信仰已經毀滅，科學的無神論已經獲得勝利，在這場重大事件之後，關於存在價值的問題本來就指日可待，靈魂的天文學家們也許還能算得出會發生在哪一天的哪個時候。這是個全歐洲的大事件，所有種族應該都有功勞，也都能分得榮耀。反之，無神論的勝利之所以會拖那麼久才出現、造成那麼多危害，這也許正要算在德意志人頭上（那些和叔本華活在同一個時代的人）；尤其黑格爾更是其中的佼佼者，因為他做了一場大型的實驗，嘗試說服我們接受存在的神性，到最後連我們的第六感，也就是「歷史感官」都搬了出來。

身為哲學家的叔本華是我們德意志人第一個公開承認且堅定不移的無神論者，這就是他敵視黑格爾的緣由。對他來說，不具有神性的存在是一件既定的、顯而易見的事情，沒有任何討論的空間；如果他看到有人在這方面有所遲疑、不斷兜圈子，他就會失去他身為哲學家的謹慎、大發雷霆。這就是他的正直之處：他討論問題的前提是絕對而正直的無神論，這是歐洲良心最終取得的艱難勝利；這也是兩千年來的真理訓練中成果最豐碩的一次行動，最終將無法再接受上帝信仰中的謊言……人們看得出來，究竟是什麼戰勝了基督教的上帝：基督教的道德觀、愈來愈嚴格的真實概念；基督教的良心帶有神父聽取懺悔的敏銳，不計一切代價都要把基督教的良心翻譯成科學的良心、昇華成聰明才智方面的純淨。他們看待自然，猶如自然是上帝良善與守護的證明；他們詮釋歷史，為的是尊榮上帝的理性，證明世界秩序和最終意圖裡面永遠都有帶有德性；他們解釋自己的經歷，就像虔誠的人長期以來解釋的那樣，彷彿一切都是天命、一切都是示意、一切都是為了靈魂的永生。

但這一切現在都過去了，都會受到良心的譴責；看在比較敏銳的良心眼裡，這一切都是不端正的、不誠實的、都是謊言、女性主義、虛弱、懦弱——歐洲長久以來都在勇敢地戰勝自我，而我們繼承了這樣的精神、我們都是好歐洲人，如果要說我們靠的是什麼，我們靠的就是這種嚴格的心態。我們抵制基督教的詮釋、批判這種詮釋的「意義」就像在偽造錢幣，於是我們馬上就遇到叔本華的可怕問題：存在到底有沒有意義？這個問題需要好幾個世紀才有辦法完全被人聽見，才有辦法進入每個人的心裡。叔本華自己對這個問題的回答（請大家原諒我）講得有些倉促、太像青少年了，他提出來的內容只不過是個補償，而且依然還是站在基督教禁慾主義的道德觀，信仰上帝的人早就不信那一套了……但是他畢竟提出了問題；而且，如同剛才所說，他是以好歐洲人的身分提出這個問題，而不是以德意志人的身分。

還是說，德意志人也許曾經用他們處理叔本華問題的方式證明他們內心和叔本華之間有著歸屬感與親緣關係、證明他們的預備、證明他們對叔本華的問題有需求？在叔本華之後，德國還是有人——也太晚了吧！——在思考他提出來的問題，並且出書，但是這肯定還不足以判定德國人和叔本華之間有著緊密的歸屬關係。人們也許可以提出後叔本華悲觀主義特有的笨拙來作為反駁，看得出來，德國人在從事悲觀主義的時候表現得沒有那麼如魚得水。我說這些話完完全全沒有在影射愛德華．馮．哈特曼（Eduard von Hartmann）[104]；剛好相反，從以前到現在，我都懷疑他對我們來說是不是都太機靈了；我想說的是，他這個人真的很愛說笑，也許打從一開始就不只是想取笑德意志的悲觀主義而已，他到最後甚至還立下遺囑，把他的想法「遺贈」給德國人；在帝國成立的那個年代，居然有人可以把德國人愚弄到這種地步。

但我想問的是：人們應不應該把老陀螺班森（Bahnsen）[105]算作德意志的榮耀？他終其一生都興致勃勃地圍繞著現實辯證（realdialektisch）的苦難與「個人的不幸」打轉，這會不會正好就是德意志呢？（我很推薦他的著作，我常把他的著作用來當作反悲觀主義的精神食糧，尤其是因為他在心理學方面的狡黠〔elegantiae psychologicae〕，我覺得可以用來對付嚴重便祕的身體與情緒。）還是人們可以把那些半瓶醋和老處女算作真正的德國人？例如那位多愁善感的處女使徒緬因蘭德（Mainländer）[106]，畢竟他可能是個猶太人（所有猶太人說起道德的時候都會變得多愁善感）。無論是班森、緬因蘭德，還是愛德華．馮．哈特曼，都沒辦法給出明確的答案：叔本華的悲觀主義、他發自內心的惶恐、惶恐地看透這個去掉上帝的、愚蠢的、盲目的、瘋狂的、有疑問的世界……也許這不單單只是德國人的其中一個特殊案例，而是一場德意志的大事件？而其他受到重視的一切，包括我們勇敢的政治、快樂的愛國主義、帶著決心以及不怎麼哲學的原則（「德國德國高於一切」）看待所有事物的觀點、種族的觀點

104. 譯註：德意志哲學家。
105. 譯註：德意志哲學家。
106. 譯註：德意志哲學家。

（sub specie speciei）、德意志民族的觀點，這一切顯然都只是特殊案例。

不！現在的德國人都不是悲觀主義者！再說一次，悲觀主義者叔本華的身分是好歐洲人，而不是德國人。

三五八、精神的農民起義

我們歐洲人面對的是個巨大的廢墟世界，有些東西還高高地站在那裡，許多東西還搖搖欲墜，但大多數的東西都已經倒在地上，非常有畫面感——哪裡還找得到更漂亮的廢墟呢？——而且還覆蓋著大大小小的雜草。這個敗亡的城市就是教會。我們看到基督教的宗教社會已經被撼動到最底層的根基，上帝的信仰已經被顛覆了，基督教的禁慾主義還在為自己的理想進行最後的掙扎。然而，像基督教這樣一件長期建造又建造得這麼徹底的作品（最後的羅馬建築！）是沒有辦法一次就被摧毀的；所有類型的地震都必須一起加入搖晃、所有類型的精神都必須一起加入幫忙，又鑽、又挖、又啃、又浸蝕。

但最奇怪的事情是，那些原本最賣力維持、維護基督教的人，現在正好都成了最有力的破壞者——德國人。德國人看起來似乎無法理解教會的本質。難道他們在靈裡還有所欠缺？還是因為他們不夠懷疑？無論如何，教會都建立在**南方國度的**精神自由與自由思想之上，建立在他們對大自然、人類，以及精神的猜疑之上，建立在與北方完全不同的人類知識與人類經驗之上。

路德的宗教改革在各個層面上都是單純的人對於「複雜的事物」所爆發的怒火，說得謹慎一點，宗教改革是一種粗鄙老實的誤解，有許多可以被原諒的地方——人們不懂什麼叫作**得勝的**教會，只看到貪污和腐敗；人們誤解了那個高尚的懷疑精神，誤解了那個自信滿滿的得勝力量在懷疑與包容方面的**奢侈**……今日的人們大多都忽略了一件事，路德在所有關於權力的重大問題上都顯得太過簡短、太過表面、太不謹慎了，這個後果相當嚴重；尤其是他來自民間，完全沒有統治階級的繼續權，也沒有權力的本能。所以，雖然他不想也不知道，但是他的工作，以及他想要恢復羅馬成就的意志，都只會是一場破壞工作的開始。他在大怒之下拆毀了老蜘蛛長期編織的心血結晶。他把聖經分送給每個人，使他們最終落入語言學家的手中，這些人專門摧毀每個根基於經典的信仰。他破壞了「教會」的概念，因為他不再相信宗教會議會有聖靈感動：如果「教會」這個概念想要保有力量，前提必須是建立教會，給人感動的聖靈依然活在教會之中，依然在建造、依然持續在運行。他讓神父重新擁有可以與女人發生性行為的權力。但是民眾（尤其是女性）對神父的敬畏有七八成在於他們相信在性方面例外的人在其他方面也會是個例外；在這件事上最可以證明民間普遍相信人類內在有超人的部分、相信神蹟、相信帶來救贖的上帝就活在人的裡面，這個看法非常細膩，而且也非常難以反駁。

自從路德把女人給了神父之後，他就必須**剝奪**神父在告解室聽取懺悔的權利，從心理學的角度來看這也是對的。但是這其實廢除了基督教神父存在的必要，因為他們最大的用處就是當個神聖的耳朵、守口如瓶的活泉、埋藏祕密的地方。「人人都是自己的神父」——這種說法帶有農民的狡黠智慧，但是背後隱藏著路德對於「高等人」與「高等人」政權的深惡痛絕，而「高等人」的概念就是教會的構想。路德表面上在對抗理想的變質、對此表示厭惡，實際上則是在摧毀這個他不想實現的理想。作為一個不成體統的僧侶，路德確實抵制宗教人（homines religiosi）的統治；雖然他很不耐煩地反對世俗秩序裡的「農民起義」，但是他自己在教會的社會秩序裡也做了相同的事情。

人們今天大概可以估算一下宗教改革事後衍生出了哪些結果，包括好的壞的，有誰會天真到單純用這些結果去對路德進行稱讚或責備？他在各種事上都是無辜的，他不知道自己在做什麼。毫無疑問，隨著路德的宗教改革，歐洲精神（尤其在北方）的平庸化向前邁進了卓越的一步。如果人們比較喜歡聽我用道德方面的字眼來形容這件事，那麼我會說，歐洲精神的心腸也變得愈來愈善良；同樣地，透過宗教改革，歐洲精神也變得愈來愈有能動性、愈來愈不安、渴望獨立、相信有自由的權利，也變得愈來愈「自然」。如果人們覺得這個變化有價值，認為它預備了我們現在尊崇的「現代科學」，為其創造了有利的條件，那麼人們也必須補充說明，這個變化同時造成了現代學者的變質，讓他們缺乏敬畏心、羞恥心、深度，讓他們在知識方面缺乏天真的直率以及老實的精神；簡而言之，這個變化讓他們在**精神**方面缺乏了前兩個世紀特有的**庶民主義**，不然，本來連悲觀主義都不曾把我們從中解放出來。

「現代思想」同樣是北方農民起義的一部分，對抗的是冰冷的、曖昧的、懷疑不信的南方精神，尤其是南方精神在基督教會為自己建造出來的大型紀念碑。最後，我們也別忘了教會是什麼：教會和「國家」不一樣，教會主要是統治的產物，確保**靈裡更豐富的**人能得到上面的位置，而且他們在一定程度上也**相信**智慧的力量，避免使用任何粗鄙的暴力手段，為的就是讓教會這個機構無論如何都比國家更**高尚**。

三五九、向精神以及其他的道德背景施行復仇

道德——你們覺得道德要去哪裡才能替自己找到最危險又最詭計多端的辯護律師呢？……那裡有個混得不太好的人，沒有足夠的才智享受精神，而且又正好受過足夠的教育，所以知道自己是個沒有才的人。覺得無聊、感到厭倦、自我鄙視；連最後一

點安慰都被繼承而來的財產騙走了，沒了「勞動的恩賜」、不能忘我地從事「日常工作」。這樣的人其實對自己的存在感到很羞愧，也許還隱藏著一些小小的壞習慣；另一方面，他又會因為一些自己讀不來的書或是自己在才智方面無法消化的社團，無可避免地變得愈來愈嬌生慣養、愛慕虛榮。這樣一個徹徹底底被毒害的人——因為對混得不好的人來說，精神是一種毒藥、教育是一種毒藥、財產是一種毒藥、孤獨也是一種毒藥——他最後會陷入一種慣性復仇的狀態、想要復仇的意志……你們覺得這種人需要的、無條件需要的是**什麼**，才能讓自己覺得自己看起來比那些有才的人更具有優勢？才能至少在想像中為自己滿足**完成報復**的快感？我敢打賭，答案永遠都是**道德**；永遠都是偉大的道德字眼；永遠都是叮噹作響的公義、智慧、神聖、美德；永遠都要擺出斯多噶主義的樣子（斯多噶主義非常適合用來隱藏人所沒有的東西！……）；永遠都披著聰明人的沉默不語、平易近人、溫文儒雅，以及所有理想主義者的大衣，但是藏在大衣之下的是無可救藥的自我鄙視，還有無可救藥的愛慕虛榮。

不要誤解了我的意思：這些天生**敵視精神的人**偶爾也會變成人群當中少見的部分，民間會尊稱其為聖人、智者；而這些人當中又會產生那些大聲嚷嚷、創造歷史的道德怪物，聖奧古斯丁（Augustin）[107]就是他們的一份子。害怕精神、向精神施行報復——噢，這些驅動人心的壞習慣常常變成美德的根源！甚至**變成**美德本身！這個地球上到處都有人宣稱自己像哲學家一樣擁有**智慧**，這是一種最瘋狂又最不謙虛的要

107. 譯註：天主教聖人，古羅馬神學家、哲學家。

求。我們捫心自問，無論在印度還是在希臘，這種要求難道一直以來不都是**一種藏身之處**嗎？雖然教育的觀點把許多謊言都視為聖旨，但偶爾也許還是能透過教育的觀點來看這件事，然後就會發現剛才說的那種要求其實是為了溫柔地顧及發展中的、成長中的信徒，因為他們常常得透過信仰他人（透過錯誤）來說服自己⋯⋯但最常見的情況是，哲學家會躲在這種要求後面，藉此把自己從疲倦、年紀、生病、僵化等狀態解救出來。這是一種臨死之前的感覺，也是動物死前的聰明本能，牠們會退到一旁、變得安安靜靜、選擇孤獨、爬進山洞之中，然後變得**有智慧**⋯⋯怎麼會？智慧居然是哲學家的藏身之處，讓他們得以用來躲避——精神？

三六〇、兩種被混淆的原因

我覺得自己最關鍵的一步，以及自己進步最多的地方之一就在於：我學會分辨什麼是行動的原因，什麼是這樣或那樣行動、朝著這個方向行動、朝著這個目標行動的原因。第一種原因是不斷蓄積的力量，只待某人透過某種方式把它消耗在某件事上。與這股力量相比，第二種原因就顯得相當微不足道，大多只是個小小的偶然，透過某種特定的方式「觸發」前面蓄積的力量，猶如火柴之於火藥桶。我會把所有所謂的

「目的」都算作這種偶然與火柴，其中也包括許多所謂的「終生職志」。相較於渴望被透過某種方式消耗殆盡的巨大蓄力，這些偶然事物都比較隨性、隨意、幾乎怎樣都無所謂。但人們通常不這麼看。根據古老的錯誤，人們已經習慣將目標（目的、職業等等）視為**驅動的**力量，但是這些事物都只是**指揮的**力量罷了，人們把掌舵的人和蒸氣搞混了。而且這些事物也不總都是掌舵的人、不總都是指揮的力量……「目標」、「目的」往往只是個美化的藉口，只不過是在事後對自己的虛榮進行自我蒙蔽，難道不是這樣嗎？虛榮心不想讓人說出口的是，這艘船只不過是**跟著**偶然進入的潮流走而已；它之所以「想要」去那個地方，是**因為**它**不得不**去；這艘船也許有個方向，但是完全沒有掌舵的人。人們還需要批判「目標」的概念。

三六一、論演員的問題

長期以來，演員的問題都讓我感到非常不安；我不知道（現在偶爾還是會不知道），人們以後有沒有可能先從這個問題去探討「藝術家」這個危險概念。到目前為止，人們對待這個概念的方式都太過善良了，簡直叫人無法原諒——心安理得地進行虛偽，興致勃勃地把偽裝當成權力，把所謂的「個性」推到一旁、淹沒它，有時候甚至讓它熄滅；內心渴望能進入角色和面具、進入**假象**；擁有大量且各式各樣的適應能力，不再只懂得滿足於使用在周圍的環境上：這一切也許都不**只**是演員本身而已？……這種本能最容易形成在下層民眾的家庭之中，他們生活在各種壓力與強迫之下，必須過著高度依賴的生活，必須要能有彈性地量入為出、不斷根據最新情況做出新的調整、不斷表現出不同的樣貌，於是他們逐漸有能力根據**各種**風向披上大衣，甚至幾乎變成了一件大衣，然後成為大師，將永恆的躲藏遊戲內化成自身的藝術，也就是動物界所謂的擬態（mimicry）：這個世世代代累積下來的能力最後就會變得專橫霸道、非理性、抑制不住，變成一種學會命令其他本能的本能，然後產生出演員、「藝術家」（首先是教授、說謊大師、丑角、蠢蛋、馬戲團小丑，當然也包括經典的僕人吉爾·布拉斯，因為這些類型的人都是藝術家出道之前的身分，甚至往往也是「天才」出身的來歷）。

如果處在類似的壓力之下，上層的社會條件也會產生類似的人，只是演員的本能會被另一種本能限制住，例如「外交官」——順帶一提，假設他們可以「隨意去做」的話，我相信每個時代的好外交官都能隨時上台擔任好演員。至於**猶太**民族，他們是適應藝術的佼佼者，順著剛剛講下來的想法來說，世界史的塑造彷彿打從一開始就要將他們培養成演員，他們是真正的演員孵化場；事實上，也真的是時候問這個問題了：現今有哪個好演員**不是**——猶太人？作為天生的作家、作為歐洲新聞界實際的統治者，猶太人發揮力量的根基同樣是他們的演員能力，因為作家在本質上就是演員，他演的是「專家」、「行家」。最後是**女性**：人們思索一下整個女性的歷史（難道她們不**必**是最一流又最上乘的演員嗎？），人們去聽聽看對少女們施加催眠術的醫生怎麼說，畢竟人們都那麼愛醫生，愛到自願被他們「催眠」！所以醫生說了什麼？說她們都在「假裝」，甚至連交出自己的時候也是如此……女人就是這麼藝術……

三六二、我們相信歐洲愈來愈男性化

人們要感謝拿破崙（而不是法國大革命，因為法國大革命追求的是民族與民族之間的「兄弟情」，以及人與人之間普遍能像花朵一樣交心），因為接下來會有一個又一個戰爭世紀接著出現，在歷史上還沒有出現過這樣的情況。簡單來說，我們踏入了一個**經典的戰爭年代**，既是學問的戰爭，也是民間的戰爭，而且在各方面都達到了最大規模（方法、才能、紀律），之後的幾千年都會帶著嫉妒和敬畏的心情回顧這場堪稱完美的戰爭——因為這場戰爭的光輝來自民族運動，而且也只是受驚（choc）之後對拿破崙進行的反擊，沒有拿破崙就不會有這場戰爭。也就是說，人們要歸功於拿破崙，因為他讓歐洲**男人**有辦法重新駕馭商人與市儈，甚至還有辦法駕馭那些被基督教、十八世紀的熱情精神、還有「現代思想」寵壞了的「女人」。拿破崙把現代思想和文明全都看作是他個人的敵人，於是帶著這種敵視的心態證明自己是文藝復興最偉大的繼承人。他重新挖掘出一大塊古典的本質，也許還是關鍵的那塊、像花崗岩一樣的那塊。誰曉得這塊古典的本質最後會不會又駕馭了民族運動，然後變成拿破崙的繼承人，帶著**認同**將他的事業延續下去：眾所皆知，他想要的是一個歐洲，然後想讓歐洲變成**全地的女主人**。

三六三、兩性對於愛情的偏見

無論我在一夫一妻制的偏見上做了多大的妥協與讓步，我都不允許人們認為男女雙方在愛情裡擁有**相同的**權利：沒有這回事。這是因為男女雙方對愛情的理解不一樣，而且其中一方**不去**預設另一方有相同的感覺、相同的「愛情」概念，這也是兩性在愛情方面的條件之一。

女人對愛情的理解非常清楚：全心全意地奉獻靈魂和肉體（而不只是獻身而已）、毫無顧慮、毫無保留，如果奉獻帶有附加條款、和各種條件綁在一起，這種想法反而會讓她們感到羞恥和害怕。因為沒有條件，所以女性的愛情是一種信仰，而且她們也沒有別的信仰了。

至於男人，如果他愛一個女人，他想得到的正是這種女性的愛情，所以他這個人身上根本不會有形成女性愛情的先決條件；但是，假設有男人對全心奉獻的渴望並不陌生，那麼，這些人就不會是男人。像女人一樣愛的男人會變成奴隸；但是像女人一樣愛的女人會變成**更完美**的女人……女人有無條件放棄自身權利的熱情，但前提是：男方不能有同樣的激情、不能同樣想放棄自身的權利，因為，如果雙方都想為了愛情放棄自己，就會形成——我也不知道，也許會形成一個空缺？

女人想要被當成占有的對象、想要被占為己有，想要完全化為「占有」、「被占有」的概念；所以她想要的是一個會**拿**的人，而不是一個交出自己、給出自己的人；這個人的「自己」也應該要比女人給他的自己更豐富，在力量、幸福、信仰方面都要有所增長。女人交出自己，男人拿到自己身上——我想，無論是社會契約，還是追求公平正義的善良意志，都沒辦法讓人超越這個自然的對立；雖然最好可以不用一直看到這個對立造成的艱難、嚇人的、謎一般的、不道德的事情。因為，如果從全面而完整的角度去思考，愛情本來就是一件自然的事情，而自然的事情永遠都是「不道德的」。

由此看來，女人的愛情本身就帶有**忠誠**，這是由女性愛情的定義得出的結果；而男人的忠誠則**可以**輕易地從他的愛情裡產生，可能是因為感恩，可能是因為有什麼特殊品味，也可能是因為所謂的親和性（Wahlverwandtschaft），但是忠誠不屬於男性愛情的本質，而且男人的忠誠少到人們幾乎可以說男人的愛情與忠誠天生就是對立的兩件事情。男人的愛情就是想要擁有，而**不是**放棄和交出自己；但是，只要**擁有**之後，想要擁有的心情就會消失了……事實上，男人對於擁有的渴望比我們想得更細膩，也更叫人懷疑。男人很少會向自己承認已經「擁有」，而且也不會這麼早就承認，為的就是延續自己的愛情；只要愛情在獻身之後還有可能增長，他就不會輕易承認女人已經不必再「增添」任何東西給他了。

三六四、隱士說

與人相處的藝術主要根基於接受來路不明的招待與吃飯時的技巧（前提是長時間的練習）。假如人們飢腸轆轆地上餐桌吃飯，一切就會變得很容易（如同梅菲斯托說的，「最差的圈子讓人**最有感覺**——」）。但是往往最需要飢腸轆轆的時候，偏偏正是最不飢腸轆轆的時候！哎，身旁的人都好讓人難以消化！第一個原則：就像遭遇不幸的事情一樣，要鼓起勇氣、大膽行動、佩服自己、咬緊牙關忍住心中的反感、把噁心想吐的感覺塞回去。第二個原則：「改善」身旁的人，例如透過讚美，這樣對方就會開始透過自己排出幸福感；或是像抓衣角一樣抓住他一個好的或「有趣的」特點，然後把他的美德整個拖出來，再把他蓋在這些美德的皺褶之下。第三個原則：自我催眠，像盯著玻璃鈕扣一樣盯著來往的對象看，直到感覺不到喜歡還是不喜歡，然後在別人沒發覺的情況下睡著、變得呆滯、維持一種姿勢：這是來自婚姻與友誼的居家良藥，已經經過非常多的測試，人人都說不可或缺，但還未經科學證實。這種良藥的俗名叫做——耐心。

三六五、隱士又說

我們也會與人往來，我們也會穿起那套樸素的服裝，那個樣子的我們才是人們所認識、尊敬，以及尋找的我們。我們也會走進社會，意思是走進一群變裝的人之中，只是他們不想被這樣叫而已。我們也會像所有戴著面具的聰明人一樣，用禮貌的方式趕走任何與我們「服裝」無關的好奇心。不過也有其他的方式和技巧可以用來在人群中與人「交流」，例如當個鬼魂；如果人們想要利用嚇人的方式快點擺脫對方，這是非常值得推薦的做法。試試看：人們向我們伸手，但是碰不到我們。這會非常嚇人。或者：我們穿過關著的門。或者：當所有燈光全都熄滅的時候。或者：在我們死掉之後。最後這個技巧是**死後的人**的絕招。（他們會不耐煩地說：「你們在想什麼？我們之所以樂於忍受身旁的陌生、寒冷、死氣沉沉，之所以樂於忍受全然的、地下的、看不見的、無聲的、不會被發現的孤獨，是因為我們知道自己會**變成**什麼，而且我們知道自己死後才會找到**我們自己的**生命，才會變得有生命力，哎！才會變得非常有生命力！我們都是死後的人！」）

三六六、面對學術專書

我們不是那些人，他們總是要先待在書堆之間、要先受到書的觸發才有想法——我們的習慣是在戶外進行思考，邊走、邊跳、邊爬、邊跳舞，最喜歡在孤獨的山上或是海邊，在這些地方，甚至連路都會變得發人省思。關於書、關於人、關於音樂，我們第一個有關價值的問題是：「他能走路嗎？而重要的是，他能跳舞嗎？」……我們很少讀書，正因如此，我們讀起書來不會比較差——噢，我們很快就能猜出一個人當時是怎麼樣得到他的想法，是不是坐著、前面放著一罐墨水，還有一本壓得扁扁的書、低頭盯著一張紙。噢，我們很快就能把他寫的書讀完了！我可以跟你們打賭，糾結在一起的五臟六腑會洩漏一切，而書房裡的空氣、書房的天花板、書房的狹窄一樣也都會洩漏一切。

當我闔上一本十分學術的專書時，我就是這種感覺，感恩、非常感恩，但也鬆一口氣……學者寫的書幾乎永遠都帶著壓得人喘不過氣的感覺、鬱悶的氣息：「專家」會在書中的某處出來露面，他的勤奮、他的嚴肅、他的惱怒，他有多麼高估自己坐在那裡胡扯的角落、他的駝背——每位專家都是駝背。學術專書永遠都會倒映出一個駝背的靈魂；每項工藝都會讓人駝背。人們去和自己年輕時候的朋友見個面，在他們擁有學術知識之後。哎，就會看到事情永遠都反過來！哎，他們永遠都被學術占據和占有了！他們牢牢地長進自己的角落中，被擠壓到認不出原本的模樣，不自由、失去平衡，全身上下瘦骨嶙峋，只剩下一個地方極其圓滾滾。看到他們這種樣子，人們往往都會不禁動容，然後沉默。就算是有黃金地板，每項工藝上面都蓋著一片鉛做的天花板，不停地壓迫著靈魂，直到它被壓得又怪又駝。這件事沒辦法改變。不要相信可能可以透過任何教育的手段避免身體變形的發生。在這個世界上，所有高超的技術都得付出高昂的代價，也許所有事物的代價都太大了；人們要變成專業人士，代價就是變成專業的犧牲者。

但是你們想要的不一樣（想要「更便宜」、更方便）不是嗎？同時代的先生們。好吧！但你們馬上就會得到不一樣的東西，你們不會變成工匠或大師，而是會變成作家，老練的、「多用途的」作家，但是不會駝背——除了他在你們面前裝出來的駝背，裝作精神的店員與教育的「揹工」——你們會變成其實什麼都不是的作家，但又幾乎可以「代表」任何事物，可以扮演並「代替」專家，謙虛地讓自己承接專家獲得的報酬、尊敬、愛戴。

不，我的學術友人們！我之所以為你們祝福，是為了你們駝背的緣故！因為你們和我一樣鄙視作家和教育界的寄生蟲！因為你們不懂得從事精神的買辦！因為你們純粹的看法無法用金錢價值來衡量！因為你們不代表任何不是你們的事物！因為你們唯一想要的是變成自己工藝的大師，敬畏所有高超的技術和本事，毫無顧忌地拒絕文學與藝術（litteris et artibus）中所有表面的、半真半假的、裝飾過的、炫技的、蠱惑人心的、演出來的一切——無法在你們面前證明自己在紀律和訓練方面絕對**真才實料**的一切！（這種缺陷甚至連天才都難救，即便他很懂得怎麼去掩飾自己的缺陷。只要去看一下我們身邊那些最有才華的畫家和音樂家就知道了，所有人（幾乎沒有例外）都懂得發明出各種行為舉止、權宜之計，甚至各種原則，透過這種奸詐的人工方式在事後讓自己**看起來**真才實料、受過扎實的訓練與文化薰陶；但是他們不會自我欺騙、不會持續壓制自己的良心不安。因為，你們知道嗎？所有偉大的現代藝術家都受自己的良心不安所苦……）

三六七、該如何先對藝術作品進行區分

所有想出來的、寫出來的、畫出來的、譜出來的，甚至蓋出來的、造出來的，要麼是獨白的藝術，要麼就是需要有人見證的藝術。有些表面上看起來是獨白藝術的藝術也屬於後者，這些藝術含有信仰上帝的成分，也就是禱告詩，因為虔誠的人沒有孤獨這回事，孤獨是我們這群心中沒有上帝的人發明出來的產物。關於藝術家看待事物的方式，就我所知，最大的區別在於：透過見證人的眼光看待自己正在成形的作品（看待「自己」），或是「忘記世界的存在」。這就是所有獨白藝術的本質——它根基在**遺忘**之上，它是遺忘的音樂。

三六八、犬儒（Cyniker）說

我對華格納音樂的反對是出自於生理，何必要用美學的說法來進行包裝？我的「實際情況」是：如果這種音樂對我造成影響，我就沒辦法再輕鬆地呼吸；我的腳就會開始對它生氣，然後開始造反——我的腳需要節拍、舞曲、進行曲；我的腳想要音樂讓它**好好地**走路、踏步、跳高、跳舞，並且在其中得到狂喜。難道我的胃沒有跟著

抗議嗎？我的心臟？我的血液循環？我的五臟六腑？我難道沒有明顯變得沙啞嗎？我問我自己：我整個身體究竟想從音樂得到什麼？我想，它想得到的是**放鬆**，就像所有動物性的機能都可以藉由輕快的、大膽的、放肆的、自信的節奏得到加速；就像所有鉛鐵般的生命都可以藉由金色的、好的、溫柔的旋律鍍上金身。我的憂鬱想要在**完美的**藏身處與深淵低谷中得到喘息，為此我需要音樂。

戲劇關我什麼事！「民族」可以藉由善良風俗的高潮抽搐得到滿足，這關我什麼事！演員用表情變的戲法又關我什麼事！……人們猜得出來，我主要是個反對戲劇的人。但就算身為音樂家，華格納依然是個演員與戲劇人，而且還是有史以來最興奮的戲劇愛好者（Mimomane）！……順帶一提，如果華格納的理論聲稱「戲劇是目的，音樂永遠只是手段」，那麼他反而從頭到尾都**實踐**出「姿態是目的，戲劇和音樂永遠只是**它的**手段」。他的音樂只是用來顯化、強化、內化戲劇表情的工具，讓演員的演出可以明白易懂；他的戲劇只是許多戲劇姿態的其中一種！除了其他的本能之外，他還有大牌演員在各種事務上都要發號施令的本能，而且，就像剛才說的，就算他是個音樂家也是如此。

我曾經讓一位正直的華格納信徒看清這件事情，花了一點力氣。我還有理由對他補充說：「對您自己誠實一點吧，畢竟我們不是在劇場！在劇場只有人群聚在一起才是誠實的，單獨的個人都在說謊、都在自我欺騙！如果人們進劇場看戲，人們會把自己留在家裡、放棄說話與選擇的權利、放棄品味、放棄平常在自己家對抗上帝與人的勇氣。沒有人會帶著敏銳的藝術感官去看戲，就連從事戲劇工作的藝術家也不會。在劇場，人們都是民眾、觀眾、群眾、女人、法利賽人（Pharisäer）、投票畜牲、民主派人士、鄰人、同胞；在劇場，連最個人的良心都會敗在『最大公約數』的魔法之下；在劇場，散播愚蠢的效果就有如淫蕩和傳染病；在劇場，『鄰居』就是統治者；在劇場，人們都會變成鄰居……」（我忘了說，那位受啟蒙的華格納信徒用生理學的說法向我提出反駁：「所以您的身體其實沒有足夠的健康可以聽我們的音樂？」）

三六九、我們的兩者並存

我們這些藝術家難道不用向自己承認，我們的體內都有一種可怕的與眾不同？我們的品味與創造力都以奇怪的方式獨立於世、永遠都會獨立於世，而且還會有自己的一套成長歷程——我指的是，我們在年老、年少、成熟、腐朽、懶惰的程度與步調（tempi）都完全不同於常人。例如音樂家可能終其一生都在與被寵壞的聽眾唱反調，他的創作可能不同於那些人的耳朵與心裡看重的、想吃的、偏愛的東西，而且他也不用知道這件事情！如同一個尷尬又定期發生的經驗顯示，人們的品味很常超出自己的能力範圍，但這不會讓後者陷入癱瘓或是阻礙它的發生。不過，也有可能出現相反的情況，而這正是我想讓藝術家們注意到的事情。

一個持續在創作的人、一個廣義的人類「母親」，他只知道自己的精神不斷在懷孕生子，他聽不見其他的聲音，完全沒有時間思考與比較自己和自己的作品，也不想再練習自己的品味，乾脆直接忘記自己的品味，也就是棄之不顧、置之不理、撒手放棄，這樣的人到最後會產出**自己早就無法正確判斷**的作品，導致他不斷對自己和自己的作品說一些蠢話；或是用說的，或是用想的。我覺得，多產的藝術家幾乎都是這種狀況，沒有人會比父母更不瞭解自己的孩子。舉個比較大的例子，這同樣適用全希臘的詩人與藝術家世界：他們從來不「知道」自己做了什麼……

三七〇、什麼是浪漫派？

人們（至少我的朋友們）也許還記得，我早年曾經因為嚴重誤判而**滿懷希望地**邁向現代的世界。誰曉得出自什麼個人經驗？當時的我很能理解十九世紀的悲觀主義哲學，彷彿它標示著更高的思想力量、更魯莽的勇氣、更得勝的豐富生命，更勝於十八世紀特有的那些，更勝於休謨、康德、孔狄亞克（Condillac）[108] 以及許多感覺論者

108. 譯註：法國哲學家。

（Sensualisten）[109]的年代。所以我當時覺得悲劇知識就是我們文化的**奢侈**，是我們文化最寶貴、最高尚、最危險的浪費方式，但是，由於我們文化實在過於富有，所以至少是**被允許的**奢侈。同樣地，當時的我也把德意志音樂解釋成德意志靈魂酒神之力的表現，我以為自己在其中聽見了搖撼的大地，一股自古以來便不斷積蓄的原始之力終於藉此得到爆發——所有稱為文化的一切是否跟著搖晃，對我來說卻無所謂。人們看得出來，當時的我沒有在悲觀主義哲學和德意志音樂當中認出真正造成它們這種性質的東西是什麼：也就是浪漫派。

什麼是浪漫派？各種藝術、各種哲學都可以被視為是治療和輔助的手段，用來幫助成長並奮鬥中的人生：藝術和哲學的前提永遠都是痛苦和受苦的人。但是受苦的人有兩種，一種人受的苦是**過度豐盛的生命**，他們會想要酒神的藝術，並且用悲劇的觀點看透人生；另一種人受的苦是**貧窮的生命**，他們尋求的是平靜、安穩、平靜的大海、透過藝術和知識從自己得到解脫，或是迷幻、抽搐、麻痺、發瘋。所有藝術和知識中的浪漫派都符合**後者**的雙重需求（過去和現在都是如此），提兩個最有名也最鮮明的浪漫派作為例子：一個是叔本華，另一個是華格納，這兩位當時都被我誤解了；順帶一提，人們可以公正地為我證明，我的誤解**並沒有**對他們造成不利。

擁有豐盛生命的酒神人不僅可以為自己戴上可怕又可疑的面容，還可以做出可怕的行為，進行奢侈的破壞、瓦解、否定；邪惡的、無意義的、**醜陋**的事物在他身上看

109. 譯註：哲學思想，主張個人感知是認知的基本形式。

起來都是被允許的，這是由於過度旺盛的繁殖力，這種力量可以讓沙漠變成豐盛的水果天堂。反之，生命最是貧窮、受了最多苦的人最需要的是溫柔、和平、良善的想法與行動，也許還需要一位上帝、一位真真正正前來解救病人的上帝、一位「救世主」；他們同樣需要一套邏輯、透過概念讓存在變得明白易懂，因為邏輯可以使人平靜、帶來信任。簡單來說，他們需要某種溫馨的小角落，用來抵抗恐懼、將自己包裹在樂觀的視野裡面。如此一來，我逐漸學會理解伊壁鳩魯，他和酒神的悲觀主義正好相反；我也逐漸學會理解「基督」，他其實也只是伊壁鳩魯的信徒，他和伊壁鳩魯一樣，本質上都是浪漫派。而且我的目光也愈來愈敏銳，看得出最困難、最棘手、造成最多錯誤的推論方式——從作品推論作者、從行為推論行為者、從理想推論需要理想的人、從各種思考與評價的方式推論在背後發號施令的**需求**。現在，只要涉及到美學的價值，我都會使用這種方式進行主要區分。每個個案我都會問：「創作動機是饑餓還是豐盛？」

不過，另外一種區分方式看起來更值得推薦也更明確，就是去注意創作的原因究竟是渴望固定不變、化為永恆、就是這樣；還是渴望破壞、變化、推陳出新、未來、**生生化化**。但是，如果看得深入一點，就會發現這兩種渴望的形式還是曖昧不明，而且都可以根據之前那個模板進行解釋，我也比較偏好使用那個解釋方式。對於**破壞**、變化、生生化化的渴望既可能是豐沛的、充滿未來的力量（大家都知道我用來形容這件事的術語是「酒神」），也可能是混得不好的、物資缺乏的、不順利的人的仇恨，這種人之所以會進行破壞、**必須**進行破壞，是因為任何現存的事物，甚至任何的存在本身都會激怒他、讓他抓狂。為了瞭解這種情緒，人們可以去看看我們周圍的無政府主義者。

想要化為永恆的意志同樣需要雙重詮釋。這種意志可能出自於感恩和愛情：這種來源的藝術永遠都會是神化的藝術，也許是魯本斯（Rubens）[110]的酒神頌歌、哈菲茲（Hafis）[111]的極樂嘲諷、歌德的明亮和善，這些藝術讓所有事物都散發著荷馬的光輝與榮光。但是這種意志同樣可能是暴君的意志，來自極度受苦的人、奮鬥中的人、受折磨的人，這些人想要將私人的、個人的、狹窄的、痛苦的特殊性認定為有義務接受的強制法令，彷彿在對一切施行報復，把一切都蓋上、壓上、烙上**自己的**形象，**自己**受折磨的形象。這種就是**浪漫的悲觀主義**最鮮明的形式，無論是叔本華的意志哲學，還是華格納的音樂都是如此：浪漫的悲觀主義，這是我們文化的命運中最後的大事件。（可能還會有另一種完全不一樣的悲觀主義，一種古典的悲觀主義；這是我自己的猜想與異象、和我密不可分，而且也是我的專用〔proprium〕和獨有〔ipsissimum〕。只是「古典」這個字讓我的耳朵聽起來很反感，它已經被用得太過氾濫、太過豐滿，已經面目全非了。所以我把這個未來的悲觀主義——因為它即將來臨！我也已經看到它的到來！——稱為**酒神的**悲觀主義。）

110. 譯註：法蘭德斯畫家。
111. 譯註：波斯詩人。

三七一、我們這些無法讓人理解的人

我們曾經抱怨過自己被人誤解、錯認、搞混、譭謗、審問、忽略嗎？這正是我們的命運。噢，而且還會持續一段很長的時間！大概，算得保守一點，會持續到一九〇一年，這也是我們的榮耀；如果我們不想要這樣，我們就不夠自我尊重。人們常常把我們搞混，這是因為我們自己有所成長、不斷在成長，我們會蛻去舊的樹皮，每年春天都還會蛻一次皮，我們會變得愈來愈年輕、愈來愈具有未來性、愈來愈高、愈來愈強，我們的根會扎得愈來愈有力，扎向深處、扎向邪惡的地方，但我們同時會愈來愈有愛、愈來愈寬闊地擁抱天空、愈來愈渴望用所有的樹枝與樹葉吸收它的光照。我們會像大樹一樣成長——這件事就像所有的生命一樣難懂！不是只在同一個位置，而是遍及全地；不是只往同一個方向，而是朝上、朝下、朝裡、朝外，我們的力量同時在樹幹、樹枝、樹根裡運作，我們已經沒辦法再隨意單獨做什麼，也沒辦法再隨意單獨是什麼……這就是我們的命運，如同剛才說的：我們會向**高處**成長；假設這是我們的不幸，因為我們住得離閃電愈來愈近！好吧，我們不會因此就對我們的命運有所不敬，它依然是我們不想分享也不想告訴別人的事情，高處的不幸、**我們的**不幸……

三七二、為什麼我們不是理想主義者

以前的哲學家都很害怕感官——我們是不是也許已經太過荒廢了這種哲學家的害怕？我們這群現在與未來的哲學人，我們全都是感覺論者，**不是**因為我們的理論，而是因為我們的實踐與做法。以前的哲學家則是認為感官會用一種危險又具有誘惑力的方式將他們拐出**自己的**世界、冷冰冰的「思想」國度。他們害怕自己身為哲學家的美德會像雪一樣在太陽底下融化。「用蠟塞住耳朵」在當時簡直就是哲學思考的條件；如果生命是一場音樂，那麼真正的哲學家不會再去聽生命的聲音，他會否定生命的音樂；有一種古老的哲學迷信認為所有音樂都是賽倫女妖（Sirenen）[112]的音樂。

但是，我們現在傾向做出相反的判斷（雖然這個判斷本身也可能是錯的）：我們認為**思想**對人造成的誘惑比感官更糟糕，思想有冷酷而貧血的外表，儘管外表如此，它們卻完全不是這樣，它們永遠都靠吸食哲學家的「血液」過活，它們會耗盡哲學家的感官，甚至，如果人們願意相信我們的話，它會將哲學家的「心力」消耗殆盡。這些老哲學家都是沒心沒肺的人，以前的哲學思考都是一種吸血鬼的行為。你們難道不覺得這些人的身形（例如史賓諾莎的）都讓人有點看不透、讓人有點毛骨悚然嗎？你們難道沒看見這裡上演的是什麼戲碼嗎？不斷**變得愈來愈蒼白**，把去感官化解釋得愈來愈理想。你們難道沒有猜到這場戲的背後躲著一隻隱藏了很久的吸血鬼，他先是從

112. 譯註：希臘神話中的海上水妖，會用歌聲引誘經過的水手，導致船隻觸礁而發生船難。

感官開始下手，到最後只讓人留下骨頭和嘎啦嘎啦聲？

我指的就是範疇、公式、**文字**（請原諒我，因為史賓諾莎的以理智愛神〔amor intellectualis dei〕到最後就只剩下嘎啦嘎啦，沒有別的了！如果連一滴血都不剩，那還談什麼愛〔amor〕、談什麼神〔deus〕!……）。

總而言之，迄今為止，如果哲學的理想主義不能像柏拉圖一樣擁有豐沛而危險的健康、不能小心謹慎、不害怕**過度強大**的感官、不能像蘇格拉底信徒一樣聰明，那麼哲學的理想主義就會類似一種病。也許我們現代人只是不夠健康，才會不需要柏拉圖的理想主義？我們不害怕感官，因為——

三七三、「科學」是一種先入為主的偏見

從階級制度的法規就可以推斷出，只要學者在精神方面屬於中產階級，他就很有可能完全看不見真正的大問題與疑問，而且他們的勇氣和目光也不足以做到這件事，尤其是促使他們進行研究的需求、他們內在的預設立場與願望（無論具有**什麼**性質）、他們的恐懼與希望，全都太快就能獲得平息、得到滿足。例如英國的老學究赫伯特・史賓塞（Herbert Spencer）[113]，他不斷用自己的方式大談特談，畫出一條希望的

113. 譯註：英國哲學家，社會達爾文主義的先驅，首先將「適者生存」帶入社會學領域。

線、一條可以許願的天際線，虛構出「利己主義與利他主義」的終極和解，但是促使他這麼做的原因讓我們簡直感到噁心——在我們眼中，把史賓塞的觀點當成終極觀點的人都該受到鄙視和毀滅！但是，有些人必然會把他的觀點視為無上的希望，有些人則只會也只能把它視為令人反感的可能，**這是**史賓塞無法事先預見的問題……

現在有許多唯物主義的自然科學家也是這樣，他們非常滿意自己的信仰，他們相信有個世界存在、相信「真理的世界」，這個世界在人類的思考與價值觀裡具有等量的尺寸，可以讓人藉由小小又四四方方的人類理性徹底處理——怎麼？我們真的想要這樣降低存在的尊嚴，讓它變成計算練習與數學家的埋首苦幹嗎？人們最不應該的就是剝奪存在的**多重意義**：這件事需要好的品味、需要有品味敬畏超出自身眼界的一切！**你們**認為這個世界只有一種正確的詮釋，只有這種詮釋才能說明**你們**有理，只有這種詮釋才能讓人繼續進行**你們**所謂的科學研究（你們想說的其實是**機械研究**吧？）。這種詮釋只允許數算、計算、權衡、看見、觸摸，其他的一概不准，假如這不是精神疾病、不是白痴，那就是天真和愚蠢。

反過來說，難道真的不可能先從存在的表面與外在（它的表象、它的皮膚、它可以被感官接收到的部分）開始理解嗎？甚至也許只要理解這個部分就夠了？因此，對世界進行你們所謂的「科學」詮釋，這可能只會是各種詮釋中最笨、最沒有意義的那種。這件事要說給機械師先生的耳朵與良心聽，他們現在很喜歡徘徊在哲學家之間，全然把機械學誤認是最初與最終的定理，彷彿整個存在都必須像地基一樣奠基在機械學上面。但是，如果世界的本質是機械，那它在本質上也會是**無意義**的世界！假如人們根據機械原理去評估音樂的**價值**，看看其中有多少可以數算、計算、代入公式的部分——這樣的「科學」評估該會有多荒謬！人們究竟可以理解、瞭解、認識到什麼！什麼都沒有，尤其是其中真正「音樂」的部分！

三七四、我們的新「無限」

存在的觀點性質有多大的適用範圍？它是否還有另一種性質？難道沒有解釋、沒有「意義」的存在就會變成「無意義」？從另一個角度來看，難道所有的存在本質上都是一種**提出解釋**的存在？就算聰明才智盡最大的努力對自己進行最仔細的自我檢驗與分析，這件事還是得不到答案，因為人的聰明才智不得不把自己放進自己的觀點形式進行分析，而且也只能用這些觀點觀察自己。我們沒辦法繞過自己的角度，如果人們想知道還可不可能有其他形式的聰明才智與觀點，這種好奇心毫無希望可言。例如，有沒有哪種生物會感覺時間正在向後退，或者一下向前、一下向後（如果有的話，就會出現不同的生命方向與不同的因果概念）。

但我想，今日的我們至少不會再可笑地妄自尊大、從我們的角度宣稱人們只能從這個角度看事情。**這個世界帶有無限多種詮釋方式**，只要我們無法反駁這種可能，世界對我們而言就再度成了「無限」。我們再度打了一個巨大的寒顫——但是誰會有興趣立刻用舊有的方式對**這個**巨大的未知世界進行神化？然後把**這個**未知的事物當成「未知的那位」來敬拜？哎，這個未知的事物也包含著太多**非神的**詮釋可能，帶有太多詮釋方面的魔鬼行徑、愚蠢行為、傻里傻氣，全都是我們自己人性的、太過人性的詮釋，這是我們自己知道的。

三七五、為什麼我們看起來像伊壁鳩魯教徒

我們現代人在面對終極信念的時候都會很小心；我們總是提防強大的信仰與無條件的是非對錯，用不信任的心態埋伏對抗其中的迷惑人心與良心欺騙。這件事要怎麼解釋呢？也許有好一部分來自失望的理想主義者「一朝被蛇咬」的謹慎心態，但更大的一部分是因為從前在角落蹲著的人不再讓角落把自己帶入絕望了，他現在反過來用歡樂的好奇心在無限制的「戶外自身」大吃大喝、大談特談。於是，這就形成了近乎伊壁鳩魯的知識傾向，不再輕易買單事物的問號性質；同樣會對偉大的道德字眼與神

情感到反胃，這種品味會拒絕所有矮胖笨拙的矛盾，並且對自己有所保留的做法感到驕傲。因為這就是我們的驕傲，我們輕輕地拉緊韁繩，向著確定的事物狂飆突進，在最狂野的騎乘上保持冷靜自若：我們鞍下的坐騎依然很瘋、很火爆，每當我們有所遲疑，最不可能會是危險的緣故……

三七六、我們的緩慢時代

所有藝術家和像母親一般的「創作」人都會有這樣的感覺：他們總是相信自己在每一段生命歷程——用每一件作品作為劃分——都已經實現自己的目標了，他們總是會帶著耐心迎接死亡，心想：「我們也是時候了。」這不是疲乏的表現，反而表現出某種秋天溫和的陽光璀璨，這是每一次的作品成熟之後在創作者身上留下的印象。生命的步調會逐漸趨緩、逐漸增厚、泌出蜂蜜——直到進入延長符號，直到相信會有**那個長延音的到來**……

三七七、我們這群無家可歸的人

現今的歐洲人當中不乏有權利自稱無家可歸的人，這種稱呼帶有出類拔萃的敬意，他們明顯把我的祕密智慧以及快樂的知識（gaya scienza）放在心裡！因為他們的命運艱難，沒有明確的希望，需要一些技巧才有辦法為他們帶來安慰——但這又有什麼用！我們都是未來的孩子，我們怎麼**有辦法**在現今安身立命！有些人可以藉由各種理想生活在這個既脆弱又破碎的過渡時代；但是我們厭惡任何理想，我們不相信這個時代的種種「現實」會長久地**持續**下去。承載著今日一切的冰層已經變得非常薄弱：融冰的暖風已經吹起，我們這群無家可歸的人自己就是打破冰層與其他薄弱「現實」的人……我們不會「保守」任何事物；我們不想要回到過去；我們完全不是「自由派」；我們不為「進步」而工作；我們不用先塞住耳朵就能對抗市場上的未來賽倫——她們高唱的「平權」、「自由社會」、「沒有主僕關係」，這一切全都無法吸引我們！

我們全然不認為在地上建立公義與和睦的國度是值得追求的一件事（因為那無論如何都會變成徹底讓人平庸的中國人國度）；我們喜歡的人都像我們一樣愛好危險、戰爭、冒險，也不會讓人對自己進行補償、捕獲、和解、閹割；我們把自己視為征服者；我們會思考新秩序的必然性，也會思考新的奴隸制度的必然性——因為，在「人類」這個型式得到強化與提升的同時，也會一併出現新的奴隸形式，不是嗎？因為這一切，所以我們在這個時代必然無法好好地安身立命，這個時代最喜歡聲稱自己有資格被稱作創世以來最人性的、最溫和的、最正直的時代？糟透了，正好是這些美妙的話語讓我們的心裡產生更醜陋的想法！我們在其中只看見徹底虛弱、疲乏、年老、體衰的跡象，以及偽裝！病人用什麼樣的廉價裝飾品打扮自己的虛弱，這會關我們什麼事！他有可能會把自己的虛弱當成**美德**向人展示——畢竟虛弱確實會讓人變得溫和。哎，變得那麼溫和、那麼正直、那麼沒有攻擊性、那麼「人性」！

人們想要說服我們加入「同情教」。哎，我們認識太多歇斯底里的小男人與小女人，他們現在都需要這種宗教來當作自己的面紗與打扮！我們不是人道主義者；我們應該永遠不會允許自己大膽說出我們「對人類的愛」，我們這種人還不夠演員到這種地步！或者還不夠聖西門主義（Saint-Simonist）[114]、還不夠法國人。必須像**高盧人**一樣天生過度容易性興奮、迫不及待地愛上對方，才能用真誠的方式接近發情中的人類……人類！在所有老女人當中，還有比人類更讓人討厭的老女人嗎？（這很有可能就是「真理」，這是哲學家要思考的問題。）不，我們不愛人類。另一方面，雖然現在很流行「德意志」這個字眼，但我們還遠遠不夠「德意志」，所以沒辦法幫民族主義和種族仇恨說話，也不會因為民族的敗血症與心裡長了疥癬而感到快樂。歐洲的民族與民族之間現在都因為這些疾病的緣故而彼此封鎖、劃清界線，就像在進行防疫隔

114. 譯註：因循法國社會學家聖西門（Henri de Saint-Simon）的思想建立的早期社會主義思想。

離；但我們辦不到，我們太過無拘無束、太過惡毒、太過驕縱、也受過太多教育、做過太多「旅行」了：我們比較喜歡住在山上、離群索居、「不合時宜」、活在過去或未來的世紀，只為了避免得到麻痺型狂犬病，不然，如果親眼看到那種讓德意志精神變得愈來愈虛榮的政治，我們知道自己肯定會發病；它讓德意志精神變得荒蕪不堪，而且，除此之外，它還是**小家子**政治——為了不讓自己創造出來的成果馬上又分崩離析，它不需要把這個成果栽植在兩個世仇中間嗎？它不必想方設法讓歐洲的小國狀態化為永恆嗎？

我們這群無家可歸的人，作為現代人，我們的種族與出身都太過多元而混雜了，所以不怎麼會想參與德國人捏造出來的種族自誇與淫亂勾當。現今的德國很愛把這些東西拿出來作為德意志思維的象徵，這件事發生在具有「歷史意識」的民族裡面，讓人覺得既錯誤又不得體。一言以蔽之——我們用名譽擔保！——我們是**好歐洲人**、歐洲的繼承人，我們繼承了歐洲數千年來的精神，累積了大量的豐富資產，但也承擔了超多的責任義務。這樣的我們也脫離了基督教、對基督教感到厭惡，原因正是因為我們都是從基督教長出來的，因為我們的祖先都是義無反顧的正直基督徒，願意將生命、財產、階級、祖國全都奉獻給他們的信仰。我們也在做同樣的事。然而這是為了什麼？為了我們的不信嗎？為了各式各樣的不信嗎？不對，朋友們，你們應該更能知道我們這麼做是為了什麼！你們體內隱藏的「**是**」強過所有的「不是」和「也許」，但你們和你們的時代都生了「不是」和「也許」的病。如果你們不得不出海、你們這些移民海外的人，那麼強迫你們這麼做的就是——一種**信仰**！

三七八、「而且會再次變回明亮」

我們在精神方面都是慷慨和富足的人，我們就像路旁沒有加蓋的井水，不會阻止任何人從我們這裡取水。可惜，就算我們想這麼做，我們也不懂得抗拒，我們沒有任何辦法可以阻止別人把我們變得混濁又陰暗，沒辦法阻止我們身處的時代把它的「時代性」丟進來，沒辦法阻止骯髒的鳥把牠們的穢物丟進來，沒辦法阻止小男孩把他們的廢物丟進來，也沒辦法阻止精疲力盡靠著我們休息的旅人把他們大大小小的悲慘丟進來。但是我們還是會做我們一直以來都在做的事：無論人們丟什麼東西進來，我們都會收下來，收到我們的井底深處——因為我們夠深，我們沒有忘記——**而且會再次變回明亮……**

三七九、傻瓜的插話

寫這本書的人不是厭世的人：仇恨人類在現今要付出的代價太大了。如果要像以前一樣完完全全、不折不扣、全心全意地仇恨人類、敵視人類、用完全的恨去**愛**人類，那就必須放棄對人類的鄙視。但是我們有多少精緻的快樂、多少耐心、多少良善都得歸功於我們對人類的鄙視！而且我們都是「被神揀選的人」，精緻的鄙視是我們的品味與特權、我們的藝術，搞不好也是我們的美德，我們是現代人當中最現代的人！……反之，仇恨會賦予同等的地位、把兩者放在一起進行對照，仇恨的裡面是榮譽；說到底，仇恨的裡面是**恐懼**，有一大部分都是恐懼。但我們是毫無畏懼的人，我們是這個時代更有才智的人，我們很清楚自己的優勢，所以才能以更有才智的身分毫無畏懼地活在這個時代。人們很難將我們斬首、關押、驅逐出境；人們也無法禁止或焚燒我們的書。這個時代愛好精神，這個時代愛我們、也需要我們，就算我們必須讓它明白：我們都是鄙視的藝術家；我們每次與人來往都會打個冷顫；就算我們很溫和、有耐性、對人類很友善、有禮貌，我們還是無法說服自己的鼻子放棄不喜歡人類接近的偏見；我們愛好大自然，尤其當大自然愈來愈少人類的蹤跡；我們愛好藝術，**如果**它是藝術家對人類的逃避，或是藝術家對人類的嘲諷，或是藝術家對自己的嘲諷……

三八〇、「漫遊者」說

為了從遠方觀察我們歐洲的道德觀，為了拿不同的、過去的或未來的道德觀來衡量我們歐洲的道德觀，人們必須和漫遊者做一樣的事情。當漫遊者想知道一座城市的尖塔有多高，他就必須**離開**這座城市。「思考道德方面的偏見」，假如不要只是偏見的偏見，那就需要道德**以外**的位置作為前提，超然於好與壞的彼岸，人們必須登上去、攀上去、飛上去——就現有的情況而言，無論如何都得超然於我們自己的好與壞，不可以有任何「歐洲」的成分，要把歐洲理解成主流價值判斷的總和，而且已經化為我們的血肉。**想要**過到那裡去、上到那裡去，這也許是一種小小的瘋狂、一種特殊的、非理性的「你必須」，因為就連我們這群追求知識的人也有我們自己在「非自由意志」方面的特殊性。

問題是，人真的**有能力**上去嗎？這牽涉到許多條件，其中最主要的問題是我們有多輕或有多重，這是「特殊重力」造成的問題。人們必須**非常輕**，才能把追求知識的意志推向遠方，彷彿要推出他的時代之外，才能為自己創造視野、鳥瞰數千年來的事情，而且還能看見純粹的天空！人們必須擺脫許多壓迫、阻礙、抑制，以及使我們現今歐洲人沉重的事物。如果想要看到自己時代最高的價值標準，超脫的人首先需要「戰勝」自己內在的時代——這是一種力量測試——而且不只要戰勝自己的時代，還要戰勝自己一直以來對這個時代的**反感**與唱**反調**、自己在這個時代受的苦、自己的不合時宜、自己的浪漫派……

三八一、針對讓人理解的問題

如果寫了一本書，人們不只會想要被理解，同樣肯定會想要**不被**理解。如果某人覺得他的書讓人看不懂，那完完全全不會是在對他的書提出異議：也許這就是作者的用意，他**不想**被「隨便一個人」理解。如果想要說點什麼，每一個高尚的精神與品味都會選擇自己的聽眾；透過選擇聽眾，他同時在對「其他人」劃出界線。所有風格方面的縝密法規都是這樣來的，這些法則都在保持距離、拉開距離、禁止「進入」、禁止理解，如同剛才所說，同時在打開那些與我們具有同質性的耳朵。

我只說給我們之中的人聽，就我的情況而言，我的朋友，我不想被自己的無知和爽朗的性格阻礙，導致無法讓**你們**理解；雖然爽朗的性格常常迫使我快速著手處理一件事情，因為這樣才有辦法處理事情。因為我總是用泡冷水澡的方式處理深奧的問題——快進快出。只有怕水的人、敵視冷水的人才會迷信覺得這樣就沒辦法潛入深處、沒辦法**潛**得夠深；這是沒有經驗的人才會講的話。**噢！**冷成這樣當然會讓人想快一點！

順便問個問題：如果只是憑空一見、驚鴻一瞥，事情真的就會因此變得無法理解、無法認識嗎？難道真的只能先坐在它上面？就像孵蛋一樣坐在上面才能進行思考嗎？就像牛頓形容自己說：我日日夜夜都在孵蛋、日思夜想（diu noctuque incubando）？至少，有些真理特別害羞又敏感，除非突然下手，不然怎樣也抓不到——要麼去**嚇**它、要麼只能讓它走……最後，我的短暫出手還有另一種價值：在我處理的種種問題之中，有許多事情都必須簡明扼要地說，人們才能聽得更簡明扼要。身為不道德的人士，必須小心不要敗壞了純潔的人，我指的是驢子以及老處男和老處女們，他們的生命除了純潔以外什麼都沒有。更重要的是，我的著作應該要讓他們感到興趣、讓他們有所提升、讓他們勇敢追求美德。我不知道地球上還有什麼比看見興奮的老驢子更有趣，以及因為甜蜜的美德而感到興奮的處男處女們：「我看過了」——查拉圖斯特拉如是說。簡明扼要的用意就說到這裡。

至於我的無知，情況就更為棘手，連我自己都沒辦法對自己隱瞞。有時候我會因為自己的無知而感到羞愧，不過有時候我也會對這種羞愧而感到羞愧。面對知識，也許我們哲學家現在全都處在不利的位置：科學知識增加了，我們之中最博學多聞的人也即將發現自己知道的太少了。但是如果不是這樣，情況可能會更糟糕——如果我們知道**太多**的話，我們的任務永遠都是要先不讓自己混淆。我們**在本質上**和學者有點不一樣，雖然我們無可避免也要博學多聞。我們有另一種需求、另一種成長歷程、另一種消化系統，我們需要的更多、我們需要的更少。精神需要多少養分，並沒有一套公式可以計算；但是他的品味會傾向獨立自主、傾向快來快去、傾向漫遊，搞不好也傾向只有最快速的人才有辦法做的冒險；他寧願吃得不多但活得自由自在，也不要活得不自由又吃到堵塞。偉大的舞者想要攝取的不是脂肪，而是最高超的柔軟度與力量——除了偉大的舞者，我不知道哲學家的精神還會想變成什麼模樣。跳舞就是他的理想、他的藝術、他唯一的虔誠、他的「敬拜」……

三八二、大健康

我們是新人、無名氏、難以被理解的人，我們是早產兒，來自尚未得到證實的未來——為了實現新的目標，我們需要新的方法，也就是新的健康，比目前為止所有的健康都還要強大、機靈、堅韌、大膽、有趣。如果有誰的靈魂渴望經歷迄今為止所有的價值、渴望經歷所有值得期望的事情、渴望航遍理想的「地中海」沿岸；如果有誰想透過獨一無二的冒險經驗得知征服理想的人與發現理想的人心裡是什麼感覺，同樣包括藝術家、聖人、立法者、智者、學者、虔誠人、預言家、古代風格的神仙奇人：

那麼他首先最需要的就是**大健康**——不只要擁有這種健康，而且還必須不停地去獲取、必須去獲取，因為人們永遠都會不停地放棄，也必須放棄！

我們都是追尋理想的阿耳戈號船員（Argonauten）[115]，也許有勇無謀、常常發生船難也常常受傷，但是，就像剛才說的，我們比人們允許我們的健康還要健康、嚴重地健康、再三地健康——我們在這種狀態下航行了許久，覺得自己的眼前彷彿出現了一片尚未發現的國度，一望無際，坐落在迄今為止所有理想國度與角落的彼岸，充滿美麗、陌生、可疑、可怕，以及神性的國度，這是我們航行了那麼久的獎賞，導致我們無法再克制自己的好奇心與占有慾。哎，我們再也沒辦法得到飽足了！看過這片風景、對於知識與良心如此饑渴，我們怎麼還有可能**在當前的人類身上**得到滿足？很糟糕，但我們無可避免地只能用勉強維持的嚴肅心態去看待人類最值得尊敬的目標與希望，也許還會不屑一顧。

朝我們飛奔而來的是另一種理想，一種奇怪的、誘惑的、充滿危險的理想，我們不想說服任何人接受它，因為我們不會輕易承認誰**有權利擁有它**：這是一種精神的理想，這種精神具有源源不絕的豐富與力量，它會用天真的、不刻意的心態把玩迄今為止被視為神聖、良善、不可觸碰、屬神的一切。對它而言，民眾用來作為最高評判標準的事物，意思差不多就等同於危險、墮落、貶低，或至少等同於休養、盲目、暫時性的忘我。這是一種人性的、超人性的健全理想與善意理想，只不過這種理想太常沒

115. 譯註：希臘神話中的人物，又稱阿耳戈號眾英雄，伴隨英雄伊阿宋（Iason）前往尋找金羊毛的船員們。

有**人性的**樣貌。舉例來說，相較於世界上的所有正經事，或是相較於神情、話語、聲音、目光、道德、使命帶有的各種莊嚴與隆重，這種理想比較像在對這些事物進行搞笑模仿，雖然不是故意的，但是像到不能再像——儘管如此，也許正因為有這種理想的存在，**偉大的正經事**才得以進行、真正的問題才得以出現、靈魂的命運才得以翻轉、指針才得以挪動、悲劇才得以**開始**……

三八三、閉幕

我正在慢慢地、慢慢地畫上這道最後的黑色問號，而且我還想讓我的讀者想起真正閱讀的美德。噢，那是一種已經被遺忘的美德！但就在這個時候，我的周圍突然響起一陣最惡毒的、最爽朗的、最像家庭小精靈的笑聲：我自己書裡的鬼正在攻擊我，拉著我的耳朵，叫我要守規矩。他們對我大叫：「我們再也受不了了；快滾，快點帶著這首黑暗的音樂滾蛋。我們周圍難道不是明亮的上午嗎？不是柔軟的綠色草地、跳舞的王國嗎？還有過更美好的快樂時光嗎？誰來為我們唱首歌？唱一首適合上午的歌，充滿陽光、輕快，而且羽翼飽滿，不會嚇跑蟋蟀的怪念頭，反而會邀請蟋蟀一起來唱歌跳舞。寧願要純樸的農村風笛，也不要神祕兮兮的琉特琴。像鈴蟾一樣的晦氣叫聲、像墳墓一樣的陰森低沉、像土撥鼠一樣的尖銳哨聲，親愛的隱士與未來的音樂家，您一直在荒野裡用這些聲音款待我們！不要！不要這種音調！讓我們唱一些讓人聽了更舒服的、更快樂的歌吧！」

這就是你們想要的嗎？不耐煩的朋友們！好吧！誰會不聽你們的話呢？我的風笛已經準備好了，我的喉嚨也是；聽起來可能會有點沙啞，將就一下！因為我們在山上。但是你們至少會聽到新的東西。如果你們聽不懂，如果你們誤解了**歌手**的意思，又有什麼關係！這就是「歌手的咒詛」。你們可以把他的音樂和旋律聽得更清楚，你們就可以更好地跟著他的笛聲——跳舞。你們**想要**嗎？

附錄、《被放逐的王子之歌》

〈致歌德〉

永恆不朽
只是你的比喻！
棘手的神
是詩人的詐欺。

世界的滾輪，在滾動
掠過一個又一個目的：
苦難——惱怒的人這麼說，
傻瓜則稱它為——遊戲……

世界的遊戲，在作主
把虛實都攪和在一起：
永遠的傻里傻氣
把**我們**一起——攪和進去！

〈詩人的天職〉

當我最近，
坐在樹蔭下休息，
我聽見滴滴答答的小聲音，
嬌滴滴，照著節拍與比例。
我生氣，表情扭曲，
最後依然束手就擒，
直到我像詩人一樣，
說話跟著答答滴滴。

當我這樣寫詞
音節一個個跳動
我不禁要大笑，
笑四分之一鐘頭。
你是詩人？你是詩人？
你的頭腦有那麼糟嗎？
——「是的，主人，您是個詩人」

啄木鳥在旁邊抖抖肩。
我在樹林裡等的誰？
我在當強盜埋伏誰？
一句話？一張圖？剎那間
我的韻腳便跟著出現。
走過的、跳過的，詩人會
馬上釘成自己的詩篇。
——「是的，主人，您是個詩人」
啄木鳥在旁邊抖抖肩。

我認為押韻就像弓箭？
如果穿過蜥蜴的身體
擊中牠們高貴的部位，
它就會不斷掙扎顫抖、跳來跳去！
哎，可憐的小傢伙，你們會死去，
或是東倒西歪像喝醉。
——「是的，主人，您是個詩人」

啄木鳥在旁邊抖抖肩。
急急忙忙歪歪斜斜的小格言，
喝醉的小字眼，全部衝向前！
直到你們所有人一行又一行
全掛在這條滴滴答答的項鍊。
有一批可怕的歹徒，
都為此——感到開心？詩人全是——壞人？
——「是的，主人，您是個詩人」
啄木鳥在旁邊抖抖肩。

鳥，
你在諷刺嗎？你開玩笑嗎？
我的頭腦都已經那麼糟了，
我的心理狀況豈不是更糟？
你要怕、你要怕我的惱怒！
然而詩人——在惱怒中
還是會盡量地編織韻腳。

——「是的，主人，您是個詩人」
啄木鳥在旁邊抖抖肩。

〈在南方〉

我掛在彎曲的樹枝上，
盪著我的疲累。
有隻鳥邀我來此作客，
鳥窩是我休息的地方。
我人在哪裡？哎很遠！哎很遠！

白色的大海躺著入睡，
紫色的帆船站在上面，
岩石、無花果樹、高塔、海港
周圍都是田園風光，綿羊咩咩——
接受我吧！南方的純潔。

一步又一步——這不會是生命，
一腳又一腳，既德國又沉重，
我命令風把我舉高，
我學習鳥如何飛翔，
我越過大海，飛向南方。

理性！讓人不快樂的工作！
很快就會帶我們到目的地！
我在飛翔中學到誰在模仿，
我已經感受到勇氣和血液和精力
為了新的生命、新的遊戲……

孤單思考，會是智慧，
孤單唱歌——會是愚昧！
聽一首對你們的讚美，
靜靜繞著我坐成一圈，
你們這群壞小鳥！

這麼年輕虛偽折騰，
我覺得你們是天生
就要浪費時間愛人？
在北方——我猶豫要不要承認——
我愛過一個小女生，
她老得可怕：
「真理」就是這個老女人……

〈虔誠的貝芭〉

只要我有美麗身體，
就值得虔誠下去。
我知道上帝愛女生，
而且還得要美麗。
他肯定會原諒
可憐的小僧侶，
他就像某些僧侶
都喜歡和我一起。

不要灰灰的神父！
臉色要年輕紅潤，
常對灰色的公貓
充滿苦難和吃醋。
我不愛老頭子，
他不愛老女人：
多麼奇妙智慧
上帝促成這事。

教會很懂得生活，
檢驗人心和面孔。
始終想要原諒我——
對，誰不會原諒我！
人們用小嘴巴說脣語，
人們行屈膝禮走出去，

人們用新的小罪
去熄滅舊的小罪。

全地都要讚美神，
祂愛漂亮的小女生
心裡有同樣的痛苦
也會自己原諒自己。
只要我有美麗身體，
就值得虔誠下去：
路都走不穩時候
但願魔鬼來娶我！

〈神祕的小船〉

昨晚，當一切都入睡，
風兒才剛帶著不確定
的嘆息穿過街頭巷尾，
枕頭沒辦法讓我入睡，
罌粟沒辦法讓我入睡，
——心安理得沒辦法讓我入睡。

最後放棄睡眠
逕自跑向海邊。
月色溫柔皎潔，
在沙灘上遇見
男人和小船，牧人和小羊：
雙方都想睡，把小船推離岸邊。

一個小時過去，兩個小時也許，
還是整整一年？——突然
我的感官和思緒
陷入永恆的合一，
無限的深淵開啟：
一切都已成過去！

——早晨來臨：有艘小船
停在黑色的深淵上休息……
有人大喊：發生什麼哩？
上百人跟著喊：那是？血嗎？
沒事沒事！我們在睡覺而已，
所有人都在睡覺——哎，好哩！好哩！

〈告白〉

（但是詩人掉進坑裡——）

噢，奇蹟！他還在飛個不停？
他在爬升，羽翼卻還在休息？
背著他不斷向上飛的是什麼？
什麼是他的韁繩拉力與目的？

就像永恆與星星
他現在活在高處、逃離生命，
對嫉妒感到同情——
飛呀！看過他飄在空中的人。

噢，信天翁！
永恆驅力不斷把我推上去。
我想你：眼淚不停
一直流——是的，我愛你！

〈批判神的牧〔山〕羊人之歌〉

我倒地不起，內臟都在生病，
臭蟲要把我吞食殆盡。
頭上還有光線和噪音！
我聽見他們的舞曲……

她想在這個時刻
悄悄地朝我接近。
我像狗一樣等待，
但沒有信號來臨。

說好的十字架呢？
她怎麼可能說謊？
——還是她對每個人都投懷送抱
像我的山羊一樣？

她的絲裙從哪來的？
哎，我驕傲的姑娘？
還有哪隻公羊
住在這棵樹旁？

——讓人中毒混亂
戀愛中的等待！
悶熱潮濕的黑夜
毒香菇長在花園。

愛情使我消耗
就像七重苦難，
幾乎都吃不了。

再見，你們這些洋蔥頭！

月亮已經入海，
星星也都累了，
白天已經灰濛濛地出現，
但願我能就此灰飛煙滅。

〈「對於不確定的靈魂」〉

對於不確定的靈魂
我在心裡非常生氣。

你們的榮譽全是折磨，
你們的讚美全是對自己的惱怒與羞愧。

我不會戴著**你們的**繩索
悠悠地走過時代，
所以你們目光滿是嫉妒，
惡毒甜蜜無望地看著我。

隨便他們大力地咒詛我、
嘲笑我！
這些無助的眼神在尋找，
但在我這裡永遠找不到。

〈絕望的傻瓜〉

哎！我在桌上和牆上寫字，
用傻瓜的心思和傻瓜的手，
應該可以裝飾我的牆和桌？

然而你們說：「傻瓜的手都在亂畫，
應該要把桌子和牆沖一沖，
直至最後半點痕跡也不留。」

允許我！讓我也出一份力，
我學過海綿和掃把怎麼用，
作為批評家、幫忙提水桶。

然而，工作結束後，
我想看看你們這些智慧人
怎麼用〇〇把桌牆都弄髒。

〈詩是一種藥〉（rimus remedium）
或：生病的詩人怎麼安慰自己

從妳的口中，
流著口水的時間巫婆，
一個又一個鐘頭慢慢滴落。
我的噁心在大叫，沒有用：
「詛咒，詛咒
永恆的咽喉！」

世界——是銅鐵做的：
燒紅的銅牛，聽不見任何慘叫。
痛苦用空中的匕首
將字刻在我的骨頭：
「世界沒有心，
愚昧人才會對它生氣！」

澆灌全部的罌粟，
高燒！快澆！快把毒藥送進我的腦中！
妳對我的額頭我的手已經考驗了太久。
妳在問什麼？什麼？「有什麼——獎賞？」
——哈！詛咒這個妓女
還有她的嘲弄！

不對！回來！
外面很冷，我聽見下雨的聲音——
我應該更柔情地對待妳？
——拿去！這是黃金：亮晶晶！
高燒，我應該叫妳「幸運」？
高燒，我應該賜福於妳？

門打開了！
雨水濺溼我的床！
風把燈火都熄滅，屋漏偏逢連夜雨！
——如果沒有上百**韻**，

我猜，
我猜那人就死定！

〈「我的幸福」〉

我又見到聖馬可（San Marco）的鴿子：
廣場一片祥和，早晨一片靜謐。
涼爽中把悠閒的歌曲
像鴿群一樣送上天去——
然後召回，
再在羽毛上掛一組韻，
——我的幸運！我的幸運！

安靜的天空，天藍色的絲綢，
你的遮蓋飄浮在彩色的屋宇，
它——我在說什麼？——我愛、我怕、我**妒嫉**……
我真的很想要吸乾它的靈魂！

然後我會還回去？
不，別說了，你是神奇風景！
——我的幸運！我的幸運！

嚴峻的高塔，你宛若獅子
爬上來，得勝，毫不費力！
你帶著低沉的聲音響徹廣場：
法文，你是法文的尖音符號（accent aigu）？
如果我像你一樣留在這裡，
我知道會是絲絨般的強制……
——我的幸運！我的幸運！

滾開，音樂滾開！先讓影子暗下來
先讓影子長大長進溫暖的棕色夜晚！
白天還不是時候彈音樂，黃金裝飾
還沒有在玫瑰金的華麗中綻放光彩！
還剩好多白天，
可以寫詩、漫行、一個人竊竊私語

——我的幸運！我的幸運！

〈航向新的大海〉

我**想要**——去那裡；從此
相信自己、也相信自己的決定。
敞開的大海，朝向那片蔚藍，
我的熱那亞號，現在就要發進。

一切都在閃爍、眼裡新上加新，
正午時分，全都隨著時空而睡：
只有**你的**眼睛——巨大無比，
正盯著我看，無窮無盡的無限！

〈錫爾斯瑪利亞〉（Sils-Maria）

我坐在這裡等呀等，然而沒有在等任何東西，
坐在善與惡的彼岸，
一下享受光芒、一下享受黑影，全都只是遊戲，
整片湖水、整個正午、全部的時間都沒有目的。

這時，突然，女友！一分為二——
——查拉圖斯特拉從我身旁走過去……

〈致密史脫拉風〉（Mistral）[116]

一首舞曲

密史脫拉風，你是雲朵的獵人，
憂傷的殺手、天空的掃帚
咆哮的人，我有多麼愛你！
我們兩個難道不是同一個娘胎、

116. 譯註：法國南部的乾冷強勁落山風，原名與「大師」有關。

同樣都是頭生、被同一種命運
永遠注定？

在光滑的岩石路上
我跑著跳著迎向你，
當你吹著口哨唱歌：
沒有船也不用船槳
最自由的自由兄弟
在狂野的海上跳躍。

才剛醒來就聽見你的大喊，
我趕緊衝向岩石做的台階，
衝向面對大海的黃色岩壁。
萬歲！你已經來到這裡，
鑽石般明亮湍急，
得勝般出現山頂。

在天空的打穀場上，
我看到你的駿馬狂奔，
看到你乘坐的馬車，
看到你的手不停抽動，
你的手在駿馬背上
我看到馬鞭閃電揮舞——

看到你跳出車外，
快速地一躍而下，
像箭矢一樣併攏，
垂直地直入深谷，
就像第一道太陽
穿過玫瑰的金光。

在數千個背上跳舞，
海浪的背、海浪的陰險——
萬歲！創造新舞步的人！
我們用上千首曲子跳舞，
自由——是我們的藝術，

快樂——是我們的知識。

我們從每一種花
摘一朵作為紀念
再摘兩片葉子做個花圈！
我們要像吟遊詩人跳舞，
跳過聖人與妓女，
跳過上帝與世界！

不能和風一起跳舞的人，
必須用繃帶包起來的人，
被綁住的人、殘廢的老人、
偽善的好人、
名譽的笨蛋、美德的蠢鵝、
統統滾出我們的天堂！

我們捲起街上的塵埃
飛進病人的鼻子，

我們嚇跑生病的幼雛！
我們讓整個海岸
擺脫乾癟胸腔的氣息，
擺脫沒有勇氣的眼睛。

我們獵捕混濁天空的人、
染黑世界的人、推來雲朵的人，
我們要還原天空的明媚！
我們要咆哮……所有自由精神
的聖靈，和祢一起、成雙作對
我的幸福咆哮，就像風暴一樣。

——為了永遠紀念這種幸福
你要拿下它的遺物
你要戴上這個花圈！
把它丟高、丟遠、丟廣闊，
你要向上攻占天梯，
把它——高掛在群星！

國家圖書館出版品預行編目資料

快樂的知識 / 尼采（Friedrich Nietzsche）著 ; 萬壹遵 譯.
-- 初版. -- 臺北市 : 商周出版, 城邦文化事業股份有限公司出版 : 英屬蓋曼群島商家庭傳媒股份有限公司城邦分公司發行, 2023.06
面； 公分.

譯自 : Die fröhliche Wissenschaft

ISBN 978-626-318-689-7（平裝）

1. CST: 尼采（Nietzsche, Friedrich Wilhelm, 1844-1900）
2. CST: 學術思想 3. CST: 哲學

147.66 112006588

快樂的知識

原著書名 / Die fröhliche Wissenschaft
作者 / 尼采（Friedrich Nietzsche）
譯者 / 萬壹遵
責任編輯 / 陳玳妮

版權 / 林易萱
行銷業務 / 周丹蘋、賴正祐
總編輯 / 楊如玉
總經理 / 彭之琬
事業群總經理 / 黃淑貞
發行人 / 何飛鵬
法律顧問 / 元禾法律事務所 王子文律師
出版 / 商周出版
城邦文化事業股份有限公司
臺北市中山區民生東路二段141號9樓
電話：(02) 2500-7008 傳眞：(02) 2500-7759
E-mail：bwp.service@cite.com.tw
發行 / 英屬蓋曼群島商家庭傳媒股份有限公司城邦分公司
臺北市中山區民生東路二段141號11樓
書虫客服服務專線：(02) 2500-7718・(02) 2500-7719
服務時間：週一至週五09:30-12:00・13:30-17:00
24小時傳眞服務：(02) 2500-1990・(02) 2500-1991
郵撥帳號：19863813 戶名：書虫股份有限公司
E-mail：service@readingclub.com.tw
歡迎光臨城邦讀書花園 網址：www.cite.com.tw
香港發行所 / 城邦（香港）出版集團有限公司
香港灣仔駱克道193號東超商業中心1樓
電話：(852) 2508-6231 傳眞：(852) 2578-9337
E-mail：hkcite@biznetvigator.com
馬新發行所 / 城邦（馬新）出版集團 Cité (M) Sdn. Bhd.
41, Jalan Radin Anum, Bandar Baru Sri Petaling,
57000 Kuala Lumpur, Malaysia
電話：(603) 9056-3833 傳眞：(603) 9057-6622
E-mail：services@cite.my

封面設計 / 萬勝安
排版 / 新鑫電腦排版工作室
印刷 / 卡樂彩色製版印刷有限公司
經銷商 / 聯合發行股份有限公司
電話：(02) 2917-8022 傳眞：(02) 2911-0053
地址：新北市231新店區寶橋路235巷6弄6號2樓

■2023年6月13日初版
定價 550元

Printed in Taiwan
城邦讀書花園
www.cite.com.tw

ISBN 978-626-318-689-7